中國學術思想 研究輯刊

三 六 編
林 慶 彰 主編

第 4 冊
莊子思想研究
黃 震 雲 著

花木蘭文化事業有限公司

國家圖書館出版品預行編目資料

莊子思想研究／黃震雲 著 -- 初版 -- 新北市：花木蘭文化事業有限公司，2022〔民 111〕

目 2+204 面；19×26 公分

（中國學術思想研究輯刊 三六編；第 4 冊）

ISBN 978-626-344-047-0（精裝）

1.CST：（周）莊周 2.CST：莊子 3.CST：學術思想

030.8 111010187

中國學術思想研究輯刊

三六編 第 四 冊 ISBN：978-626-344-047-0

莊子思想研究

作　　者 黃震雲

主　　編 林慶彰

總 編 輯 杜潔祥

副總編輯 楊嘉樂

編輯主任 許郁翎

編　　輯 張雅淋、潘玟靜、劉子瑄　美術編輯　陳逸婷

出　　版 花木蘭文化事業有限公司

發 行 人 高小娟

聯絡地址 235 新北市中和區中安街七二號十三樓

　　　　 電話：02-2923-1455 ／傳真：02-2923-1452

網　　址 http://www.huamulan.tw 信箱 service@huamulans.com

印　　刷 普羅文化出版廣告事業

封面設計 劉開工作室

初　　版 2022 年 9 月

定　　價 三六編 30 冊（精裝）新台幣 83,000 元

莊子思想研究

黃震雲　著

作者簡介

黃震雲，男，1957 年生，文學博士，詩人、著名書法家，中國政法大學中文系教授。兼任中國屈原學會副會長、中國遼金元文學學會副會長等。主要研究中國古代文學及其與法律、藝術等交叉學科。出版學術著作 20 部，發表論文 500 多篇，多次獲得省部級獎勵，多次出國講學交流，在學界有較高的知名度。

提　要

　　本書是我國第一部莊子思想研究的學術著作，對莊子的生平和成就進行了新的價值評估，具有很高的學術價值。

　　作者歷時多年，對莊子的籍貫、鄉里進行了仔細的考證，探討了莊子的生平行歷和思想淵源。指出老莊思想同源，均本之於周代形成的易學，但彼此不具傳承特徵。道家和儒家同根，是道為中心的中國傳統文化的時代回應。莊子對老子和孔子的評鑒相對客觀，由此可以看出《論語》的避諱、溢美孔子的缺陷。莊子的三言的書寫方式具有邏輯性、創造性。他的藝術理念、教育思想、認識世界的途徑、人生價值理想的表達，皆博大精深，具有一定的現代意義。莊子的樂生至人的理想和解決現實苦難的思考皆具有建設性和啟發性。莊子提出法治的概念，並詳細地表達了他的法治主張。莊子對道的強化和重建具有實踐性，與老子的道家對周易的化解性質不同，莊子建設了實踐道學的理論系統，對於自然科學的發展也起到了積極的推動作用。

　　這是作者已經出版的二十多部著作中感到特別珍惜的一部書。

目次

前　言

　　莊子以道聞名，他的言道的方式特別有情調，因此很容易引起人們的關注，但也難以揣摩把握。目前的大學和中學課本中都選用了《莊子》中的一些章節，所以讀書人幾乎都知道莊子。但是，我們對莊子究竟瞭解多少，實在不好說。

　　全面從事莊子的研究，完全出於偶然。幾年前，中聯文化傳播發展公司的馬總，是方銘教授的同鄉學友，邀請方銘教授主持諸子百講。我又應方銘教授的邀請參加過幾次座談、討論，同時去的還有清華大學的廖明春教授、贛南師範大學的王利民教授、北京航天航空大學的張教授等，初步確定由我來講莊子，廖講荀子，方講孔子。本來我想講荀子，但是老廖第一個開口，表示他願意講，那就沒有辦法了，他當年的碩士學位論文就是荀子方面的研究。

　　原以為研究《莊子》思想對於我來說應該不會太難，大學時代學習過《莊子》的一些章節，老師講莊子作品也很詳細，在後來的教學研究中也是經常翻看和引用的。但事實上根本不是那樣。《莊子》中提到鯤鵬在九萬里高空飛翔沒有任何憑藉，與現在的衛星飛船的飛行原理似乎很類似，他是怎麼知道的？是信口開河嗎？他說的與影子賽跑、與骷髏對話，又依據什麼，不瞭解莊子，又怎麼能知道莊子在說什麼。所以認真看了好多遍《莊子》，想尋求一些線索或突破口，但沒有找到什麼感覺，看注釋也沒有理出頭緒，看翻譯又難以認可。所以，我徹底明白了，講《莊子》原來是一個很難的事情。

　　還是要尋找切入口，不然無從下手。第一個要解決的是書寫方式問題，包括外篇說的卮言、重言、寓言之類。當初看不懂《山海經》的時候我也是很困惑，最後從書寫方式入手，總算明白了一些道道。第二個問題是，歷來都

稱莊子是道家，可是他也常常談德，對德也不是僅僅的肯定或者否定。我歷來不認可道家是老子創造的說法，老子寫的是《道德經》，又是分開寫的，憑什麼一定說他就是道家。按照侯外廬《中國古代思想史》，老子還曾經向孔子學習。這和《史記》的記錄完全不同。也不認可班固把伊尹也說成道家，伊尹以烹飪說湯，講的是為國愛民的行政之道，只是拿道說事，並不是什麼道家。這些都是智慧超常引發的問題性和矛盾性吧。莊子是北方人，老子是南方人，相隔百年，如何又去師範老子搞出一個道家。因此，在閱讀的時候，將莊子與《周易》、《老子》、《論語》等書同時閱讀，這才慢慢對莊子有了一定的認識；譬如說《莊子》中記載的孔子事蹟相對完整，而《論語》中只涉及孔子的一些重要的言論，顯然《論語》編輯者存在斷章取義的行為，那麼顯然《論語》中的孔子是修辭過的孔子。中國道統出自《周易》，儒道之道皆因此產生，並沒有本質的變化，只是文字數量與認識方式的差異。於是決定研究莊子的思想。列出了很多專題，分類編排資料。又從三千多篇發表論文中選擇下載了幾百篇比較重要的論文中看到，好多東西別人已經寫過，與自己的見解差不多，難以超越，因此大部分都放棄了，只剩下十幾個專題，給名為《莊子思想研究》。這不是莊子的全部思想研究，只是自己有體會的莊子思想研究。其中莊子是什麼地方的人一篇，屬於考證性質，以意逆志，順手把其生平來龍去脈梳理了一下。

將莊子定位為思想家，是因為他思想的東西很多，甚至涉及到自然科學和醫學，也未必都關乎道。道家思想只是他思想的一個重要的組成部分，還有很多其他方面的思想，如法治思想、教育思想、文藝思想等，而過去的一些認識也因此出現了變化；譬如說卮言日新，根據《周易》應該是追求厚德，但還沒有經過社會的檢驗，得到社會認可的言思。這些判斷未必是真知灼見，但都體現了我一直以來的學風，獨立思考，言必有據，著書立說。有些地方有想法，但是難以成文，仍需要繼續思考，就暫時不寫，因此今後可能還要進行一點莊子的研究。也因此，本書的出現，應不會讓「莊子很生氣」。中聯可能覺得我們的文章講解太學術化，難以讓受眾熱血沸騰，還是大家都寫得慢，我不知道，反正他們沒有再提，我也沒問。本書中的《漁父》一節原為與陳鼓應先生的高足、中國人民大學林光華老師合作，本次收入書中作了一些修訂。部分校對則依仗得力於廈門海滄法院邱勝俠法官，一併致謝。

第一章　莊子的里籍與生平

　　莊子（約前 369 年～前 286 年），名周，字子休，一說子沐。關於莊子的評價歷來很高，定位為莊子學派的創始人，道家學派的代表人物和創始人之一，是著名的思想家、哲學家、文學家。但是由於史書中沒有關於他專門的傳記。莊子的里籍與生平事蹟等就難以坐實，那麼知人論世就缺少了必要的根據。因此，梳理有關資料，確認莊子的里籍與生平十分必要，也應該可以做到。

第一節　莊子的名字

　　我國古代長期是宗法制度的國家，以男性為主導，朝廷、諸侯、鄉里、家族構成了行政的四個管理層次，而將人生大致分為兒童和成人兩個階段。其標誌就是冠禮的舉辦，一般在二十歲左右，也有的時代規定是十四五歲。儒家筆下的男人的標準是男人的品質看重勇氣和氣節，還要溫潤，即其人如玉，男人的身份氣節的首先要的是坐不更名，行不改姓。孔子說，名不正則言不順，說明名字對人和物都是很重要的。莊子的名字子休和子沐在字形上略有差異，應該是傳刻時候出現的問題，而不是說有兩個字。根據《禮記》，起名的時間是幼名冠字，就是說孩子出生三個月後，由父親正式為之命名。名有大小，大名就是正名，面對社會，表達父母對孩子現實的身份的確定，小名作為代號，主要是長輩傳喚用。名和字之間要配合，有一定關係，有各種各樣的變化。如屈原名平；孔融，字文舉，融為名，意為通融，文舉為字，

表示以文學一舉成名；又如連戰字永平，戰爭是為了獲得和平，戰爭的現實，未來的永遠的和平。但原則是名以正身，字以像德，就是說名是人生的規範表達，而字表達的是未來的發展方向，或者說道路。現在還有外文名字英文名字，往往是自己起，外人好多看不懂。

幼名冠字的冠當然是戴帽子，戴上帽子行禮，叫冠禮。《穀梁傳》記載，冠禮表示人已經長大成人，所以又叫成人禮。成人禮意味著可以獨立面對社會，也可以娶妻生子了。女人叫笄禮，成人叫及笄。大致男二十歲為丈夫，可以娶妻，女十五可以許嫁，就是說男人二十歲行冠禮，女人十五歲行笄禮。其實這是說大概情況。就成人這一點說，冠禮笄禮相當於法定的結婚年齡，到這個時候可以結婚。那麼各個時代結婚年齡大不相同。周禮稱男子三十娶妻，可是周文王十五歲就生了武王，因此《左傳》說國君十五歲生子，就是說君王的冠禮要早於普通人。有的到十五歲不嫁的就要多收稅，有的十七歲不嫁就要配老吏，就是政府許配給年老的官員。漢代昭帝八歲即位，上官皇后六歲；漢平帝九歲即位，安定皇后九歲，班固的妹妹班昭比較晚，也是十四歲出嫁。就是說不同的年代、不同的身份行冠禮、笄禮的時間並不確定，要根據具體情況而定。

莊子既然名周，表示至、忠信，那麼名字與沐就不搭界，而休表示吉祥美好，二者相匹配，因此莊子的字應該是休而不是沐。《莊子》一書反覆強調萬物歸休，應該說與他的名字不無關係。

第二節　莊子的故里

莊子的故里說的是莊子是什麼地方人？在什麼地方生活？這對於瞭解莊子十分重要。司馬遷《史記》記載：「莊子者，蒙人也，名周。周嘗為蒙園吏，與梁惠王、齊宣王同時。」〔註1〕蒙地又是什麼地方呢？由此引發學界等對蒙地的考證，爭論非常激烈，由來已久。關於蒙，是一個行政區劃還是一個山或者水名，司馬遷沒有說，按照《史記》的寫法應該指的是地名，也就是行政區劃。但具體詳情又沒有說明，也就難免發生爭議。司馬遷為什麼不說呢？其主要原因應該是他可能也不是很清楚，或者認為不重要。為什麼這麼說呢？我們看司馬遷在《老子傳》裏這麼說：「老子者，楚苦縣厲鄉曲仁里人

〔註1〕司馬遷：《史記》，中華書局1982年版，第2143頁。

也。」〔註2〕講老子是春秋戰國時代楚國的苦縣曲仁里這個地方的人，很具
體。莊子里籍爭論到目前為止，主要有五種說法：一是莊子故里在河南民權
縣。二是莊子故里在安徽蒙城縣。三是莊子故里在山東冠縣。四是莊子故里
在山東東明縣。五是莊子故里在山東曹縣。莊子蒙城五種說法涉及三個省份，
地方政府認為這關乎地方榮辱和經濟發展，意義重大，因此不能互不相讓，
組織論證。從感情上說，我們希望有五個莊子，滿足各方，或者誰想說莊子
是那裡的人就是那裡的人。但是學術上不允許這麼做，需要盡可能做到實事
求是，至少程序正義，也就是說按照資料的時代，可靠性等來排隊與判斷。
我們首先要搞清楚這些說法的由來根據是什麼？

（一）是莊子故里在河南商丘民權縣。

代表性著作主要有：張恒壽《莊子新探》（湖北人民出版社 1983 年）、章
行《莊子標校》（上海古籍出版社 1995 年）、歐陽景賢等《莊子釋譯》（湖北
人民出版社 1986 年）、陸欽《莊子通義》（吉林人民出版社 1994 年）、楊帆《莊
子心通》（長江文藝出版社 2003 年）。論文主要有：干曉波《莊周故里為安徽
蒙城辨》（《四川大學學報》1980 年 02 期）、李正華《「蒙」地望之考辨》（《黃
淮學刊》1992 年 01 期）、王增文《關於莊周故里的爭論述評》（《商丘師範學
院學報》2003 年 06 期）、刁生虎《莊子故里考》（《天中學刊》2006 年 03 期）。
這些論著的根據均是馬敘倫《莊子年表》，認為莊子約生於公元前 369 年（周
烈王七年），死於公元前 286 年（周赧王二九年），而《莊子年表》並無細緻
考證，只是根據《史記》宋蒙人對應現代地理。

根據《史記》的記載，莊子與梁惠王、齊宣王同時，年輕時曾作蒙漆園
小吏，後來一直過著隱居生活，而當時蒙在商丘附近，原為宋國屬地。其次，
漢代的文獻記錄莊子是商丘人。戰國宋地，西漢時封屬梁國，故唐代學者稱
莊子為梁國人。現代學者普遍同意這一看法。漢代的幾條資料主要是：《漢書·
藝文志》說：「莊子五十二篇。名周，宋人。」〔註3〕又張衡《骷髏賦》說：「吾
宋人也，姓莊名周，遊心方外，不能自修，壽命終極，來而玄幽。」〔註4〕劉
向的《別錄》、高誘注《淮南子》亦主張宋人說。

〔註2〕〔漢〕司馬遷：《史記》，中華書局 1982 年版，第 2139 頁。
〔註3〕〔漢〕班固：《漢書》，中華書局 1975 年版，第 1730 頁。
〔註4〕〔漢〕張衡：《骷髏賦》，費振剛等編：《全漢賦》，北京大學出版社 1993 年版，
　　　第 472 頁。

馬敘倫撰《莊子宋人考》還引了《史記‧宋世家》中的資料。根據《左傳‧莊公十二年》「宋萬弒閔公於蒙澤」。按杜預注：「蒙澤，宋地，國有蒙縣。」〔註5〕參照《莊子》佚文，見《史記‧宋世家》索引：「桓侯（宋桓侯）行，未出城門，其前驅呼辟，蒙人止之」，證明宋有蒙地。莊子故里在宋國的蒙城。孫立《老莊故里及文化歸屬考辨》（《學術研究》1996 年 8 期）指出：《莊子》一書提供的資料來看，莊子也應當是宋人。《列禦寇》中有兩節文字說到莊子居宋，一為「宋人有曹商者，為宋王使秦，其往也，得車數乘，王說之，益車百乘，反於宋，見莊子曰：……」〔註6〕云云；一為：「人有見宋王者，賜車十乘，以其十乘，驕稚莊子。」〔註7〕云云。這些記載很明顯表明莊子居於宋，為宋人。

上述資料可以證明，莊子是宋國蒙人，這個蒙不像是具體的里，而是應該是鄉一級以上行政單位，故址在今河南省商邱市東北，也就是民權縣一帶。但是六朝時代的劉宋裴駰《史記》集解、《隋書‧經籍志》、陸德明《經典釋文‧序錄》又稱其為梁人。或解釋為戰國後期蒙地歸屬梁國，因此又稱為梁人（聞一多《古典新義》），或推測為漢代時蒙地在梁國（馬敘倫《莊子宋人考》）。其實，梁和宋之間沒有矛盾，都是現在的的商丘。宋代樂史《太平寰宇記》卷十二《宋州》也提到六國時，楚有蒙縣，俗為小蒙城，即莊周之本邑的本邑就是在商丘。但商丘叫蒙城的時候莊子已經去世，因此，不能作為根據。今河南省商丘市民權縣順河集東北三里有清蓮寺村，又稱莊子胡同；胡同東南有一眼古井，相傳為莊子當年取水處，名曰「莊子井」；附近唐莊村有一座古冢，傳為「莊子墓」，墓地附近有清代乾隆 54 年鑴刻的墓碑莊子之墓。是為民權莊子遺跡。因此，主張莊子是商丘人的證據應該說經得起質證。

（二）是莊子故里在安徽蒙城縣

比較起來，莊子的故里是安徽蒙城說也是影響很大的一種意見。元豐元年十一月十九日（夏曆 1078 年），蒙城縣令秘書丞王兢始作莊子祠堂，求文以為記。蘇軾按《史記》記載，為蒙城寫了《莊子祠堂記》，這是莊子故里在安徽蒙城的根據。明萬曆八年（1580 年），知縣吳一鸞於縣城東關重建。明崇

〔註5〕〔周〕左丘明：《左傳》，〔晉〕杜預注：《春秋左傳集解》卷三，中華書局 1998年版，第 78 頁。

〔註6〕〔清〕郭慶藩：《莊子集釋》，中華書局 1961 年版，第 1049 頁。

〔註7〕〔清〕郭慶藩：《莊子集釋》，中華書局 1961 年版，第 1061 頁。

禎五年（1632 年），知縣李時芳重修逍遙堂，增建五笑亭，闢池為莊子濠上觀魚園，並新撰《新修莊子祠記》〔註8〕，刻碑立於祠內，至今猶存。朱熹《朱子語類》卷一百二十五有李夢先問一節，質疑莊子、孟子同時，何不一相遇？又不聞道里。提出理由是莊子是楚人，但楚人概念不是一個確切的地方，因此無需特別關注。

20 世紀 80 年代，菲銘《莊周故里辨》（《歷史研究》1979 年 10 期）提出莊子的故里不是河南商丘縣東北的蒙澤，而應是安徽蒙城。常徵《也談莊周故里》（《江淮論壇》1981 年 6 期）一文支持了安徽蒙城說。理由是：一、蒙縣當在楚境，莊子是楚國的北境人。二、濮水當時有二。濮水即使不包括西肥河、渦河、淇水在內，也當為今賈魯河。「莊子釣於濮水之上」，其隱居地自當就在艾河沿岸，亦即今渦陽、蒙城西側之某地。其地即戰國楚之「蒙」境。三、漆園並非地名。漆園非城邑之號，以冤句之漆園城強解莊子為吏之漆園，也就不免拘執。蒙城尚且素有「北楚漆園」之稱。四、漢設蒙縣係沿用楚名。因為蒙地臨於濮水，故蒙人莊子得隱釣於濮水上，又因為蒙地先秦兩漢屬於盛植漆樹之陳夏地帶，故莊子得以「為蒙漆園吏」；復因蒙縣為山桑聯縣而屬沛郡，生於此蒙、隱於此蒙而又受楚威王禮聘的莊子，當然是楚人，也只能是楚人。但是，莊子為安徽蒙城人的說法受到廣泛的質疑。劉文剛《〈莊周故里辨〉商榷》〔註9〕以及楊武泉《評莊周故里為蒙城說》、王曉波《莊周故里為安徽蒙城辨》都表示強烈的反對。王曉波說：「安徽的蒙城與河南的蒙縣有著密切關係。它是東晉時設立的僑居縣。自西晉、東晉、北魏、東魏、北齊等系列的社會動盪，幾廢而築，改稱蒙城。而正式有蒙城縣之名，始於唐天寶元年。與此相反，河南的蒙城殘破後，連縣名也不復存留了。《嘉靖壽州志》和《蒙城縣志》將僑縣誤認為本縣，可能是這種錯綜複雜的歷史變遷造成的。」（《四川大學學報》1980 年 2 期）。僑置就是政權遷徙後按照原來的地名重新給當地命名。這樣說來，安徽蒙城與河南商丘在蒙這個問題上確實有聯繫，雖然異地，但政權是延續的，因此說莊子是蒙城人有歷史根據，可以這樣說，只是不是真實的出身地和生活地理。那麼蒙城縣令為莊子立祠，蘇軾作序文均在情理之中。安徽的學者，特別是地方文化工作者，對莊子是安徽人傾注了很大的熱情。如王克峰從 2002 年開始研究莊子及其故里，至今有 40 餘篇

〔註 8〕安徽省蒙城縣北郊的莊子祠，碑已殘缺，可讀有 186 字。
〔註 9〕《四川師範大學學報》1980 年第 2 期。

文章發表，並寫作有《莊子故里考辨》一書，但是有用的資料仍然是那麼幾條。再就漢語言的禮樂性質考之，祠，一般就是紀念地，可以是家，但作為故里和出生地一般是廟，而不是祠。這麼說來，蘇軾在寫祠堂記的時候，並不表示認可莊子是安徽人。

（三）莊子故里在山東冠縣、東明縣、曹縣

1. 莊子故里是山東冠縣人

冠縣人目前看很是牽強。其根據是《漢書·地理志》謂蒙縣屬梁國，司馬貞《史記索隱》、裴駰《史記集解》等，皆從其說。因冠縣境內古代有蒙縣，故部分學者便認為莊子故里在冠縣，缺乏說服力一些。

2. 莊子是今山東曹縣人

曹縣人的根據似乎證據比較充足，主要從唐代開始。杜佑《通典·州郡》說：「冤句有漆園莊周為吏之所。」唐代李吉甫所編《元和郡縣圖志》說：「宋州小蒙故城，縣北二十二里，即莊周之故里。」張守節《史記正義》引《括地志》云：「漆園故城在曹州冤句縣北十七里。」這些材料又被收入《山東通志》、《曹州府志》。近年來，在曹縣西北從地下挖出唐玄宗冊封莊子為南華真人的石碑。唐太宗開始信仰道教，唐玄宗又封莊子為南華真人，稱《莊子》為《南華真經》，因此有莊子為曹縣人的說法。但是，我們對照資料發現，這些資料講的是莊子擔任漆園吏的地方，並不是說是莊子的里籍。也就是說曹縣是莊子擔任漆園吏的地方。唐玄宗封起為南華真人，在此立碑，並無不當，只是資料比較晚。

3. 莊子是山東東明人

六朝時陳國一個叫智匠的和尚寫過一本《古今樂錄》說：「莊周者，齊人也。」對照《左傳·哀公十七年》：「公會齊侯盟於蒙」，杜預注說：「蒙在東莞蒙陰縣西，故蒙陰城也。」〔註10〕清《戰國疆域圖》將此蒙地劃為齊國，因此又有莊子故里在山東東明縣說。唐代張守節《史記正義》引《括地志》說：「漆園故城，在曹州冤句縣北十七里。」北宋初所編《太平寰宇記》說：「冤句縣本漢舊縣也……漆園城在縣北五十里，莊周為吏之所，舊置監，今漆園城北有莊周釣臺。」1995 年 11 月，東明縣還舉辦了全國莊子學術研討會，出

〔註10〕〔周〕左丘明《左傳》，〔晉〕杜預注：《春秋左傳集解》卷三，中華書局 1986
　　　　年版，第 436～437 頁。

版了《莊子故里在東明》一書，這裡有漆園、莊子觀、莊子墓、南華山遺址及有關的墓碑、石刻、族譜，還有莊子的嫡系後裔等。《東明縣舊志》記載更為詳細。東明和曹縣都為山東菏澤地區，是鄰縣，因此曹縣為莊子做官的漆園，而東明有莊子的子孫後代和遺跡都不奇怪。根據《括地志》，東明和曹縣都屬於曹州，所以兩地實為一地。比較折衷的看法是，曹縣為莊子的漆園吏仕宦地，而東明是莊子的後裔居住地。可以都成為故里，但里籍應該是商丘。這樣一來，幾地莊子之爭應該關係清楚，沒有必要彼此撕扯了。

第三節　莊子是北方人

　　地理學上的南北，是就中國這一概念作為語境，與文化上的南北方歷來不同。莊子是南方文化還是北方文化這是一個很有意思的話題，但具體分析時，則顯得有些棘手，姑且不論南北文化是否有那麼大的差異，就是莊子代表的是哪一方的文化這個問題也缺少明確的方向，因此認定起來有些困難。朱熹有過簡單的議論，稱楚人莊子，也就是一般意義上的南方人了。今人比較早的討論這一問題的是王國維《屈子文學之精神》說：「南人想像力之偉大豐富，勝於北人甚遠。彼等巧於比類，而善於滑稽。故言大則有若北溟之魚，語小則有蝸角之國，語久則有大椿冥靈，語短則蟪蛄朝菌。……故《莊》、《列》書中之某部分，即謂之散文詩，無不過也……以我中國論，則南方之文化發達較後於北方，則南人之富於想像，亦自然之勢也……老莊之徒，生於南方。」〔註11〕此外馮友蘭的《中國哲學史》（商務印書館 1947 年）覺得莊子之思想，實與楚人為近，舉《莊子・天運篇》，此段形式內容，皆與《天問》一致，此雖不必為莊子所自作，要之可見莊學與楚人之關係也。莊學對於傳統的思想制度，皆持反對態度。剽剝儒墨，而獨推尊老聃」。朱自清《經典常談》〔註12〕也認為楚人是南方新興的民族，受周文化的影響很少。他們往往有極新的思想。孔子遇到的那些隱士，也都在楚國，這似乎不是偶然的，莊子名周，宋國人，他的思想卻接近楚人。可見莊子是南方人，具有顯著的地域文化特質是老先生們共同的看法。但時下學界不這麼認為，孫立《老莊故里及文化歸屬考辨》〔註13〕指出，老子、莊子都是北方人，不屬南方文化。引《左傳》昭公

〔註11〕王國維：《王國維文集（第一卷）》，中國文史出版社 1997 年版，第 30 頁。
〔註12〕生活・讀書・新知三聯書店 2008 年。
〔註13〕孫立：《老莊故里及文化歸屬考辨》，學術研究，1986-08-17。

九年（前 533 年）：王使詹桓伯辭於晉曰：「自武王克商，……巴、濮、楚、鄧，吾南土也；肅慎、燕、亳，吾北土也。」指出，歷史上亳有南亳、北亳、西亳之稱，南亳在今河南省商邱市東南，北亳在今河南省商邱市北大蒙城，西亳在今河南省偃師縣西。據王國維考證，商湯時並無南亳、西亳之稱，僅有北亳。北亳，史說為蒙，址在今山東省曹縣東南，河南省商邱市東北，則北亳或許是春秋戰國時宋國的蒙地，亦即莊子的家居地。這說明莊子所在的蒙地，周人認為它屬北土，而非南土。這從莊子門人處也可得到印證。《莊子·天下篇》曾言及南方人，指的是楚人。其文曰：「南方有倚人焉，曰黃繚，問天地所以不墜不陷，風雨雷霆之故。」〔註 14〕黃繚，姓黃名繚，楚人，戰國辯士。《戰國策》記載魏王使惠子於楚，楚中善辯者黃繚輩爭為詰難。說明莊子及其後人既不自認為是楚人，亦不自認為南人，而自認為是北人，將楚人目為南人。這與春秋戰國時期人們關於南北的概念是一致的。除了荊楚、巴、蜀、濮之外，南方有時還指東夷的吳、越之地，區劃也無非是以長江為界。像《莊子·天下》云：「南方無窮而有窮，今日適越而昔來。」〔註 15〕就將越視之為南方。漢人也是如此，《史記·貨殖傳》、《漢書·地理志》均將江南作為異於中原的南方看待。

上述引用《左傳》關於南北的論述符合實際情況。但是在根據材料作出的判斷上應該有一些可商榷的地方。言莊子及其後學不自認為自己是南人，沒有文獻和學理支持。濮、鄧與燕、亳緊密相連，為什麼就分出南北？周人是怎麼分南北的呢？顯然需要搞清楚。這一點是一個很大的學術問題，牽涉到華夏中心說。一般認為，華夏中心說出自孔子，他在《論語》中多次比較華夷，力挺華夏，對夷狄頗為不屑。但是事實上，華夏中心說經歷了漫長的歷史階段，到西周初年形成，以洛邑告成為標誌，代表人物是周公。大禹治水取得成功以後，稱帝，執玉帛而朝萬國，氣派非凡，國號為夏，夏按照《爾雅》的解釋就是大國。當時的四方邊遠地區，稱蠻夷戎狄並不很固定，但稱夷還是要相對多一些。《尚書·大禹謨》說：「無殆無荒，四夷來王。」〔註 16〕按照《爾雅》對海的解釋，四海與四夷都是指四方邊遠地區。宋王應麟《小學紺珠》則又有具體解釋：「東海，徐揚，神勾芒。西海，西域，神蓐收。南海，

〔註 14〕〔清〕郭慶藩：《莊子集釋》，中華書局 1961 年版，第 1008 頁。
〔註 15〕〔清〕郭慶藩：《莊子集釋》，中華書局 1961 年版，第 1006 頁。
〔註 16〕〔漢〕孔安國傳：〔周〕《尚書》華書局 1998 年版，第 9 頁。

交廣，神祝融。北海，青滄，神顓頊。」〔註17〕又《古本竹書紀年輯證》引《太平御覽》說：「後芳即位，三年，九夷來御，曰畎夷、於夷、方、黃、白、赤、玄、風、陽。」「帝癸（夏桀）即位，畎夷入歧。」〔註18〕華夷之別已經出現。夏朝至殷商時代，君王不再稱帝而稱王，帝專指天上的祖宗神，也是保護神。到了殷商末期，地下的王也稱帝了，事實上，殷末二王已經稱帝。這表示族長地位具備了超出於社會的公權的歷史地位，成為九五之尊。《史記》殷本紀記載，殷紂王放肆荒淫的原因就是認為「我生不有命在天乎！」武王克商後，「殷民大說，於是周武王為天子。其後世貶帝號，號為王。」〔註19〕關於後世貶帝號之事，索隱說：「夏、殷天子亦皆稱帝，代以德薄不及五帝，始貶帝號，號之為王，故本紀皆帝，而後總曰三王也」。西周建國，文王、武王時期，一方面周承殷祀，稱帝，另一方面延續傳統稱王，到周召時期，也就是從周公、成王開始，開始統一稱為天子。天上的帝是上帝，而地下的周帝就成為下帝。《四祀卣》說：「乙巳，王曰：『尊文武帝乙宜。』才召大庭。」〔註20〕器出自殷墟，為帝辛時代。對四周的民族一概稱為方，如馬方、鬼方、龍方、林方等等，這樣的方位布局已經顯示出帝為中心，方為四方的政治格局了，與華夷之分沒有什麼本質區別，儒家的華夷之說不過是換一個說法而已。又《伯姜鼎》記：「隹正月，既生霸，庚申，王在……京濕宮，天子……伯姜。」〔註21〕此外，如《鄭井康鼎》、商末周初的《禾林鍾》、《周公簋》，又稱《井侯簋》說：「隹三月，王令容眾內史，曰：井侯服。易臣三品：州人、重人、鄘人，拜稽首，魯天子受闕頻福，克奔走上下帝，無冬令於有周，追考對，不敢墜。邵朕福盟。朕臣天子，用冊王命，作周公彝。」〔註22〕（《殷周金文集成》3 冊 4241 器）顯然，周公稱王，已經有天子的稱呼。其表達方式是出成命時叫王命，臣下稱王叫天子，天子又叫下帝，下帝就是天下的中心。像《作冊麥方尊》等也是穆王之前的器，也是這樣說是，稱王命時稱王，表示尊敬時稱天子。天子代表天命，就是正統，這樣就確立了天子在萬邦中的中心地位。那麼，百辟

〔註17〕〔宋〕王應麟：《小學紺珠》，中華書局 1987 年版，第 33～34 頁。
〔註18〕方詩銘等：《古本竹書紀年輯證》，上海古籍出版社 2005 年版，第 9 頁。
〔註19〕〔漢〕司馬遷：《史記》，中華書局 1982 年版，第 107 頁、108～109 頁。
〔註20〕器藏北京故宮博物院，圖見《殷周金文集成》10.5413。
〔註21〕中國社會科學院考古所：《殷周金文集成》02791 器，中華書局 2007 年修訂本，第 1458 頁。
〔註22〕中國社會科學院考古所：《殷周金文集成》02791 器，中華書局 2007 年修訂本，第 2457 頁。

卿士，就要媚于天子。

　　普天之下都是王土，既然君王為天子，那是不是說君王到什麼地方，什麼地方就是正統的中心呢，從理論上說似乎是這樣，而事實上不僅如此。選擇天下中心作為都城是華夏中心正統學說的核心。也正因為如此，周公秉承周武王之命一直在尋找這個中心，經過多年的論證，最後確定在「有夏之居」洛邑建都，華夏正統中心於是形成。《何尊》出土於陝西，根據器形紋飾及銘文字體風格，知此器的製作時間屬西周早期。銘文云：「肆文王受茲大命，惟武王既克大邑商，則廷告於天，曰：余其宅茲中或，自之義民。」〔註23〕《何尊》中的大命就是天命，中國就是天下中心，尊表示周人完成了天下中心的轉換改制，寫作時間在武王克商之後，武王決定建設中心都城，因此周公建設洛邑是秉承武王之命完成了這一任務。建設洛邑的目的，《尚書》、《史記‧周本紀》、《逸周書‧度邑》也都有記載，周武王滅商之後，憂慮「未定天保」而夜不能寐，就是指要確立享受天命的正統，居天下之中，周公花了五年的時間做到了，確定洛邑就是把有夏之居這一「天下之中，四方入貢道里均」的中心確定，於是遷九鼎，同時伐淮夷、踐奄，改度制、興禮樂（包括根據道里確定五服制度。《國語‧周語上》：記載「周穆王時祭公謀父云：『先王之制，邦內甸服，邦外侯服，侯衛賓服，蠻夷要服，戎狄荒服。甸服者祭，侯服者祀，賓服者亨，要服者貢，荒服者王，日祭，月祀，時亨，歲貢，終王。』」〔註24〕）、安殷民。等等。雖然按照道里分出五服，但將邊遠地區一般成為蠻夷，如西稱昆夷，東叫淮夷，北作畎夷。等等。中國的大一統社會由此全面形成，而所謂華夏中心論也當然產生，至於後來彼此消長，重新洗牌，就出現了華夷之辯。孔子是從周的人，恪守周制，所以他藐視夷狄，但不是說這一思想是他創造。孔子的華夷之辨與西周的華夏中心有一些區別，西周的華夷主要區別是道里內外，其次是實力大小，而孔子的華夷之辨的判斷主要根據是文化，這是華夷的一種新的詮釋。

　　古代南北文化的分界的地理線就是洛陽為中心，也就大致是洛陽、開封、徐州這條線作為分界，向南就是南方，向北就是北方。蒙在這條線的北面，當然就是北方，而老子在這條線之南，就是南方文化區域。因此，雖然老莊並稱，但是分屬南北文化，區別非常明顯，不可混淆。

〔註23〕器藏寶雞青銅器博物館。
〔註24〕〔周〕左丘明：《國語》，上海古籍出版社1982年版，第4頁。

第四節　莊子的漆園吏職務和封南華真人時間

　　莊子曾經擔任過漆園吏是《史記》的記錄，但是沒有相關的材料來旁證或者印證。漆園吏究竟是一個什麼樣的職務也存在著爭論。由於資料很少，所以難以展開研究，或言漆園為地方鄉里一類的行政單位，因為現在有漆園這樣一個地名。二是漆園為造漆之所，莊子為造漆的主管。司馬遷在《史記》中寫作某某吏的現象不少，主要有兩種：一是一般的行政官員，因為官和吏都是概稱；一是知道在某處任職，但具體職務不是很肯定。如老子稱為柱下吏，這實際上是一個俗稱。朝廷廟堂大廳有柱子，在下聽差的就是柱下吏，相當於御史。漆園吏應屬於類似性質，不清楚具體執掌。

　　按照西周以來的慣例，長官按春夏秋冬來分，並沒有什麼吏這樣的職事，所以是概稱沒有問題。吏和事、史、使在西周以來有時候表示職務是一個意思。金文中只出現過御事這樣的提法，見於《大盂鼎》，還有一則在一個卣中，御事為用事之意。吏不同於史官，西周增加了內史，沒有漆園職務。漆園吏也不是地方政府官員，因為地方政府往往叫里君、里人、里宰。鄉吏，根據《周禮》，指的是鄉里的一般官員。郭沫若《金文叢考》有專門的考證。《周禮》天官冢宰有吏以治得民之說，還有群吏等稱呼，說明吏為一般官員身份。那麼莊子為漆園吏只能是說是漆園中的重要管理人員之一。

　　在先秦諸子書中，《莊子》的特異性之一就是包含有多篇技術寓言。其中，庖丁解牛出自《養生主》，痀者拒機出自《天地》，輪扁斲輪出自《天道》，佝僂承蜩、津人操舟、丈夫游水、梓慶為鐻、東野駕車、工倕旋矩、呆若木雞出自《達生》，丈人釣魚、無人施射、宋史真畫出自《田子方》，匠人捶鉤出自《知北遊》，（下文引用此處所提諸篇中的文句不再注明出處）。通過這些寓言，莊子生動傳神地描述了眾多匠人巧者的技術活動。莊子之所以如此熟悉處於社會下層的匠人巧者們的活動，是與他生活貧困且長期身在民間分不開的。《史記》載莊子「嘗為蒙漆園吏」〔註25〕（《老子韓非列傳》）。據崔大華、鄧聯合等的考證，莊子所做的「漆園吏」既非指「漆園」這個地方的官長，也不僅是指管理漆樹園的小吏，而是指兼管漆樹種植以及漆器製作的官吏，所以他才會熟悉當時的手工業生產。〔註26〕《莊子》中也確實多次提到漆的生產或用

〔註25〕〔漢〕司馬遷：《史記》，中華書局 1982 年版，第 2143 頁。
〔註26〕崔大華：《莊學研究》，人民出版社，1992 年..；鄧聯合：《技術活動中的超越
　　　　向度：莊子技術寓言解讀》，《江海學刊》，2008 年第 1 期。

途，例如，《人間世》：「桂可食，故伐之；漆可用，故割之。」；《駢拇》：「待繩索膠漆而固者，是侵其德者也」，「附離不以膠漆」。〔註27〕這些技術寓言既是對當時技術活動的真切記載，同時也為我們探討莊子的技術哲學思想提供了豐富的第一手材料。

我國的油漆技術發明很早。《史記‧貨殖列傳》說：「淮北、常山以南，河濟之間千樹荻；陳、夏千畝漆；齊、魯千畝桑麻，渭川千畝竹。」〔註28〕說明在淮北地區和齊魯之間的商丘當時盛產漆樹。這樣看來，莊子作為漆園吏也就沒有可疑問的了。但是，漆樹的汁液，對生漆過敏者皮膚接觸即引起紅腫、癢痛，誤食引起強烈刺激，如口腔炎、潰瘍、嘔吐、腹瀉，嚴重者可發生中毒性腎病，很容易對人的身心造成傷害。這樣看來，莊子的狂誕除了思想的超然時空以外，也許與生漆中毒有關，是一種病態。

莊子號南華真人。唐玄宗封莊子為南華真人的時間，《唐會要》卷十五等云：「天寶元年二月十二日，追贈莊子為南華真人，所著書為《南華真經》。文子、列子、庚桑子宜令中書門下更討論奏聞。至其年三月十九日，宰相李林甫等奏曰莊子既號『南華真人』，文子請號『通玄真人』，列子號『沖虛真人』，庚桑子號『洞虛真人』，其莊子、文子、列子、庚桑子，並望隨號稱從之」〔註29〕。《新唐書‧藝文志》、楊炯《原州百泉縣令李君神道碑》與此同。根據上面三條資料我們看出，在唐中宗李顯時代，莊子已被稱為南華真人，但詔封在天寶元年。

〔註27〕〔清〕郭慶藩：《莊子集釋》，中華書局 1961 年版，第 186 頁、319 頁。
〔註28〕〔漢〕司馬遷：《史記》，中華書局 1982 年版，第 3272 頁。
〔註29〕《文淵閣四庫全書》，臺北‧商務印書館 1986 年版，第 607 冊，第 646 頁。

第二章　莊子的思想表達與書寫方式

第一節　關於寓言重言和卮言

　　先秦的典籍由於書寫原因，往往遭受後人誤解，如《山海經》，本為記錄山川風物財富的著作，只有大荒以外的記載以傳聞為主，就被司馬遷等人看成是言怪物之書。戰國時期，亂世無道，學者爭相表白自己思想的深遠，諸子的思想常常處在矛盾的狀態，因此言辭之間又多了偏執和矛盾的地方。《史記》孟子荀卿列傳說：「荀卿嫉濁世之政，亡國亂君相屬，不遂大道而營於巫祝，信禨祥，鄙儒小拘，如莊周等又猾稽亂俗，於是推儒、墨、道德之行事興壞，序列著數萬言而卒。」〔註1〕一方面荀子推崇儒家，另一方面身在濁世，鄙儒小拘。對於莊子，又言其猾稽亂俗，移風易俗。道德風俗是國家治與不治的標準體現，所謂入其國聽其聲可也。這是西周以來形成的傳統思維，因此說莊子猾稽亂俗是一個很大的罪名。又《史記・孔子世家》引晏子的話說「儒者滑稽而不可軌法」〔註2〕。說明滑稽是對風俗制度的挑戰，表現為超越常規的無從稽考的言行，因此具有善辯的特點。現在看來，滑稽就是對莊子之說的評價，又叫無端崖之辭。司馬遷《史記》卷六三說他「其學無所不窺，然其要本歸於老子之言。故其著書十餘萬言，大抵率寓言也。作漁父、盜跖、胠篋，以詆訿孔子之徒，以明老子之術。畏累虛、亢桑子之屬，皆空語無事實。然善屬書離辭，指事類情，用剽剝儒、墨，雖當世宿學不能自解免也。其言洸

〔註1〕〔漢〕司馬遷：《史記》，中華書局1982年版，第2348頁。
〔註2〕〔漢〕司馬遷：《史記》，中華書局1982年版，第1911頁。

洋自恣以適己，故自王公大人不能器之。」〔註3〕按照司馬遷的分析，莊子主要是傳承老子之學，不符合實際情況。其實老子留下的文字很少，很難對應為傳承；老子書寫如詩，簡要五千言而已，並按照道與德分章，章或為樂章，以作傳誦。比較客觀地說，莊子對老子有認同與發揚，但並不是傳人性質，也沒有《史記》記載的老子、孔子後學互招作派。《莊子》一書寫作的方式以寓言為主，風格特徵是汪洋恣肆，屬書離辭，指事類情，有自己的風格。司馬遷稱莊子寫作的主要是寓言，而寓言說出自《莊子》雜篇，《莊子》中還有一篇的篇名叫《寓言》說：「寓言十九，重言十七，卮言日出，和以天倪。寓言十九，藉外論之，親父不為其子媒。親父譽之，不若非其父者也；非吾罪也，人之罪也。與己同則應，不與己同則反；同於己為是之，異於己為非之。重言十七，所以己言也，是為耆艾。年先矣，而無經緯本末以期年耆者，是非先也。人而無以先人，無人道也；人而無人道，是之謂陳人。卮言日出，和以天倪，因以曼衍，所以窮年。不言則齊，齊與言不齊，言與齊不齊也，故曰無言。言無言，終身言，未嘗不言；終身不言，未嘗不言。有自也而可，有自也而不可；有自也而然，有自也而不然。惡乎然？然於然。惡乎不然？不然於不然。惡乎可？可於可。惡乎不可？不可於不可。物固有所然，物固有所可。無物不然，無物不可。非卮言日出，和以天倪，孰得其久！萬物皆種也，以不同形相禪，始卒若環，莫得其倫，是謂天均。天均者天倪也。」〔註4〕

對於寓言，莊子說藉外論之，就是借助外界事物，與自身沒有特別關聯的內容來發言。但重言和卮言的認識就差異比較大了。關於「重言」的解說基本上有兩種說法：一種觀說重為重要之「重」，認為「重言」包括「重要之言」和「重要者之言」，也就是指為人所重之言或為人所重者之言。這個意見由來已久，郭象注《寓言》篇時解釋「寓言」為「世之所重，則十言而七見信」。清代成玄英進而疏《寓言》曰：「重言，長老鄉閭之所重，則十言而七見信也」。另一聲音說重複之重，如郭慶藩《莊子集釋·寓言》引郭嵩燾說：「重，當為直容切。《廣韻》，重，復也。莊生之文注焉而不窮，引焉而不竭者是也。」〔註5〕

卮言的解釋有些形形色色，郭象注云：「夫卮，滿則傾，空則仰，非持故

〔註3〕〔漢〕司馬遷：《史記》，中華書局1982年版，第2143～2144頁。
〔註4〕〔清〕郭慶藩《莊子集釋》，中華書局1961年版，第947～950頁。
〔註5〕〔清〕郭慶藩《莊子集釋》，中華書局1961年版，第947頁。

也，況之於言，因物隨變，唯彼之從，故曰日出。」〔註6〕郭象的意思是隨著外在條件的影響，就會出現相應的狀況結果，帶有思辨色彩。又，唐代陸德明《經典釋文》引司馬彪云：「卮言，謂支離無首尾之言也。」〔註7〕現代人還有意象說與言論說等等。其實，寓言、重言、卮言的共同處在言，而言不能簡單地理解為文字或者一般的語言。《周禮》說：「大司樂掌成均之法，以治建國之學政，而合國之子弟焉。凡有道者，有德者，使教焉。死則以為樂祖，祭於瞽宗。以樂德教國子：中、和、祇、庸、孝、友，以樂語教國子：興、道、諷、誦、言、語，以樂舞教國子：舞雲門、大卷、大咸、大韶、大夏、大濩、大武。以六律六同、五聲、八音、六舞、大合樂以致鬼神，示以和邦國，以諧萬民，以安賓客，以說遠人，以作動物。」〔註8〕

　　根據《莊子》的解釋，寓言就是借助相關的言行來說明道理，與現代寓言用故事來說明道理有些類似，也有一些區別，莊子的寓言就包括道理本身。採用寓言的方式是為了表達效果，即增加公信力。由於是借助，要錯也是別人錯在先，寓言在莊子的言論中比例為十之九，分量很大。這裡至少說明兩個道理，就是莊子將自己的書看成是言書，不是《尚書》那樣的語書或者《春秋》那樣的事書。這是莊子給自己著作的學術定位。其次，《莊子》是學術著作，不是故事書。寓言雖然是外篇，但是現在普遍認為出自莊子自己，那麼寓言作為文體出自莊子自己的創造，實際上文體本身也是一種發展創造，包括其中的結構與風格。從《莊子》中的語用體式看，文體的認知並不是刻意關注。其中有論，如《齊物論》，也有談道與運的，還有兩個遊，一個是《逍遙遊》，一個是《知北遊》，《知北遊》是篇名，也是人名，還是文體。那麼，至少論與遊也是莊子確定的文體。而遊從認識世界的深遠方式，成為後來人們喜歡的文體，如遊仙、遊物的遊記類作品。顯然，莊子對文體學的創建貢獻不容忽視。

　　與《莊子》有著相似寫法，但是不以寓言命名的是《列子》。《全上古三代漢魏六朝文》卷三十七劉向《列子書錄》說：「列子者，鄭人也，與鄭繆公同時，蓋有道者也。其學本於黃帝、老子，號曰道家。道家者，秉要執本，清虛無為，及其治身接物，務崇不競，合於六經，而《穆王》、《湯問》二篇，迂

〔註6〕〔清〕郭慶藩《莊子集釋》，中華書局1961年版，第947頁。
〔註7〕〔清〕郭慶藩《莊子集釋》，中華書局1961年版，第948頁。
〔註8〕《周禮》，中華書局1980年版，第787頁。

誕恢詭，非君子之言也。至於《力命》篇一推分命，《楊子》之篇唯貴放逸，二義乖背，不似一家之書。然各有所明，亦有可觀者。孝景皇帝時貴黃老術，此書頗行於世。及後遺落，散在民間，未有傳者，且多寓言，與莊周相類，故太史公司馬遷不為列傳，謹第錄」。因為是多寓言，所以司馬遷不予立傳。所謂道家，乃指執本，也就是道為所執。在生存思維上以六經為合，這與儒家實際上沒什麼本質區別。所以，莊子常舉孔子為證，並不是為了詆毀孔子，相反是為了證明自己，畢竟孔子是天下公認的年先。劉向的校勘記客觀上認可了寓言體的存在與地位，並以此作為理論的依據。有的寓言不是君子之言，具有迂誕恢詭的特徵，也是古今一貫的看法。這說明作為《周禮》中強調的大司樂教育道德子弟的樂語之一的言，也就是孔子一言興邦的言，在莊子那裡有更自在的適用。《後漢文》卷十三桓譚《本造第一》說：「董仲舒專精於述古，年至六十餘，不窺園中菜。餘為《新論》，術古今今，亦欲興治也，何異《春秋》褒貶邪？今有疑者，所謂蚌異蛤，二五為非十也。譚見劉向《新序》、陸賈《新語》，乃為《新論》。莊周寓言，乃云『堯問孔子』；《淮南子》云『共工爭帝，地維絕』，亦皆為妄作，故世人多云短書，不可用。然論天間莫明於聖人，莊周等雖虛誕，故當採其善，何云盡棄邪？」〔註9〕堯問孔子顯然類關公戰秦瓊之論，如莊子和影子賽跑一樣，皆為寓言寫法，並非怪異之論。《全上古三代秦漢三國六朝文》之《後漢文》卷六十陳龜《對狀尚書條便宜七事》一文說：「臣聞明王聖主好聞其過，忠臣孝子言無隱情。臣備生人倫視聽之類，而稟性愚愨，不識忌諱，故出死忘命，懇懇重言。誠欲陛下修乾坤之德，開日月之明，披圖籍，案經典，覽帝王之務，識先後之政。如有闕遺，退而自改。」〔註10〕這裡的言是行政作為，也就是說言不是一般的說話。重言，就是反覆申述要言，與莊子的重言意思也大致一致。當然也有的重言指的是重疊。重言與卮言的言的形式，但不是文體，寓言當初也不是，只是表達說事的方式。我們翻譯外國著作習慣於從先秦經典中尋找對應的感念，這樣的結果往往把事情弄玄了，因為很多翻譯者並不知道經典中話語概念的本義，結果是把先秦的經典的認識拉入偏差，或拔高或邪乎。《漢書‧藝文志》說：

〔註9〕〔清〕嚴可均輯《全上古三代秦漢三國六朝文‧後漢文》，上海古籍出版社2009年版，第521頁。

〔註10〕〔清〕嚴可均輯《全上古三代秦漢三國六朝文‧後漢文》，上海古籍出版社2009年，第103頁。

「儒家者流，概出於司徒之官，助人君順陰陽明教化者也。遊文於六經之中，留意於仁義之際，祖述堯舜，憲章文武，宗師仲尼，以重其言，於道最為高。」〔註11〕這裡的重有重要和重視的意思。這大概是司馬遷寫史時候關注的一個原則；同時，司馬遷寫作《史記》注重實證精神：「余嘗西至空峒，北過逐鹿，東漸於海，南浮江淮矣，至長老皆各往往稱黃帝、堯、舜之處，風教固殊焉，總之不離古文者近是；」〔註12〕考信於「六藝」，「夫學者載籍極博，猶考信於六藝」〔註13〕；選擇材料以雅馴為標準：「百家言黃帝，其文不雅馴，薦紳先生難言之」〔註14〕、「余並論次，擇其言尤雅者」〔註15〕。同時，《史記》中亦有不少神話描寫，似乎二者明顯相悖，其實所謂經典與縉紳之口是司馬遷作偽的藉口，也是為了存在的自救。因此，寫與不寫，說與不說，都需要具體分析。言有多種，司馬遷大體擇其雅者表達。

關於卮言。《莊子》說：「卮言日出，和以天倪，因以曼衍，所以窮年。」但並沒有說什麼是卮言。言卮言日出，和以天倪，「物固有所然，物固有所可。無物不然，無物不可。非卮言日出，和以天倪，孰得其久！萬物皆種也，以不同形相禪，始卒若環，莫得其倫，是謂天均。天均者，天倪也。」卮言和以天倪就能夠長久，亦即永恆，具體形象地說以不同形相禪，始卒若環。就是說以不同的形態互相物物生生，但其起始就像一個環。唐人成玄英疏：「天均者，自然均平之理也」。這是一個概括的義疏，意思不差，但比較難以理解。莊子用環來說理不僅一處。《齊物論》說：「物無非彼，物無非是。自彼則不見，自知則知之。故曰彼出於是，是亦因彼。彼是方生之說也。雖然，方生方死，方死方生；方可方不可，方不可方可；因是因非，因非因是。是以聖人不由，而照之於天，亦因是也。是亦彼也，彼亦是也。彼亦一是非，此亦一是非。果且有彼是乎哉？果且無彼是乎哉？彼是莫得其偶，謂之道樞。樞始得其環中，以應無窮。是亦一無窮，非亦一無窮也。故曰莫若以明。」〔註16〕也是說物物相禪。如果沒有偶，即相對而非相伴的狀態就是道樞，樞在其環中原心。《墨子》認為圓是一中同長，也就是說圓心到各處都是等距離的。那麼可以應對

〔註11〕〔漢〕班固《漢書》，中華書局 1982 年版，第 1728 頁。
〔註12〕〔漢〕司馬遷《史記》，中華書局 1982 年版，第 46 頁。
〔註13〕〔漢〕司馬遷《史記》，中華書局 1982 年版，第 3179 頁。
〔註14〕〔漢〕司馬遷《史記》，中華書局 1982 年版，第 46 頁。
〔註15〕〔漢〕司馬遷《史記》，中華書局 1982 年版，第 504 頁。
〔註16〕〔清〕郭慶藩《莊子集釋》，中華書局 1961 年版，第 66 頁。

事物的齊與不齊。成玄英注釋認為是道的本始，無事無非，所以能應無窮。郭象注釋認為環中的婉轉流動的世界事物如環。又《莊子‧則陽》說：「冉相氏得其環中以隨成，與物無終無始，無幾無時。日與物化者，一不化者也，闔嘗舍之！夫師天而不得師天，與物皆殉，其以為事也若之何？夫聖人未始有天，未始有人，未始有始，未始有物，與世偕行而不替，所行之備而不洫，其合之也若之何？」〔註17〕成玄英注釋認為，得之環中就無三時：過去現在和未來。《莊子‧天地》篇指出，通於天地為德，行於萬物為道，道德可以調和應對萬物，而自然與無具有永恆性，無論世界如何變化，環中都不為所動。天均就是天倪，就是無窮無盡的世界。但是，因為有環中這樣的道樞，卮言日出，和以天倪，因以曼衍，所以窮年，世界還是可以認識與把握。下面我們就可以探討一下卮言是什麼意思了？

　　卮是酒器，《史記‧項羽本紀》中有給壯士賜之卮酒之說。《詩經》中大量寫到言，有靜言、讒言、興言、薄言、酌言等數十種。類似卮言的是《簡兮》說：「簡兮簡兮，方將萬舞。日之方中，在前上處。碩人俁俁，公庭萬舞。有力如虎，左手執籥，右手秉翟。赫如渥赭，公言錫爵。」〔註18〕萬舞，甲骨文中已經有記錄，《左傳》中也提到振萬，是一種長期受到人們喜歡的一種樂舞，比較性感。周人翦商以後，對其禮樂多有傳承。公言即公命，言為官話。又《泉水》說：「出宿於干，飲餞於言。載脂載轄，還車言邁。」〔註19〕又《瓠葉》說：「幡幡瓠葉，采之亨之；君子有酒，酌言嘗之。」〔註20〕言皆是行政行為。卮作為酒器，也是禮器。從《詩經》中關於飲酒的言看，在儀式上舞蹈萬之後賜爵飲酒，是為公言。享禮時候邊飲邊言是酌言。那麼卮言當然是盛放在卮中的話，也就是心裏的話，對施政的見解。《韓非子》說：「千金之玉卮，至貴，而無當，漏，不可盛水。」〔註21〕莊子不過是將卮言比如權貴者的金玉良言。這種金玉良言，每天都有，要與無窮無盡的世界和諧，在參差不齊的狀態中隨時間而去，所以只有得之環中，才能夠應付無窮。而得之環中的認識表現就是寓言和重言了。《易經‧繫辭上傳》第五章「一陰一陽之謂道，繼之者善也，成之者性也。仁者見之謂之仁，知者見之謂之知，百姓日用不

〔註17〕〔清〕郭慶藩《莊子集釋》，中華書局1961年版，第885頁。
〔註18〕〔宋〕朱熹：《詩集傳》，上海古籍出版社1980年版，第23頁。
〔註19〕〔宋〕朱熹：《詩集傳》，上海古籍出版社1980年版，第24頁。
〔註20〕〔宋〕朱熹：《詩集傳》，上海古籍出版社1980年版，第173頁。
〔註21〕梁啟雄：《韓子淺解》，中華書局1960年版，第321頁。

知；故君子之道鮮矣！顯諸仁，藏諸用，鼓萬物而不與聖人同憂，盛德大業至矣哉！富有之謂大業，日新之謂盛德。」〔註22〕卮言日新，也就是說德的豐富，盛德與天倪相和，在不斷的曼衍生生中可以窮年，那麼卮言顯然是說關於生存的道理，以德為取向。莊子就是這樣，由或然推向必然。

　　《莊子》一書，自漢代以來都定位為寓言，這不是真實的把握準確的判斷。如果要把一篇叫做《寓言》的篇名，或者說敘述方式定位全書為寓言不太合適，《莊子》屬於言的範疇，言自然社會，前者為君王之道，後者為哲人之思、臣子之說。先秦的著作文體初生萌發，難以像後世問題那樣清晰，往往比較概括。其中又包括具體的文體，如《尚書》中的詩、歌之類，《論語》、《國語》皆為語，但是也同樣包括記事與論述等等。之前，也有不少關於《莊子》文體的討論，如周春生《〈莊子〉一書的語言結構》〔註23〕、陳永輝《〈莊子〉重言對〈論語〉敘事的模仿和超越》〔註24〕等文章對《莊子》從寓言體的角度進行比對。他們統計《莊子》中的寓言共 261 則，其中取材於動物或植物的有 34 則，取材於人物的有 227 則。在人物寓言中，直接與莊周其人有關的故事 14 則，人物與動、植物參半的故事 5 則，只有人物形象（包括傳說人物、歷史人物、虛構人物等）的達 208 則。他們在《莊子》寓言中出現，多不是還原性描繪，而是或多或少地改變了歷史的真實性，成了新的人物形象。《莊子》寓言為了表達的需要，還隨意驅遣，虛擬了一些稀奇古怪的人物名字，如無所謂、孟子反、大公調、無窮、無始、子祀，等等。有的通篇就是一個寓言，有的用十五、六個寓言組成一篇。也有的認為《莊子》是小說。〔註25〕《莊子》中的人物是否都是虛擬並不好判斷，涉及到鬼神的按照無神論的思維容易判斷，但是牽涉到人名的真假也就難分了。有學者統計，先秦寓言中，可作為成語故事的約有 128 則。其中，《莊子》居多，有 43 則。成語是用典實來說明事理的詞組（有的是詞或者句子），語是古老的文體之一，後來衍生出古訓和格言，宋代以後人們將其中固成之語稱為成語。

〔註22〕欒勳：《說環中》，《淮陰師專學報》，1994 年 2 期。
〔註23〕《中國哲學史》，1993 年 02 期。
〔註24〕《中國石油大學學報》，2010 年第 2 期；唐明生：《莊子語體探析》，《作家》，2008 年 10 期。
〔註25〕〔英〕王爾德：《一位中國哲人》，參見《言論家》1890 年 2 月 8 日。

第二節　內篇與寓言、重言和卮言

一般認為，《莊子》中描寫了大量的神話，並覺得這是莊子寓言的特色。我國的神話不同於希臘，是廟系不是神系，幾乎每一個時代的神話都是對原始宗教進行操控的政治智慧。莊子中的神話很少，嚴格意義的更少，因為其價值取向不在神話，更多的是借助傳說，或者自己的設計想像。莊子是一位偉大的思想家，他在書寫時，雖然方式不同，但都圍繞著思想者設定的哲思表述，沒有笑料、閒話或者獵奇。《莊子》的書寫方式正是由記敘形式向說理形式的轉型，從普世的價值考量，基本上以講故事的方式解說道理。按照《莊子》言分為三的自己的認定，從內篇七篇看，分別有以下幾種表述方式。

（一）寓言類。

（1）寓言引證型。用神話傳說表達自己的思想感情的方式可以成為寓言類，以《逍遙遊》為代表。先言鯤鵬物化相禪，然後引齊諧〔註26〕為證，再說大之高遠。以蜩與學鳩笑之對比，說明渺小的之二蟲又何知！鋪陳小知不及大知，小年不及大年。復以鯤鵬與斥鴳對比，論述此小大之辯。第二層採用類比的方法將此語知效一官，行比一鄉，德合一君，而徵一國者相比，說明至人無己，神人無功，聖人無名的大道理，小政不如大政；又如大美無言，無言不是沒有言，而是言的無能，無是無限、無窮無盡。第三層從歷史的縱深開拓，以堯讓天下於許由為例說明歸休乎君，再證無為是聖人無名的大道理。最後以人壽命之小大與事物用處的小大，說明小大重在具體適用，亦不必為用所困。相通於老子的字之曰大，勉強謂之為名的道。

（2）寓言說理型。《應帝王第七》講述治理天下的道理。人類認識世界非常有限，有時候還會遇到虛與委蛇那樣的幻覺。就生活態度說，要遊心於淡，合氣於漠，順物自然而無容私焉，這樣就天下治了。事物是辯證的，聖人明王勞形怵心，功蓋天下而似不自己，化貸萬物而民弗恃。有莫舉名，使物自喜。能夠立乎不測，而遊於無有者。萬物體盡無窮，而遊無朕。就是渾沌那樣中央之帝，也有缺陷，沒有七竅，如果鑿出七竅，那好心辦壞事，餛飩也就不存在了，所以應自然的本性與天理，即天倪。

（二）重言類。

（1）重言類感悟型。《齊物論第二》說明萬物與我並生，事物圍繞環中

〔註26〕齊諧，一般以為是書名，西晉司馬彪言是人名，見本書第十四章。

道樞為一的齊物思想。以南郭子似喪其耦，以三籟及言與道之辯，強調萬物彼此相關，因此認識世界莫若以明。要做到明，才能坦然面對恢詭譎怪，只有道通為一，也就是道是唯一。自古以來，畛有八德：有左有右，有倫有義，有分有辯，有競有爭。六合之外，聖人存而不論；六合之內，聖人論而不議；春秋經世先王之志，聖人議而不辯。批評聖人的侷限，即忽視自然的存在，指出只有至人神矣！大澤焚而不能熱，河漢沍而不能寒，疾雷破山、飄風振海而不能驚。若然者，乘雲氣，騎日月，而遊乎四海之外，死生無變於己，能夠獲得永恆，那麼利害之端也就很容易化解。生存和之以天倪，因之以曼衍，所以窮年。忘年忘義，振於無竟，故寓諸無竟。什麼是和之以天倪？指的是，然不然。是若果是也，則是之，異乎不是也，亦無辯；然若果然也，則然之異乎不然也亦無辯。化聲之相待，若其不相待。最後說自己曾經夢為胡蝶，栩栩然胡蝶也。自喻適志與！不知周也。俄然覺，則蘧蘧然周也。不知周之夢為胡蝶與？胡蝶之夢為周與？周與胡蝶則必有分矣。此之謂物化。說明事物雖然相禪，但是，仍有其分，夢蝶是內在精神和情志的映象。有些我們不可知，但是我們可以有志去想念或者體驗，然是事物相禪的狀態和動態。

（2）重言議論型。《人間世第四》顧名思義就是討論關於入世的事情。由顏回赴衛引起，孔子告訴顏回入世的首先要義是自己的安全：古之至人，先存諸己而後存諸人，強行就是災人，那麼人必反災之。若殆為人災夫。並舉桀殺關龍逢，紂殺王子比干，堯攻叢枝、胥、敖，禹攻有扈，國為虛厲，身為刑戮的例子，說明名實讓人嚮往，但聖人之所不能勝。如果一定要去，只有心齋。具體地說：「若一志，無聽之以耳而聽之以心；無聽之以心而聽之以氣。聽止於耳，心止於符。氣也者，虛而待物者也。唯道集虛。虛者，心齋也。」〔註27〕復論借葉公使齊說明人道。葉公子高將使於齊，要想圓滿完成出使任務，只有德能幫助他成功。忠孝不能兩全時要先盡忠，這就是至德。在處理問題是要從實際出發，因勢利導，具體情況具體對待，要趨利避害、物盡其用。《人世間第四》在立足大遊的戰略思維下，全面把握世界的物質關聯，通過督以安身立命是莊子的思想境界與原則方法。比起儒家，老莊更長於自然的考量，因此人世間的經營，莊子借助孔子表達了自己的看法，就是通過心齋實現趨利避害，物盡其用。中國傳統的忠孝關係在春秋之前是先孝道，但亂世將忠作為首先，孟子還提出捨生取義之說，因此儒道在對待家國的態

〔註27〕〔清〕郭慶藩：《莊子集釋》，中華書局 1961 年版，第 143 頁。

度上是一致的。這種思想成為秦漢中央集權制度的基礎。

（3）重言類教化型。《大宗師第六》開篇強調知道一切，就是至，但要有所待而後生，因此，光有知識不夠，要有真人而後有真知，提出了以人為本的概念。然後具體地講述了真人的形象、特徵，真人在生存、功利、情感上能夠超越常規，也能夠超越常規活著，圍繞著一，調和天地。在生死之間能做到兩忘而化其道，因此聖人將遊於物之所不得循而皆存。道，擁有真人表達的力量，能夠支配著自然萬物的生生不息與自由自在，與成功失敗。因此大宗師就是真人，真人的思想行為是一。一以天地為大爐，以造化為大冶，陶甄世界。這是人類的夢想。要實現這個夢想第一要做的就是遊，遊有方，方有內外，內為社會，外為自然。遊的完成是「澤及萬世而不為仁，長於上古而不為老，覆載天地刻雕眾形而不為巧，此所遊已。」〔註28〕遊的道路、方式很多，顏回用坐忘的方式，超越了儒家。重言是一個多選義項，體現了莊子用言的風格：形象、生動而豐富，強調人的內心和精神的舒展，以整個宇宙及其內在體質為對象。

（三）卮言類論述型。

（1）卮言類論述型，以《養生主》為代表。《養生主》是《莊子》中膾炙人口，也是容易閱讀的一篇，主要論證生也有涯，而知也無涯，因此需要緣督以為經，可以保身，可以全生，可以養親，可以盡年。通過庖丁為文惠君解牛，指出凡事物要洞悉依乎天理：庖丁之言如養生之道；庖丁之行，節奏如《桑林》之舞；庖丁之技，不過物理。關鍵是我們要明瞭這些天理，明瞭的方法只有一個就是深察，也就是督。一個人一定時間也許做不到督，但可以薪火相傳。《養生主》提出問題，通過例證，然後列舉種種現象進行分析，明確解決問題的方法。論文中心明確、脈絡清楚。遊是關鍵詞，遊要至上，齊物要整體看待這個世界萬物，督是遊的重要的原因與狀態，也是對萬物的科學態度，因此需要卮言日新，曼延應對無窮。養生之主就是緣督以後，通過超越技藝實現的道，就是薪火相傳的火，卮言日新就是明德，由此可以進乎道。

（2）卮言類應用型。莊子《德充符》篇牽涉到人生的很多方面，突出的是形和德的關係，因此形主要列舉的那些殘廢或醜陋之人，通過聖人之遊，進行道德驗證。魯有兀者王駘，孔子稱其為聖人，將以為師，因為用不言之

〔註28〕〔清〕郭慶藩：《莊子集釋》，中華書局1961年版，第247頁。

教，無形而心，在教化名頭上壓過孔子。遊心是德之和，以強調心靈道德的重要，因此命物之化而守其宗才是真理。又通過子產、無趾說明天地包容萬物，萬物為一，因此要效法自然；通過學可以補前行之惡，進而指出全德的人更要學習，要像至人那樣，解除自己的桎梏。如何回答哀駘它未嘗有聞其唱者也，常和人而已，但人們思而不能去的原因，孔子認為愛不是愛形，才全而德不形常有，因此要愛使其形，也就是德能夠體現出來。對於事之變、命之行，要通過和豫，讓其生長出道德之花。如果道德高尚，人們就會忘記形，並尊重他。《德充符》通過道德的解說驗證，表明德才兼備很難，說明只有修德可以彌補一切不足。

第三章 《漁父》及其代言性質

第一節 最早的漁父與莊子的《漁父》

　　漁父，一般在古代指捕魚的人。從父的含義看，應當是男性。早期出土的文物圖案上，捕魚的多是鳥，而不是人。寶雞北首嶺出土的細頸彩陶壺上的鳥啄魚紋，臨汝閻村出土的彩陶缸上的鳥銜魚圖，西周青銅器上的鳥魚紋等都是這樣，所謂玄鳥生商，鳥是男性的象徵，因此，那時候的藝術品中「漁父」有的已經象徵著男性了。《易經·剝六五爻》中說，「貫魚，以宮人寵，无不利。」〔註1〕魚象徵著女性，鳥魚遊戲象徵男女對食。但是在《詩經》中的捕魚人還不分男女。

　　《周南·汝墳》說：「魴魚赬尾，王室如火。雖則如火，父母孔邇。」〔註2〕

　　《齊風·敝笱》說：「敝笱在梁，其魚魴鰥。齊子歸止，其從如雲。」〔註3〕

　　《邶風·新臺》說：「魚網之設，鴻則離之。」「燕婉之求，籧篨不鮮。」
〔註4〕

　　在這些作品中，捕魚的基本上都是指女性，並都涉及到感情生活。《衛風·竹竿》和《戰國策·魏策》講到釣魚，用的是本事，還不能算作藝術形象，顯然，捕魚與性的關係那時候還並沒有形成一個固定的程序。

〔註1〕《漢魏古注十三經》之《周易》，中華書局1998年版，第18頁。
〔註2〕〔宋〕朱熹：《詩集傳》，上海古籍出版社1980年版，第6頁。
〔註3〕〔宋〕朱熹：《詩集傳》，上海古籍出版社1980年版，第61頁。
〔註4〕〔宋〕朱熹：《詩集傳》，上海古籍出版社1980年版，第26頁。

　　比較早的在典籍系統表現的漁父形象是姜尚，檢《史記‧齊太公世家》說他「窮困年老矣，以魚釣奸周西伯。」〔註5〕《說苑》記錄比較詳細：「呂望年七十，釣於渭渚，三日三夜魚無食者，即憤脫其衣冠。上有農人者，古之異人，謂望曰：『子固復釣，必細其綸，芳其餌，徐徐而投，無令其駭。』望如其言。初下得鮒，次得鯉，刺雨得書，文曰：『呂望封於齊』」。關於姜尚的神話故事很多，按照《搜神記》的記載，他又變成了傳書的柳毅的原型，等等。那麼，捕魚無疑是姜尚幹周伯的方式，追求政治理想的途徑，也就是由隱求仕的過程與狀態，而後成為文化含義豐富的藝術形象，漁父當然成為智者的象徵。這就是先秦時代出現漁父的根本原因。從先秦到六朝時期完整的表現「漁父」的作品有六篇，地點都在南方，但文化內含和文學意義明顯不同。姜尚作為干祿隱者的形象在唐詩中的例子比較多，說明形象所指已經很清楚了。

　　《莊子‧漁父》是漁父作品中比較早的長的一篇。孔子適楚，「遊乎緇帷之林，坐乎杏壇之上。弟子讀書，孔子絃歌鼓琴。」〔註6〕儒家認為，徵聖完成道德的過程是興於詩、立於禮、成於樂，把樂看成是理想文化的標誌，那麼，孔子適楚時的絃歌誦經狀態便是儒家的風流了。但是，「鬚眉交白，被髮揄袂」的漁父，據膝持頤聽後不久便讓孔子折膝稱臣。孔子的治國方略「性服忠信，身行仁義，飾禮樂，選人倫，上以忠於世主，下以化於齊民，將以利天下」〔註7〕也被斥之為普通的人事，是世俗所為，只有自正、法天、貴真，才是治國的美政。「刺船而去，延緣葦間」的漁父被孔子譽為得道聖賢。莊子在《齊物論》和《寓言》、《盜跖》等篇章中都對孔子強烈的抨擊與反諷，表現了道家和儒家包括孔子的尖銳對立。這樣，《莊子‧漁父》中的漁父是個隱者，是智者，是聖賢，而不是普通的打魚之人；另一方面，說明漁父有可能是虛構的，漁父身上有莊子的影子，甚至就是莊子的代言人。而某種意義說，也是莊子一種矛盾心態的反映，也是南方文化守土禦外的強烈表現。

　　郭象注《漁父》篇，指出漁父「一云是范蠡」。我們知道，范蠡由楚入越，被越王句踐任用，後又幫助句踐攻滅吳國，走出困境。隨後棄官易名，耕於海邊，也算半個隱者，即屬於魯仲連式的功成隱退，避免日後遭政治戕害。

〔註5〕〔漢〕司馬遷《史記》，中華書局1982年版，第1477頁。

〔註6〕〔清〕郭慶藩：《莊子集釋》，中華書局1961年版，第1023頁。

〔註7〕〔戰國〕莊周《莊子》上海古籍出版社，1995年版，第334頁。

《莊子》中的漁父對孔子大談治國之理，對孔子畢生關注的禮制與道德命題有一定研究，除了飽讀經書，也可能出仕過，只是沒有留下姓名。不管是莊子還是莊子的代言人，漁父是道者，道家文化和南方守土文化的代表。

第二節　莊子的《漁父》與屈原的《漁父》比較

與《莊子・漁父》的孔子悠然自得的處境和兩種思想的對立不同的是，《楚辭・漁父》中的屈原被發行吟澤畔，顏色憔悴，形容枯槁，陷入絕境，但仍然堅守獨清情懷。王逸認為《漁父》是「屈原之所作也」，後「楚人思念屈原，因敘其辭以相傳焉」。漁父似為世俗的代表，勸屈原隨波逐流。但漁父實際上是絕世獨立的智者或者說隱者的代表，反映了屈原仕與隱的進退矛盾的心態，情理、文化無法溝通的文化阻塞。隱是隔世的方式，死是絕世的方式，死是最為徹底的。《漁父》的末尾文字和《孟子・離婁上》所載的《孺子歌》：「滄浪之水清兮，可以濯我纓；滄浪之水濁兮，可以濯吾足」〔註8〕相同，不是巧合。《孺子歌》是孔孟所欣賞的齊地歌謠，也合乎《論語・述而》：「用之則行，舍之則藏」之意，有隱身避世的不得已的一個人生取向。顯然，漁父在這裡成了儒家思想的代言人。而事實上這是不可能的，只能說明，《漁父》是經過漢儒加工的，漢儒敬重屈原，隨著子曰戰勝詩云，孔孟之道成為經學以治國，他們便有意地把孔孟之道和屈原聯繫起來」〔註9〕，莊子的《漁父》至少在結尾處被後人修改。由此看來，漁父思想與時代文化背景有關，不同時代染上了不同特徵。《楚辭・漁父》進入漢代，就成了漢儒講孔孟之道的一個代言人。

（明）汪瑗《楚辭集解》注《漁父篇》曰：「蓋漁父，隱者也，理亂不知，黜陟不聞，故見屈原而驚問焉。然則何以知其為屈原也？蓋屈原乃楚國之豪傑，漁夫亦嘗慕之，若孔子周流四方，遇之者鮮不以為孔丘也」。肯定了漁父的隱者身份。與孔子所遇的漁父有相似之處，「莞爾而笑，鼓枻而去」只是形似。（清）王夫之注曰：「君子遇有道則行吾志，無道則全吾身，何凝滯之有哉？」〔註10〕（《楚辭通釋》）肯定了漁父勸隱之意。連李白都說：「滄浪有釣叟，吾與爾同歸」〔註11〕（《沐浴子詞》）。意義是清楚的。

〔註8〕〔宋〕朱熹：《四書章句集注》之《孟子》，中華書局1983年版，第280頁。
〔註9〕黃震雲《楚辭通論》，湖南教育出版社1997年版，第198頁。
〔註10〕〔清〕王夫之《楚辭通釋》，上海人民出版社1975年版，第120頁。
〔註11〕〔唐〕李白《沐浴子》，《全唐詩》卷165，中華書局1979年版，第1706頁。

　　《莊子‧漁父》與《楚辭‧漁父》雖然都以漁父為表現對象，但文化蘊涵與文學價值卻不相似，不妨比較一下。

　　《莊子‧漁父》與《楚辭‧漁父》都產生於楚地，以楚文化為大背景，其最大的相同之處是「漁父」的出現，對立和消失。漁父形象在兩篇中共同之處在於：一、都在江邊遇到，以南方文化地理為背景。二、塵世以外的世界來客。三、問答式，相同的是通過問答展示形成了內在的對立關係。《莊子‧漁父》中孔子和漁父外部的對立，相對激烈。《楚辭‧漁父》中屈原和漁父內部的對立，比較柔和。莊子的漁父是楚文化和道家文化的代表，而屈原的漁父是當政的世俗的心態標誌。顯然，同中之異在於「尖銳」與「柔和」，因為前者乃孔子適楚遭遇，涉及到兩地文化衝突以及孔子與漁父及其背後的莊子在生存哲學上差異等因素。後者「柔和」在於屈原在本國（楚地）遇漁父，且漁父以勸慰為主，與屈原只有內在內心微弱的生存態度的對立，或者只是不同，無鬥爭之意。異中之同又在於，兩組矛盾都有涉及到仕與隱兩種取向的矛盾，涉及到主體的政治主張和價值理想。

　　《莊子‧漁父》中孔子適楚，被呵斥、刁難與攻擊，是齊魯文化與楚文化衝突的感性顯現。孔子的被動與尷尬也與《莊子‧盜跖》一脈相承，是文化衝突，也是思想碰撞。

　　一般認為，楚地的國家制度、倫理思想較為寬鬆刁蠻。楚地雖有時條件較北方為好，但由於開發得較晚，也由於山川的阻隔，與北方相較，其國家制度不夠完善，尤其是維護等級秩序的政治觀念和倫理思想不夠發達。因此，人們也就較少重視社會理性，而是傾向於發揮自由的想像。雖然這些話說得似乎有些偏激，但是儒道文化的對立確是南北文化在不同背景下展開的。孔子適楚，從社會理想出發，擔綱王輔，實踐道義，炫耀自己的政治主張，而楚地個人主義似乎更強一些，孔子的理論即使被理解，也難以被接受。

　　楚地被中原各國稱為「荊蠻」，甚至被斥為「南蠻鴃舌之人，非先王之道」[註12]（《孟子》），「尊王攘夷」，更是把楚國作為主要的排斥對象，使楚國與中原在聯繫中又保持相對獨立。在這種文化、思想氛圍中，孔子推行儒家思想自然是要碰壁的。在《論語‧微子》中有三章記載與此相關：《楚狂接輿章》、《長沮桀溺耦而耕章》及《子路從而後章》。三篇都有生動描述了孔子在

〔註12〕〔宋〕朱熹：《四書章句集注》之《孟子》，中華書局 1983 年版，第 261 頁。
　　　　又見秦李斯《諫逐客書》。

楚地受隱者們譏諷的情況。從這裡說，漁父也就是接輿、長沮桀溺的代表，莊子的漁父並非個人意氣或者個體的攻擊，而是文化衝突。根據《史記》的記載，楚國經過激烈的爭論並沒有重用孔子，而是擱淺了任用孔子的計劃。

屈原也在江邊遇到漁父。王逸說漁父「時遇屈原川澤之域，怪而問之，遂相應答」〔註13〕，可見漁父觀察屈子很久了，和屈原之間有著彼此的瞭解。《楚辭・漁父》記載了屈原投江的緣由，是屈子與漁父的最後一次對話，屈原為世界所不容，亦不能撫慰自己的內心。漁父是屈原死亡的青詞歌手，是時代風氣的象徵。

但這一悲劇不僅在文化上，還有人生取向的不同。如果說漁父與屈子只是鬥爭中的相互證偽，證明對方的不真實、不合理、不實際，那麼漁父與屈子只是相互表白自己的人生觀而已。漁父更多地出於對屈原的尊愛與同情。自己並不隨波逐流，也已經失去對岸上人的關懷，只過著以打魚為謀生手段，以釣魚為思考契機的隱逸生活。遺憾的是被後來者從兩方面異化。一方面，所謂東方朔式的「避世金馬門」，「臣聞賢者居世，與世推移，不凝滯於物。彼（伯夷、叔齊）何不升其堂，飲其漿，泛泛如水中鳧，與彼俱遊？」（《太平廣記・續談錄》）。與漁父勸屈原的內涵是不同的。或者說，漁父勸屈原的一番苦心言辭被曲解而成了東方朔式的生存態度的藉口。另一方面，即所謂「壺隱」，蜷縮在個人的小天地，消極地忘我，皆背離了漁父作為隱者形象的本意，而成為並不純粹的另外意義層面上的隱了。而屈原反覆強調要從彭咸之所居，以及多次飛天，同樣充滿了矛盾，漁父當然也就是他的思想的另一面了。

在中國古代，政治是思想文化的集中體現及其得以推行的保證，同時也是思想文化遭到扼殺或者變化的主因。尤其在儒家思想大力擴張的時期。作為孔子對立面出現的漁父、長沮桀溺、荷蓧丈人以及莊子本人都代表了楚地思想文化特徵。關鍵是二者思想文化衝突又歸結到了政治上。

以漁夫為代表的楚地隱者對儒家推行政治主張的不滿，其實質矛頭並非指向孔子，而是根源於自身對現實政治，也就是楚國當時所推行的政治的不滿與失望。這給他們的生活造成了苦難，尤其使有志之士的思想不得推行，如屈原。長沮曰：「滔滔者，天下皆是也，而誰以易之？」〔註14〕（《長沮桀溺耦而耕章》），便暗示了孔子的力量是微小的，不足以改變楚地人的生活。同

〔註13〕〔漢〕王逸：《楚辭章句》，嶽麓書社1997年版，第173頁。
〔註14〕〔宋〕朱熹：《四書章句集注》之《論語》，中華書局1983年版，第184頁。

時，「四體不勤，五穀不分」〔註15〕（《微子》），又說明儒家也有空談理論的一面，無法推行下去。柳下跖也批評孔子：「多辭謬說，不耕而食，不織而衣，搖唇鼓舌，擅生是非，以迷天下之主。」〔註16〕（《莊子·盜跖》）可見，隱，只是漁父、接輿這一路人激憤而無奈的選擇。

從地方統治者的角度來說，他們也並不希望孔子之類的異國傳道者進入。《史記·孔子世家》載：楚昭王久聞孔丘之名，知其迢迢而來，想重用他，分十百里土地給他。楚國令尹（丞相）子西認為「楚之祖封於周，號為子男，五十里，今孔丘述三王之法，明周召之業，王若用之，則楚安得世世堂堂方數千里乎？……今孔丘據土壤，賢弟子為佐，非楚之福也。」〔註17〕《論語·憲問》載晨門曰：「是知其不可而為之者與？」連看門的都知道孔子，可見孔子在楚地已造成一定的聲勢影響了。一個有影響力且帶著極深厚的異域文化修養的人對任何一個國家來說，既可能如獲至寶，也可能是引狼入室。連齊魯之國也對他們敬而遠之，更何況楚國呢？因此孔子「再逐於魯，消跡於衛，伐樹於宋，圍於陳、蔡。」（《莊子·漁父》）〔註18〕也就不足為怪了。

從接輿形象也可見出楚國人（尤其是隱者）對孔子所推行的政治理念的態度及二者之間的矛盾。

《論語·微子》載接輿歌：「鳳兮鳳兮！何德之衰？往者不可諫，來者猶可追。已而，已而！今之從政者殆而」《莊子·人間世》載接輿歌：「鳳兮鳳兮，何如德之衰也！來世不可待，往世不可追也。天下有道，聖人成焉；天下無道，聖人生焉。方今之時，僅免刑焉，福輕乎羽，莫之知載；禍重乎地，莫之知避。」〔註19〕都表達了對政治的失望和避禍求隱的緣由。只是程度不同，前者失望，後者絕望。《莊子·應帝王》載肩吾見狂接輿。接輿曰：「是欺德也……夫聖人之治也，治外乎？正而後行，確乎能其事者而已矣。」〔註20〕可見，他們反對的不是孔子，也不是孔子的政治理想，而是孔子推行政治的方法。他們認為靠外在的倫理、禮制是無法實現的。與「治外」相對的自然是「治內」。《莊子·漁父》中的孔子被冷落在江邊吟唱著人生的悲歌，方知人

〔註15〕〔宋〕朱熹：《四書章句集注》之《論語》，中華書局 1983 年版，第 184 頁。
〔註16〕〔戰國〕莊周：《莊子》，上海古籍出版社，1995 年版，第 321～322 頁。
〔註17〕〔漢〕司馬遷：《史記》，中華書局 1982 年版，第 1932 頁。
〔註18〕〔清〕郭慶藩：《莊子集釋》，中華書局 1961 年版，第 1031 頁。
〔註19〕〔清〕郭慶藩：《莊子集釋》，中華書局 1961 年版，第 183 頁。
〔註20〕〔清〕郭慶藩：《莊子集釋》，中華書局 1961 年版，第 291 頁。

的心靈是需要修葺的。

《論語·憲問》中有衛國荷蓧者也屬同類。荷蓧者曰：「深則厲，淺則揭」，與「滄浪之水清兮，可以濯吾纓；滄浪之水濁兮，可以濯吾足」（《楚辭·漁父》）在精神實質上相吻合，並且「深則厲，淺則揭」在《詩經·邶風·匏有苦葉》中早就出現了。可見他們對儒家經典是有研究的，南北文化不存在完全的隔膜。

《楚辭·漁父》中記載的屈原瀕臨絕境，其強大的推動力卻是政治。屈原與孔子的相似之處也就在於都是政治上的失敗者。屈原作品中常讚揚堯、舜、禹、湯、文武等，這可以看作是王道一統思想的反映，也可以看作是受中原文化哺育的結果，因為他再三稱道過楚國的三后、前王，大半生為自己的政治理想而奮鬥。在儒家生命哲學裏，政治最重要，政治上的失敗往往造成人生的落空與沉痛。政治永遠是當下，也是最後的目的，學術與文化不過是技術手段。這是儒家思想的弱質：對政治孤注一擲的依附與迷狂。相比較而言，屈原也注重現實，但絕對化，而孔子關心未來，比較理想化。

劉師培在論述南北文學、學派之不同指出，北方文化為現實服務，強調解脫現實的處境，南方文化重幻想，故屈子繼承了老莊思想。《楚文化志》（張正明主編）認為「從學派上看，楚哲學，即後世所稱的道家」，也就是說屈原身上存有儒家的對政治執著的一面，又吸收了道家自由、浪漫的一面。前者注定了他生命上的悲劇，後者造就了他藝術上的成功。所以，屈原，是我們中華民族的驕傲，也是封建政治留給我們的恥辱和思考。

從《莊子·漁父》和《楚辭·漁父》切入，又可挖掘出莊、屈生存哲學上的悖向：價值取向上的向內與向外；實現方式上的自治與人治；精神思維上的自上而下與自下而上；以及終極效果上的可能性與現實性。荀子稱儒家的兩個最重要的標誌是法先王和隆禮義，老子講道家的德性標誌是大。毫無疑問，屈原的思想是從自己出發的理想實踐者，兼有二者，而不是單純的追隨者。

「上以忠於世主，下以化於齊民，將以利天下，此孔氏之所治也。」（《莊子·漁父》）〔註21〕這一點是與屈原相似的。莊子向內而求諸心靈的自由，獨往來於天地之間，屈原更多地向外以求諸社會政治的成功，澤被民生：向內求「真」，向外求「禮」，「禮者，世俗之所為也；真者，所以受乎天也，自然

〔註21〕〔清〕郭慶藩：《莊子集釋》，中華書局 1961 年版，第 1025 頁。

不可易也」(《莊子・漁父》)〔註22〕，顯然莊子是反對禮治（人治），而崇尚自然（自治）的。這也是相互證偽的焦點。「牛馬四足，是謂天；落馬首，穿牛鼻，是謂人」(《莊子・秋水》)〔註23〕，莊子對人治是深惡痛絕的，他強調自正。

屈原痛心於「眾人皆醉我獨醒」(《楚辭・漁父》)，又不肯以皓皓之白而蒙世俗之塵埃。向外求之不得，而熄滅了內心的理想，內外的同時幻滅必然導致對生命的徹底放棄。

莊子多次提到的「人影競走」的寓言便是生動的寫照。人處在現實之中，「與物相刃相靡，其行盡如馳而莫之能止」(《齊物論》)，越是追逐，越掙脫不了，只能「絕力而死」(《漁父》)。故莊子主靜，看似調和，使內心平衡，實際只是妥協。

從思維方式上看，莊子哲學右接老子，以「虛無」為起點和核心，屬於自上而下。「無」是至高點，稱之為「上」，一步步落實到有，便是下，「下」是人和事的統一。而孔子創立的儒家學說，其思維方式自下而上，即格物、致知、誠意、正心、修身、齊家、治國、平天下。從具體的人和事入手，達到人類社會的完善，前者提供了極大的可能性，而後者具有極強的現實性。

汪瑗注《楚辭・漁父篇》提及莊、屈兩篇。《漁父》曰：「蓋屈原本誠愨之士，而莊周乃荒唐之流，觀其人可以知其文」，今人看來有些偏見，而「荒唐」既指其哲學的虛無縹緲，亦諷其滋生的玩世的生存姿態。在理論上是強大的，落到現實中又是虛弱的，這是生存哲學的共性。或者說，在理論上天衣無縫，操作起來卻漏洞百出。莊子與屈原的努力其實都有在解決一個問題：如何溝通？《漁父》便是尋求溝通的產物。在證偽的過程中將這些悖向加以整合：在價值取向上由內向外：在實現方式上推己及人；在精神思維上由上導下；在終極效果上下變可能性為現實性，已超越了《詩經・黍離》知我而已的渴望瞭解的範疇。

第三節　從漁父到漁人

莊子、屈原寫作《漁父》以後，范曄的《吳越春秋》中也有相對完整的漁父形象表現。從背景上看，楚國重臣伍子胥父、兄因費無忌讒言被平王所殺，

〔註22〕〔戰國〕莊周：《莊子》，上海古籍出版社 1995 年版，第 337 頁。
〔註23〕〔清〕郭慶藩：《莊子集釋》，中華書局 1961 年版，第 590 頁。

逃奔吳國，途中遇到漁父。漁父知道他是伍子胥，既沒有殺他去向楚國領賞，也沒有因為伍子胥對他不信任而仇恨，而自稱漁丈人，以歌詩表達自己的內心感受，用自殺來避開吳楚「兩賊相得」的兩難境地。文中漁父歌「與子期乎蘆之漪」，見其機智；「取飼食之」，見其善意；「得形於默，何用姓字為？」見其超脫；最後自沉於江水之中，見其節氣。以上觀之，這裡的漁父也可能是隱者，但是屬於那種仁義之士。《吳越春秋》成書比較晚，又不是正史，「屬於雜史散文，材料來源於《國語》、《左傳》、《史記》中，有虛構」，「是後世演義小說的雛形。」〔註24〕伍子胥在遇漁父之後，又遇一「三十未嫁」貞烈女子，同樣賜食，同樣在知其身份後自投，情節與子胥遇漁父相似，屬於同一模式的人物替代。這一模式的確立在於對於伍子胥的理解，傳達的是仁義原則與現實處境無法調和的矛盾，體現了儒家殺身成仁的思想，也是漢代中央集權制度的折射。比較起來，每當漁父出現的時候，都處於困境甚至絕境之中。唐人宋言《漁父辭劍賦》〔註25〕副標題「以濟人之急取利誠非為韻」，文中盛讚漁父之高潔：急人之難、不謀回報、以死取信。這在前兩篇漁父身上是沒有的。「一葉乘風，漸入寒煙之際」，對漁父飄逸的隱者形象的強化，又與前兩篇《漁父》不謀而合。

三位漁父都沒有姓名，都出現在困境之時，儘管有智者、隱者、仁者的區別，但皆因事而生。莊子的漁父在文化的碰撞中，是守土文化的英雄，屈原的漁父為療傷世俗，是矛盾心態的另一面影子，《吳越春秋》的漁父是儒家文化背景下為成就巨人的陪襯，仁者和犧牲品。漢代以後，則將漁父現象單劃出為隱者形象，嗣後，則還給世俗，為普通的打魚人了。

《南史·隱逸傳》中提及的漁父，與陶潛、周續之等16人一同出現於隱逸篇，即被作為隱者，一個真實的人物：

> 漁父者，不知姓名，亦不知何許人也。太康孫緬為尋陽太守，落日逍遙渚際，見一輕舟陵波隱現。俄而漁父至，神韻瀟灑。垂綸長嘯，緬甚異之。乃問：「有魚賣乎？」漁父笑而答曰：「其釣非釣，寧賣魚者耶？」緬益怪焉。遂褰裳涉水，謂曰：「竊觀先生有道者也，終朝鼓枻，良亦勞止。吾聞黃金白璧，重利也，駟馬高蓋，榮勢也。今方王道之明，字在海外，隱鱗之士，靡然向風。子胡不贊緝熙之

〔註24〕谷雲義等：《中國古典文學辭典》，吉林教育出版社1975年版。
〔註25〕莫道才等：《駢文觀止》，文化藝術出版社1997年版。

美，何晦用其老是也？」漁父曰：「僕山海狂人，不達世務，未辨賤
貧，無論榮貴。」乃歌曰：「竹竿蘿蘿，河水泱泱，相忘為樂，貪餌
吞鉤。非夷非惠，聊以忘憂。」於是悠然鼓棹而去。〔註26〕

　　這是一位瀟灑的漁父，形象生動，文章可分三個層次。無名無姓，神韻
瀟灑，從形象上扣其「隱」字。漁父與孫緬問答是第二層，也是核心內容。與
《楚辭·漁父》相比，在內容上是太守孫緬以「重利」、「榮勢」開導漁父，而
《楚辭·漁父》中是漁父以「淈其泥」，「餔其糟」勸導三閭大夫屈原；從形式
上看，前者孫緬問，漁父答以襯托漁父形象，後者漁父問，屈原答以襯托屈
原形象。主人公不同。第三層次「相忘為樂」，「聊以忘憂」與莊子所謂「相濡
以沫，不如相忘於江湖」（《莊子·大宗師》）〔註27〕相契合。這又照應並詮釋
了「其鉤非鉤」的內涵：不在打魚，而在釣魚，其鉤不只是性情，更是智者之
垂釣，精神之垂釣。是真隱者，但企圖入世之鉤與出世之忘構成矛盾心態。

　　李延壽在本卷中開頭說：「或道有不申，行吟山澤，皆用宇宙而成心，借
風雲以為氣。求志達者，未或非然，故須含貞養素，文以藝業。不爾，則與夫
樵者在山，何殊異也。」〔註28〕按照李延壽的思路，打魚人和漁父的識別還是
從外觀上，如果含貞素養，以六藝為業則是有道者，而沒有則就是打魚人。
這裡的道指道行，而不是儒道之道。

　　「漁人」相對早的出現在東晉陶淵明的《桃花源記》中。雖然沒有姓名，
但「武陵人以捕魚為業」，已經有了具體的籍家。與「漁者」不同在於，這裡
的「漁人」完全是陶淵明虛構的。《桃花源記》受佛教影響，可視為「仙鄉型
小說」的素材。其模式是凡人進入某種神秘境地，獲得神性，長生或願望達
成。這些人包括樵夫、獵人、採藥人、漁人等，代表本色。

　　虛構漁人進入完全符合這一模式。同時，漁人與桃花源裏種地人不同，
一在海，一在陸，心中自有驚羨。而同時，也只有漁人能夠進入洞中世界相
會極樂無憂的理想世界桃花園的生活，而一旦世俗化功利性以後則終不可得，
那麼，漁人就成了世俗通往仙境的使者。最後，無法第二次進入洞中就表示
漁人的世俗化，回歸到打魚人的本色上來了。這是文化的選擇和揚棄。從漁

〔註26〕〔唐〕李延壽《南史》卷七五，《隱逸傳》六五，中華書局 1975 年版，第 1856
　　　　頁。
〔註27〕〔清〕郭慶藩：《莊子集釋》，中華書局 1961 年版，第 242 頁。
〔註28〕〔唐〕李延壽：《南史》卷七五，《隱逸傳》六五，中華書局 1975 年版，第 1856
　　　　頁。

父到漁者、漁人一路，大抵結束於此。唐有教坊曲《漁歌子》，後用作詞牌。以漁人生活表現一種放達的出世思想，曲牌名又叫《漁父樂》，著名的如唐張志和《漁歌子・西塞山前白鷺飛》。根據《詞林記事》載，張志和嘗謁被貶的顏真卿，一起遊玩，作《漁歌子》，道其隱居江湖之樂，說明其中仍有「隱」的影子。與「漁父」這一意象總有關聯。唐代的漁歌子總是離不開漁歌，但是後代則漸漸作為一個曲牌使用，失去本色。

以上歸結為「漁父現象」，偶然也必然地出現在文學史上。又以莊、屈《漁父》最為詳盡，且具有深刻的思想與啟迪。

與漁父並行的打漁人形象也一直散見於典籍之中，成為和漁父藝術世界不同的顯示世界中的漁人。《水經注》卷二十八《沔水》中提到漁父歌「滄浪之水清兮，可以濯吾纓；滄浪之水濁兮，可以濯吾足。」〔註29〕與《楚辭・漁父》中的《滄浪歌》同，但在此沒有特別涵義，只是民歌而已。因為《水經注》卷三十四載漁者歌曰：「巴東三峽巫峽長，猿鳴三聲淚沾裳。」〔註30〕只關山水，無關人事。故這裡的漁父與漁者同，即普通的打魚人，但這是特例。

漁者，指一般打魚之人。從民歌中可以看出。劉義慶《世說新語・黜免篇》劉孝標注引《荊州記》有漁者歌曰：「巴東三峽巫峽長，猿鳴三聲淚沾裳」，《太平御覽》卷五十三引盛弘之《荊州記》也有漁者歌曰：「巴東三峽巫峽長，猿鳴三聲淚沾裳」，兩首民歌的內容都與《水經注》卷三十四所載相同，即為印證。

另外，《太平御覽》卷九一〇引《宜都山川記》有行者歌曰：「巴東三峽巫峽長，猿鳴三聲淚沾裳」，也與前三首內容吻合。這說明漁者和行者是並列關係，都是普通百姓，不過前者是行路人，後者是打魚人。

漁父相關的作品中主人公雖勝猶敗，問答上以言辭勝者，恰是敗者。《莊子》中的漁父或漁父背後的莊子竭力勸諷卻發現「不可與往者，不知其道」，無法溝通，只能離去，繼續陷入在虛空之中；後者中的屈原駁了漁父，便陷入了絕境，而《吳越春秋》中的漁父已經超越了地方文化的範疇，成為儒家文化的形象代表，以後則成為儒家思想的另一面，逃避現實等待出世的隱者形象；最後，在三教論衡的漩渦中返回本色。漁父是形隱而心未隱的徘徊者，是社會中每一個具體的人，作為一個符號而保存下來。一代又一代探索者的

〔註29〕　〔北魏〕酈道元著，陳橋驛校正：《水經注》，中華書局 2007 年版，第 659 頁。
〔註30〕　〔北魏〕酈道元著，陳橋驛校正：《水經注》，中華書局 2007 年版，第 659 頁。

消亡便獲得了抽象意義：前進。在中原地區，黃河流域，從《詩經》時代也出現了漁父，但基本上都是寫實。就是姜子牙渭水垂釣遇周文王，也是姓名、來歷、原因清楚。雖然代表了智者形象，但是一種進取方式，而非矛盾狀態。在東海之濱的齊魯，孔子也曾為仕與隱困擾，表示道不行則乘桴於海，把大海當成避難的地方，一種不願實踐的放棄。主要的是介子推那樣的關注山林，把深山當成自己的精神家園。作為農業文化的古代中國，對於水的依賴和理解在神話中已經有了充分的體現。《論語・雍也》有「智者樂水，仁者樂山；智者動，仁者靜。」〔註31〕之說，「周有辟雍，齊有泮官」，把宣揚禮義之所，與水相伴，可見水與知識、智慧相關。這是中華文化的共同點。但是漁父則全部出現在南方，所以漁父和漁父現象是南方文化的產物，是一種地方本土文化和社會智慧乃至心理矛盾的體現。《吳越春秋》中的漁父表現的是文化守土和文化交融的過程狀態。隨著南北文化的逐漸交融深入，那麼，漁父和漁父現象當然也就消失了，留下來的是文學的材料和文化外殼。

〔註31〕〔宋〕朱熹：《四書章句集注》之《論語》，中華書局 1983 年版，第 90 頁。

第四章 《逍遙遊》的美學建構與道家思想

第一節 《逍遙遊》的名稱與關鍵詞

《逍遙遊》列《莊子》篇首，說明是莊子本人十分看重的一篇，或者說精心構思安排的一篇，歷來受到人們的注意，但解釋多不相同。司馬遷在《史記》本傳中說《莊子》就是寓言，後人或言弔詭哲思，玩弄矛盾〔註1〕，所謂弔詭哲思，就等於說沒有看懂，這樣的評論入虛弄玄，沒有價值。一般認為，《逍遙遊》是莊子思想的集中體現，即追求沒有任何條件下的絕對自由。《逍遙遊》的認識事關對《莊子》的整體理解，因此需要客觀把握。

逍遙一詞，按照漢代揚雄的《方言》，不過是人的一個動作，為鄭衛一帶人習用。揚雄撰、戴震注《方言疏證》卷一說：「踃，古塌字也，他匣切。遙，逍遙。」跳，「陳鄭之間曰遙。」〔註2〕近乎上下跳躍。檢《詩經‧鄭風‧清人》說：「清人在消，駟介麃麃。二矛重喬，河上乎逍遙。」〔註3〕言在河上行走的姿態為逍遙。又《檜風》中的《羔裘》說：「羔裘逍遙，狐裘以朝。豈不爾思？勞心忉忉。羔裘翱翔，狐裘在堂。豈不爾思？我心憂傷。羔裘如膏，

〔註1〕〔美〕吳光明：《逍遙天地遊刃弔詭——莊子哲學思想探究》，《西安交通大學學報》2010 年 2 期。

〔註2〕中華書局 1998 年版，第 7 頁。

〔註3〕李學勤主編：《十三經注疏（標點本）三《毛詩正義》，北京大學出版社 1999 年版，第 288 頁。

日出有曜。豈不爾思？中心是悼。」〔註4〕也分別形容羔裘的狀態，與翱翔互文，應該如休閒飄逸的情景。鄭注以為和翱翔同義。在小雅中祈父之什也有一處用到這個詞。《白駒》說：「皎皎白駒，食我場苗。縶之維之，以永今朝。所謂伊人，於焉逍遙。皎皎白駒，食我場藿。縶之維之，以永今夕。所謂伊人於焉嘉客。」〔註5〕逍遙表示人的行為，毛序以為《羔裘》，「大夫以道去其君也。國小而迫，君不用道，好其衣服，逍遙遊燕，而不能自強於政治，故作是詩也。」〔註6〕根據《方言》，逍遙的遙又作搖。那麼，逍遙的意思不難懂，指的是人行走的姿態休閒。與《莊子》略晚的楚國屈原寫作的《離騷》中也有逍遙的說法：「折若木以拂日兮，聊逍遙以相羊」；「聊浮游以逍遙」，王逸《楚辭章句》指出：「逍遙、相羊，皆遊也。」「目遊戲觀望以忘憂，有以自適也。」〔註7〕按照王逸的解釋，逍遙是通過遊觀去除煩擾的方式，近似於現在說的走走看看散散心。由不同的行姿，借為遊方的精神方式。那麼，作為遊的方式，《逍遙遊》的關鍵詞是遊，而逍遙是遊的一種狀態。核之《莊子·逍遙遊》還有一處講到逍遙說：「今子有大樹，患其無用，何不樹之於無何有之鄉，廣莫之野，彷徨乎無為其側，逍遙乎寢臥其下。不夭斤斧，物無害者，無所可用，安所困苦哉！」〔註8〕莊子認為，在大樹底下無憂無慮也是逍遙自在，這種自在主要好處是無害。所以莊子言逍遙遊的關鍵不是逍遙，因為完全沒有必要鯤鵬互禪，借助海運到九萬里高空去尋找逍遙，也不是因為南海太遠，必須逍遙。中國的知識分子喜歡較勁。《荀子·正名》認為聖王沒、天下亂，因此人們忙於辯說。春秋以來，宗法制度崩潰，禮樂不施，因此知識分子以認識深遠相誇，後代的司馬遷則比拼後世，曹植、謝靈運比誰更俠、更天才。雖都本之西周建立的道德文化，但各有新標。逍遙是莊子認識深遠的自在方式。

又《大宗師》說：「夫若然者，又惡知死生先後之所在！假於異物，託於同體；忘其肝膽，遺其耳目；反覆終始，不知端倪；芒然彷徨乎塵垢之外，逍

〔註4〕李學勤主編：《十三經注疏（標點本）三《毛詩正義》，北京大學出版社 1999年版，第 460～461 頁。

〔註5〕李學勤主編：《十三經注疏（標點本）三《毛詩正義》，北京大學出版社 1999年版，第 673 頁。

〔註6〕李學勤主編：《十三經注疏（標點本）三《毛詩正義》，北京大學出版社 1999年版，第 288 頁。

〔註7〕〔漢〕王逸：《楚辭章句》，嶽麓書社 1994 年，第 27 頁。

〔註8〕〔清〕郭慶藩：《莊子集釋》，中華書局 1961 年版，第 40 頁。

遙乎無為之業。彼又惡能憒憒然為世俗之禮，以觀眾人之耳目哉！」〔註9〕

又《天運》引老子的話說：「古之至人，假道於仁，託宿於義，以遊逍遙之虛，食於苟簡之田，立於不貸之圃。逍遙，無為也；苟簡，易養也；不貸，無出也。古者謂是采真之遊。以富為是者，不能讓祿；以顯為是者，不能讓名。親權者，不能與人柄，操之則栗，舍之則悲，而一無所鑒，以窺其所不休者，是天之戮民也。」〔註10〕

由上述我們看出，逍遙乎無為之業就是以遊逍遙之虛，逍遙就是無為。那麼逍遙遊就是遊逍遙，就是遊無為。無為是莊子思想的本質，也是逍遙的本義，與其主張的堯舜歸休思想吻合。對於古之至人，能夠假道於仁，託宿於義，以遊逍遙之虛，莊子認為是采真之遊，但因其世俗化，因此一無所鑒。古之至人，即先王，求真為道家所重，儒家所輕，孔子看重的是盡善盡美，而不是求真，說明其王道也不是元貞。這裡可以看出諸家思想的差異。

「遊」在《莊子》中近百處，有遊心、遊物、遊無端、遊無極，一切都可以遊，遊是莊子哲學思想的一個重要的表達方式和認識思想基礎。因此，《逍遙遊》的關鍵詞是遊。逍遙只是遊的一個方面，一個方式，不是全部。

遊的概念由來已久。金文中《簋銘》〔註11〕、《尊銘》寫法相同〔註12〕，都是執旌旗而行的樣子。《說文解字》對「遊」及「斿」作出的解釋是：「旌旗之流也。」《淮南子·覽冥訓》：「鳳凰翔遊庭，麒麟游於郊。」高誘注：「遊，行也。」〔註13〕《易經·繫辭下傳》第十二章說：「愛惡相攻而吉凶生；遠近相取而悔吝生。情偽相感而利害生。凡易之情，近而不相得則凶；或害之，悔且吝。將叛者，其辭慚，中心疑者其辭枝，吉人之辭寡，躁人之辭多，誣善之人其辭遊，失其守者其辭屈。」〔註14〕這裡的遊就是遊走，精神外移。

又《易經·繫辭上傳》第四章說：「易與天地準，故能彌綸天地之道。仰以觀於天文，俯以察於地理，是故知幽明之故。原始反終，故知死生之說。精氣為物，遊魂為變，是故知鬼神之情狀。與天地相似，故不違。知周乎萬物，而道濟天下，故不過。旁行而不流，樂天知命，故不憂。安土敦乎仁，故能

〔註9〕〔清〕郭慶藩：《莊子集釋》，中華書局1961年版，第268頁。
〔註10〕〔清〕郭慶藩：《莊子集釋》，中華書局1961年版，第519～521頁。
〔註11〕羅振玉：《三代吉金文存》，中華書局1983年版，第六卷第1頁。
〔註12〕羅振玉：《三代吉金文存》，中華書局1983年版，第十一卷第1頁。
〔註13〕劉文典：《淮南鴻烈集解》，中華書局1989年版，第206頁。
〔註14〕《周易》王弼注，中華書局1998年版，第59頁。

愛。範圍天地之化而不過，曲成萬物而不遺，通乎晝夜之道而知，故神無方而易無體。」〔註15〕就死生而言，通過變易，就能夠知道鬼神的情狀。這也就是生生之化，遊是為了觀天象道，因此神無方而易無體。因此，遊是莊子認識世界把握本體的主要方式。

早期的經典如《詩經》也是廣泛地使用遊，與《周易》可以印證。《卷阿》說：「有卷者阿，飄風自南。豈弟君子，來游來歌。以矢其音，伴奐爾游矣，優游爾休矣。」〔註16〕又《漢廣》說：「南有喬木，不可休思；漢有游女，不可求思。漢之廣矣，不可泳思；江之永矣，不可方思。」〔註17〕《柏舟》說：「汎彼柏舟，亦汎其流。耿耿不寐，如有隱憂。微我無酒，以敖以遊。」〔註18〕《詩經》中的遊很多，大致舉這幾個例子，我們看出，有表示距離的來遊，有表示神話傳說的遊女，有關於遊的方式的遨遊；另外還有優遊、出遊、遊龍、駕遊、游泳等。既是姿態，也是距離、環境、性質等。這說明在先秦，人們認識世界的方式很重要的就是空間，而空間通過距離就構成了時空，所謂物質的存在方式。至春秋戰國時代，遊士則成為一個階層，遊成為生活方式，遊的目的是認識世界的存在哲學。

《論語·里仁》：「父母在，不遠遊，遊必有方。」〔註19〕提出遊的條件，如果遊與孝道發生衝突，要考慮孝道的存在。但是，〔註20〕必須遊的還是要遊，也就是遊必有方。孔子說的方，不是方位，而是生存之道是自然和社會的方內與方外。儒家學派的特點，主要針對人和社會的存在運作，與莊子一樣，來自道德傳統。《論語述而篇》說：子曰：「志於道，據於德，依於仁，游於藝。」〔註21〕孔子將道作為最高的指向寄託，或者說目標理想，要通過德來實現，依靠仁的方式，以游於藝。藝為六藝，詩有六藝，但是孔子的六藝並不是對詩而言，而是社會存在，因此應該是禮、樂、射、御、書、數等六藝。孔子

〔註15〕《周易》王弼注，中華書局 1998 年版，第 50 頁。

〔註16〕 李學勤主編：《十三經注疏（標點本）三《毛詩正義》，北京大學出版社 1999 年版，第 1127 頁。

〔註17〕 李學勤主編：《十三經注疏（標點本）三《毛詩正義》，北京大學出版社 1999 年版，第 53 頁。

〔註18〕 李學勤主編：《十三經注疏（標點本）三《毛詩正義》，北京大學出版社 1999 年版，113～114 頁。

〔註19〕〔清〕劉寶楠：《論語正義》，中華書局 1990 年版，第 157 頁。

〔註20〕《論語》何晏集解，中華書局 1998 年版，第 20 頁。

〔註21〕《論語》何晏集解，中華書局 1998 年版，第 31 頁。

通過這六藝的遊，提升自己的道德，形成仁的生存方式，最後以道為理想。德配天地的時候，道也就有了。《莊子·田子方第十一》:「孔子曰:『請問遊是。』老聃曰:『夫得是至美至樂也。得至美而遊乎至樂，謂之至人。』孔子曰:『願聞其方。』曰:『草食之獸不疾易藪，水生之蟲不疾易水，行小變而不失其大常也，喜怒哀樂不入於胸次。夫天下也者，萬物之所一也。得其所一而同焉，則四支百體將為塵垢，而死生終始將為晝夜而莫之能滑，而況得喪禍福之所介乎!棄隸者若棄泥塗，知身貴於隸也。貴在於我而不失於變。且萬化而未始有極也，夫孰足以患心!已為道者解乎此。』孔子曰:『夫子德配天地，而猶假至言以修心，古之君子，孰能脫焉?』老聃曰:『不然。夫水之於汋也，無為而才自然矣。至人之於德也，不修而物不能離焉，若天之自高，地之自厚，日月之自明，夫何修焉!』孔子出，以告顏回曰:『丘之於道也，其猶醯雞與!微夫子之發吾覆也，吾不知天地之大全也。』」〔註22〕

在老子的視野裏，遊，如果達到至美至樂，就能夠成為至人。那麼莊子在《逍遙遊》中也提到至人，至人無己。至人代替大聖，大聖代替聖人。道德，與自然相融合，調和四時、太和萬物，萬物與我為一，當然也就無己，不是說忘記了自己。顯然，老莊的遊更注意超越時空，孔子的遊立足現實，彼此出發點與目標一致，但生態不同。可以互相補充，但並不排斥。

對於遊，日本學者白川靜還有另外一種解釋認為:這是古代氏族遷移或遊居時常見的現象，旗子代表氏族的徽號。奉氏族之神出遊，原因就在於真正能遊者，其實只有神才能辦得到。「遊，乃謂神之應有狀態之語。畢竟能夠暢遊者，本來就惟有神而已。神雖不顯其姿，然能隨處地、自由地冶遊。」〔註23〕

根據《山海經》和《國語》記載，古代人神雜居，所以人可以像神一樣行走、生活。有人提出當時人們認為人「一是得到神祇的眷顧，成為神的容器，讓『意識的自我』暫時假寐或離位，身軀被神靈充滿，變成暫時性的神，此時他即可得到神遊的體驗。巫覡在宗教儀式中，透過『降神』，即俗稱神靈附體，所得到的，就是這種經驗。」〔註24〕楚辭中就有這樣的例子。《九歌·湘君》說:「駕飛龍兮北征，邅吾道兮洞庭」〔註25〕，《九歌·湘夫人》說:「帝

〔註22〕〔清〕郭慶藩:《莊子集釋》，中華書局1961年版，第714～717頁。

〔註23〕〔日〕白川靜著，加地伸行、范月嬌譯:《中國古代文化》，臺北文津出版社1983年版，第236頁。

〔註24〕龔鵬程:《遊的精神文化史論》，河北教育出版社2001年版，第154頁。

〔註25〕〔宋〕洪興祖:《楚辭補注》，中華書局1983年版，第60頁。

子降兮北渚，目眇眇兮愁余」〔註26〕，《九歌・大司命》說：「廣開兮天門，紛吾乘兮玄雲，令飄風兮先驅，使凍雨兮灑塵」〔註27〕，《九歌・少司命》說：「與女遊兮九河，衝風至兮水揚波」〔註28〕，與《逍遙遊》「乘天地之正，而御六氣之辯，以遊無窮者」，「乘夫莽眇之鳥，以出六極之外，而遊無何有之鄉，以處壙埌之野」，「乘雲氣，騎日月，而遊乎四海之外。」〔註29〕很類似。又《莊子・大宗師》裏「彼，遊方之外者也；而丘，遊方之內者也。外內不相及」〔註30〕，遊與內外的身份境界有關。莊子理想的遊只是言與用言，實現的理想就是大，物之大，知之大，人之大，政之大，用之大，追求的是至大。

第二節　《逍遙遊》的美學生態與思想寄託

老子對道的定義是字之為大，也就是說大是道的特質和德性。《逍遙遊》充分詮釋了道其名為大的觀念，表現了大的五個方面，也就是道的五個方面。

（一）小大之物

《莊子》說：「北冥有魚，其名為鯤。鯤之大，不知其幾千里也。化而為鳥，其名為鵬。鵬之背，不知其幾千里也。怒而飛，其翼若垂天之雲。是鳥也，海運則將徙於南冥。南冥者，天池也。《齊諧》者，志怪者也。《諧》之言曰：『鵬之徙於南冥也，水擊三千里，摶扶搖而上者九萬里，去以六月息者也。』野馬也，塵埃也，生物之以息相吹也。天之蒼蒼，其正色邪？其遠而無所至極邪？其視下也，亦若是則已矣。

且夫水之積也不厚，則其負大舟也無力。覆杯水於坳堂之上，則芥為之舟。置杯焉則膠，水淺而舟大也。風之積也不厚，則其負大翼也無力。故九萬里則風斯在下矣，而後乃今培風；背負青天而莫之夭閼者，而後乃今將圖南。蜩與學鳩笑之曰：『我決起而飛，搶榆枋，時則不至而控於地而已矣，奚以之九萬里而南為？』適莽蒼者，三餐而反，腹猶果然；適百里者，宿舂糧；適千

〔註26〕〔宋〕洪興祖：《楚辭補注》，中華書局1983年版，第64～65頁。
〔註27〕〔宋〕洪興祖：《楚辭補注》，中華書局1983年版，第68頁。
〔註28〕〔宋〕洪興祖：《楚辭補注》，中華書局1983版年，72～73頁。
〔註29〕《大宗師》、《逍遙遊》、《應帝王》、《齊物論》，分見〔清〕郭慶藩《莊子集釋》，中華書局1961年版，第267、17、293、96頁。
〔註30〕〔清〕郭慶藩：《莊子集釋》，中華書局1961年版，第267頁。

里者，三月聚糧。之二蟲又何知！」〔註31〕

　　莊子以鯤為例，說明依託海運，經過物化的方式，到達九萬里高空飛翔圖南。笑話二蟲的無知無能。鯤鵬物化的共同特徵是大，具體表現為空間大、時間大、意象大，相比較的是小，小的本質是無知。莊子通過鵬這一象在蒼茫的天空中表現出來的自由自在，體現了道的表達過程和超越本質。

（二）小大之年

　　《莊子》說：「小知不及大知，小年不及大年。奚以知其然也？朝菌不知晦朔，蟪蛄不知春秋，此小年也。楚之南有冥靈者，以五百歲為春，五百歲為秋；上古有大椿者，以八千歲為春，八千歲為秋。而彭祖乃今以久特聞，眾人匹之，不亦悲乎！湯之問棘也是已：窮髮之北，有冥海者，天池也。有魚焉，其廣數千里，未有知其修者，其名為鯤。有鳥焉，其名為鵬，背若泰山，翼若垂天之雲，搏扶搖羊角而上者九萬里，絕雲氣，負青天，然後圖南，且適南冥也。斥鴳笑之曰：『彼且奚適也？我騰躍而上，不過數仞而下，翱翔蓬蒿之間，此亦飛之至也，而彼且奚適也？』此小大之辯也。」〔註32〕

　　莊子仍以鯤鵬互禪為例，說明小智不如大智，小年不如大年，但呵斥的對象是斥鴳。與蜩困惑不解的是斥鴳笑話鯤鵬，莊子這樣的表達是為重言方式，重新說，也是重點說。同樣是通過物化的方式，如蜩是蛹變化，鴳為卵生，但在大小、高遠方面尚差距很大。與鯤鵬不同，鯤鵬主要表現的是空間，而小大之智體現的是時間。

（三）小大之政

　　《莊子》說：「故夫知效一官，行比一鄉，德合一君，而徵一國者，其自視也，亦若此矣。而宋榮子猶然笑之。且舉世而譽之而不加勸，舉世而非之而不加沮，定乎內外之分，辯乎榮辱之境，斯已矣。彼其於世，未數數然也。雖然，猶有未樹也。夫列子御風而行，泠然善也，旬有五日而後反。彼於致福者，未數數然也。此雖免乎行，猶有所待者也。若夫乘天地之正，而御六氣之辯，以遊無窮者，彼且惡乎待哉！故曰，至人無己，神人無功，聖人無名。」〔註33〕

〔註31〕〔清〕郭慶藩：《莊子集釋》，中華書局 1961 年版，第 2～9 頁。
〔註32〕〔清〕郭慶藩：《莊子集釋》，中華書局 1961 年版，第 11～14 頁。
〔註33〕〔清〕郭慶藩：《莊子集釋》，中華書局 1961 年版，第 16～17 頁。

政治，是先秦諸子之學中一個繞不過去的話題，沒有離開政治的學者或者虛妄之學。將做人與政治和鯤鵬效應比較，莊子發現彼此的共同，認為成功的人亦若此矣，沒有完全自由的定數，只有借助天地六氣之正，自然發展的主流規律，才不需要什麼待，才是絕對自由。由寓言的表達，到重言的強調，落實到人與政治，未數數然也就是卮言，卮言日新，只有把握天地六氣之正，才可以應對無窮。《莊子》關於三言的論述在作品中都有著對應的解釋。莊子肯定的不是某一種一時一地的能力，而是超越時空的能力無，也就是道源。

（四）小大之人

《莊子》說「堯讓天下於許由，曰：『日月出矣，而爝火不息，其於光也，不亦難乎！時雨降矣，而猶浸灌，其於澤也，不亦勞乎！夫子立而天下治，而我猶尸之，吾自視缺然。請致天下。』許由曰：『子治天下，天下既已治也，而我猶代子，吾將為名乎？名者，實之賓也，吾將為賓乎？鷦鷯巢於深林，不過一枝；偃鼠飲河，不過滿腹。歸休乎君，予無所用天下為！庖人雖不治庖，尸祝不越樽俎而代之矣。』肩吾問於連叔曰：『吾聞言於接輿，大而無當，往而不返。吾驚怖其言猶河漢而無極也，大有徑庭，不近人情焉。』連叔曰：『其言謂何哉？』曰『藐姑射之山，有神人居焉。肌膚若冰雪，淖約若處子；不食五穀，吸風飲露；乘雲氣，御飛龍，而遊乎四海之外；其神凝，使物不疵癘而年穀熟。』吾以是狂而不信也。連叔曰：『然，瞽者無以與乎文章之觀，聾者無以與乎鍾鼓之聲。豈唯形骸有聾盲哉？夫知亦有之。是其言也，猶時女也。之人也，之德也，將旁礴萬物以為一，世蘄乎亂，孰弊弊焉以天下為事！之人也，物莫之傷，大浸稽天而不溺，大旱金石流、土山焦而熱。是其塵垢粃糠，將猶陶鑄堯舜者也，孰肯以物為事！』宋人次章甫而適越，越人斷髮文身，無所用之。堯治天下之民，平海內之政。往見四子藐姑射之山，汾水之陽，杳然喪其天下焉。」〔註34〕

莊子通過堯與許由關於治理天下的討論進一步表達其對聖人治國、神人外遊必須要立足現實的思想。聖人出天下治是堯讓許由的原因，但許由認為自己不夠大，因此不接受委託，但他提出了人盡其用，歸休的美學思想主張。大而有當也不行，如藐姑射山的神仙。只有萬物為一的運籌，才能夠超越萬

〔註34〕〔清〕郭慶藩：《莊子集釋》，中華書局 1961 年版，第 22～31 頁。

物，保全自己，即緣督以為經，堯做到了這一點。

《逍遙遊》的象形與寄託。莊子筆下的堯舜、吳王、肩吾、連叔等應是歷史上的人物，但在這裡就是寓言中的人，與動物鯤鵬、斥鷃、蜩、學鳩、鼴鼠，與植物樹木類瓠、樗，神人為藐姑射山的主人一樣，都是莊子理論構成的基本元素。我們可以用齊物的物化說來理解莊子關於形象的塑造與布局。但是，似乎用不著，因為莊子自己有說明：

「藐姑射之山，有神人居焉。肌膚若冰雪，淖約若處子；不食五穀，吸風飲露；乘雲氣，御飛龍，而遊乎四海之外；其神凝，使物不疵癘而年穀熟。吾以是狂而不信也。連叔曰：『然，瞽者無以與乎文章之觀，聾者無以與乎鍾鼓之聲。豈唯形骸有聾盲哉？夫知亦有之。是其言也，猶時女也。之人也，之德也，將旁礴萬物以為一，世蘄乎亂，孰弊弊焉以天下為事！之人也，物莫之傷，大浸稽天而不溺，大旱金石流、土山焦而不熱。是其塵垢粃糠，將猶陶鑄堯舜者也，孰肯以物為事！』」〔註35〕

姑射山上的神仙，一定程度是莊子思想的化身或者說應身。莊子認為至德至人才能做到萬物為一，修煉成不壞之身，這就是道，也就是自根自在。由小大之物表現的空間、小大之智構成的時間、小大之政建設的行政，最後落實到小大之人，神人就是至人，能夠造福人類的觀音。這就是莊子思想的世界。而神遊在四海之外，也就是方外。所以，遊始終是莊子《逍遙遊》的關鍵詞。《山海經》中《東次二經》說：「又南三百八十里，曰姑射之山，無草木，多水。又南水行三百里，流沙百里，曰北姑射之山，無草木，多石。又南三百里，曰南姑射之山，無草木，多水。」「凡《東次二經》之首，自空桑之山至於 山，凡十七山，六千六百四十里。其神狀皆獸身人面載觡。其祠毛，用一雞祈，嬰用一璧瘞。」〔註36〕《海內北經》第十二說：「列姑射在海河州中。」〔註37〕根據《山海經》描述的範圍方位，姑射山在魯南地區，藐是表示遙遠，並不是說這個山叫藐姑射山。古代有羿、射父皆因射得名，本處作姑射，那麼姑應該是女性身份。生前善射，死後成名。莊子描寫的姑射女神具有以下特徵：一容貌清秀、皮膚白皙。二能乘飛龍游四海。這個四海指的是四方，已見《爾雅》注釋。三以神凝農作物，沒有病蟲害。四是以風露為食。

〔註35〕〔清〕郭慶藩：《莊子集釋》，中華書局1961年版，第26～31頁。
〔註36〕黃震雲：《名家講解山海經》，長春出版社2011年版，第90頁。
〔註37〕黃震雲：《名家講解山海經》，長春出版社2011年版，第205頁。

漢代劉向《列仙傳》中記載有七十多位神仙，食風的有一位，食雨雪水酒等的數量較多。沒有老態是仙的普遍特徵，有金剛不壞之身。有的仙可以防止自然災害，有的仙可以駕駛鶴等動物暢遊。因此姑射山神是人，具有神的特徵與本領，也就是仙的身份。春秋以後人們更加注重長壽樂生，因此尋找不死之藥成為一種長壽的途徑，而仙因此產生。姑射山神祠毛，用一雞祈，說明山仙屬於炎帝系列神祇，而用雞則又出自鳳鳥氏族無疑。姑射女仙產生的原因就是之人也，之德也，將旁礴萬物以為一，與萬物同化為一，因此萬物不能傷。所以，莊子的女仙形象的塑造體現了他的哲思。

關於歸休。《莊子》言許由拒絕帝堯的邀請，不願意稱帝，稱：「歸休乎君，予無所用天下為！庖人雖不治庖，尸祝不越樽俎而代之矣。」〔註38〕一般似乎事情已經完結。其實許由還是向堯貢獻了自己的想法就是歸休。

休是我國先秦時代很重要的一個美學概念。休在《爾雅》等字書中解作美，但是是什麼樣的美沒有說。《尚書·多方》說，商湯希望「天惟時求民主，乃大降顯休命於成湯。」〔註39〕《尚書·益稷》說：「以昭受上帝，天其申命用休。」〔註40〕周文王想做帝王，因此禱告上帝，申其美命，惟德是輔。又《尚書·大浩》說：「天休於寧王，興我小周邦。」〔註41〕《尚書·洛浩》記成王答謝周公，在洛邑營造了新的都城：「公不敢不敬天之休。來相宅，其作周匹休。公既定宅，伻來，來視予卜休恒吉。我二人共貞，公其以予萬億年敬天之休。」〔註42〕都把休當成承擔大任的美好的天命。莊子的歸乎休有這樣的意思，就是堯繼續承擔天命交代的大任。但也有莊子的哲學思考。莊子《天道》說：「夫虛靜恬淡寂寞無為者，天地之平而道德之至，故帝王聖人休焉。休則虛，虛則實，實則倫矣。虛則靜，靜則動，動則得炎。……靜而聖，動而王，無為也而尊，樸素而天下莫能與之爭美。」〔註43〕莊子認為帝王歸休就是一種無為，也就是道德之至。

又《刻意》篇說：「淡然無極而眾美從之，此天地之道，聖人之德也。故曰夫恬淡寂寞，虛無無為，此天地之平而道德之質也。故曰聖人休休焉，則

〔註38〕〔清〕郭慶藩：《莊子集釋》，中華書局1961年版，第24頁。
〔註39〕《尚書》孔安國傳，中華書局1998年版，第66頁。
〔註40〕《尚書》孔安國傳，中華書局1998年版，第12頁。
〔註41〕《尚書》孔安國傳，中華書局1998年版，第46頁。
〔註42〕《尚書》孔安國傳，中華書局1998年，第57頁。
〔註43〕〔清〕郭慶藩：《莊子集釋》，中華書局1961年版，第457～458頁。

平易矣,平易則恬淡矣。平易恬淡,則憂患不能入,邪氣不能襲,故其德全而神不虧。」〔註44〕莊子再次以重言的方式宣布,天地之道、聖人之德就是無為而體現出的休休。那麼,無為是許由進言堯的思想,同樣堯成為堯是無為的結果。這就是莊子的哲學命題。

(五)小大之用

《莊子》說:「惠子謂莊子曰:『魏王貽我大瓠之種,我樹之成而實五石。以盛水漿,其堅不能自舉也。剖之以為瓢,則瓠落無所容。非不呺然大也,吾為其無用而掊之。』莊子曰:『夫子固拙於用大矣。宋人有善為不龜手之藥者,世世以洴澼絖為事。客聞之,請買其方百金。聚族而謀之曰:『我世世為洴澼絖,不過數金。今一朝而鬻技百金,請與之。』客得之,以說吳王。越有難,吳王使之將。冬,與越人水戰,大敗越人,裂地而封之。能不龜手一也,或以封,或不免於洴澼絖,則所用之異也。今子有五石之瓠,何不慮以為大樽而浮乎江湖,而憂其瓠落無所容?則夫子猶有蓬之心也夫!』惠子謂莊子曰:『吾有大樹,人謂之樗。其大本擁腫而不中繩墨,其小枝捲曲而不中規矩。立之塗,匠者不顧。今子之言,大而無用,眾所同去也。』莊子曰:『子獨不見狸狌乎?卑身而伏,以候敖者;東西跳樑,不避高下;中於機辟,死於罔罟。今夫斄牛,其大若垂天之雲。此能為大矣,而不能執鼠。今子有大樹,患其無用,何不樹之於無何有之鄉,廣莫之野,彷徨乎無為其側,逍遙乎寢臥其下。不夭斤斧,物無害者,無所可用,安所困苦哉!』」〔註45〕

莊子認為無用就是用,如大樗,百無一用,但能免去災難,當然就是因為無用的原因了。事物,也不都是大好,大瓠大道沒法用,同樣就是無用。以大金買一技,能使氏族免於苦難那也值得,等等。那麼處理的辦法就是適其鄉野,得其自在,所以也就沒有了困苦。莊子通過取象言說,消解了人生價值實現的世俗情懷,構成了自己的道的寓言方式美學生態。

〔註44〕〔清〕郭慶藩:《莊子集釋》,中華書局 1961 年版,第 537～538 頁。
〔註45〕〔清〕郭慶藩:《莊子集釋》,中華書局 1961 年版,第 36～40 頁。

第五章　莊子道家思想形成生態與用世法則

　　老莊以道名家，老子又被道教奉為太上老君，由此形成一以貫之的類似格式化的範疇，即老莊是道家思想的創建者。這一點，司馬遷已開其端。《史記·老子韓非列傳》的記載：「（莊子）其學無所不窺，然其要本歸於老子之言。故其著書十萬餘言，大抵率寓言也。作《漁父》、《盜跖》、《胠篋》，以詆訿孔子之徒，以明老子之術。《畏累虛》、《亢桑子》之屬，皆空語無事實。然善屬書離辭，指事類情，用剽剝儒、墨，雖當世宿學不能自解免也。其言洸洋自恣以適己，故自王公大人不能器之。」〔註1〕司馬遷言莊子本歸老子，等於發表了莊子承老子衣缽的看法。事實上，《莊子》中記載關於明老子之術的不過三篇，整個的評價似乎中性，不存在褒貶。莊子的思想和老子也有很大的差異，因此，這只是司馬遷個人的看法，不能看成是歷史。至於《莊子》中無事實的非議，是書寫方式的差異，這種寓言、重言和卮言的表達方式主要出自莊子的創造。《漁父》等三篇關於孔子的記載，根據考證有些誇張，但比起《論語》的記載更接近歷史真實。

　　孔子為代表的儒家學派也講道，稱朝聞道夕死可矣，把道看得比生命還重要，道不行我不必在，情願浪跡江湖。荀子亦以宗經、明道、徵聖三位一體構成自己的思想體系。那麼儒家的道為什麼人們關注不夠呢？儒家的道和老子的道沒有關係嗎？我們知道，在孔子、老子之前的典籍《易經》等書中道

〔註1〕〔漢〕司馬遷：《史記》，中華書局 1982 年版，第 2143 頁。

的思想已經形成，並被老子繼承，又作為老子哲學思想之名。《易經》傳為伏羲、周公、孔子三聖創立，或言文王，但作傳的確實是孔子。就《老子》一書說，本名《道德經》，我們稱其為道家，那麼按照德歸儒的認識方式，他應該是道儒家，顯得不倫不類。我們認為，老莊、孔孟文化同源，都來自西周建立起來的道德文化，也就是中華民族的傳統文化思想。孔子更注重由德的表現之一的仁義和外化的禮樂，而老莊更傾向於自然之本和社會之源。道德文化形成的原因，在於對於自然與社會的認識過程及其思維。這就是道從哪裏來的原因。也正因為有道從哪來的，表達了轉換的空間，又通過移動形成距離，觀察中擴大出遠遊的路徑視野，時間觀念自然建立，從而構成了中國哲學的存在基礎和物質的存在基本形式——時空。這就是道統，老子以大字道，莊子則要得其環中，以超越時空，造就出各自不同的思想真諦。

第一節 《易經》中關於道的理論

殷商主神為一元神，即祖先與上帝合一，因此有恃無恐，以放誕滅國。西周否定了殷商的天道觀，提出天命靡常，惟德是輔的天人關係，建立了以上帝為中心的神系。《詩經》中的大雅都是圍繞德來說明，由於文王在上，於昭於天，因此周雖舊邦，其命維新。因為德符合天道，因此政權具有合法性。道入本，為宇宙精神，德為人世修行，最終與道一體，或者說是道的形體，即意象。道是《易經》中很重要的理論思維，以天地人三維和天地四方六時，對應陰陽男女，天為中心，與時運作。《周易》給天道命名為乾，乾（天）道用來安定天下。第一卦乾說：「彖曰：大哉乾元，萬物資始，乃統天。雲行雨施，品物流形。大明始終，六位時成，時乘六龍以御天。乾道變化，各正性命，保合大和，乃利貞。首出庶物，萬國咸寧。」〔註2〕《易經》第二卦象是地道：「六二之動，直以方也。不習无不利，地道光也…… 上六：戰龍於野，其血玄黃。象曰：戰龍於野，其道窮也……文言曰：坤至柔，而動也剛，至靜而德方，後得主而有常，含萬物而化光。坤其道順乎？承天而時行。……君子敬以直內，義以方外，敬義立，而德不孤。陰雖有美，含之；以從王事，弗敢成也。地道也，妻道也，臣道也。地道無成，而代有終也。」〔註3〕天地之道對應為陰陽、

〔註2〕《周易》王弼注，中華書局1998年版，第1頁。
〔註3〕《周易》王弼注，中華書局1998年版，第3頁。

男女、君臣關係。再分為君子與小人:「君子道長,小人道消也。」〔註4〕(泰,《易經》第十一卦)天地人之道以天為主。《易經》第十五謙卦說:「天道下濟而光明,地道卑而上行。天道虧盈而益謙,地道變盈而流謙,鬼神害盈而福謙,人道惡盈而好謙。謙尊而光,卑而不可踰,君子之終也。」〔註5〕其中,聖人具有重要的位置,聖人是有道者,能夠認識道、利用道,即天垂象則有聖人則之。

《易經》第三十二卦說;「天地之道,恒久而不已也。利有攸往,終則有始也。日月得天,而能久照,四時變化,而能久成,聖人久於其道,而天下化成;觀其所恒,而天地萬物之情可見矣!」〔註6〕道非常重視時的作用。《易經》第四十二卦說:「彖曰:益,損上益下,民說無疆,自上下下,其道大光。利有攸往,中正有慶。利涉大川,木道乃行。益動而巽,日進無疆。天施地生,其益無方。凡益之道,與時偕行。」〔註7〕益之道與時同行,道根據其形態,確認其與五行的關係。也就是說通過行來顯示道的作用與存在。如果時靜止,則道也就不存。天道與地道之間,天是主導。為什麼天是主導,因為天的位置高,天地的變化是通過象形來體現,因此卦象本身顯示出象數技術特徵,成為認識世界的方式與秩序。《易經·繫辭上傳》第一章說:「天尊地卑,乾坤定矣。卑高以陳,貴賤位矣。動靜有常,剛柔斷矣。方以類聚,物以群分,吉凶生矣。在天成象,在地成形,變化見矣。」〔註8〕這些變化有親則可久,有功則可大。可久則賢人之德,可大則賢人之業,那麼天下之理得。這種天人合一的思想,與西周時代天道靡常,有德者居之的天人合一的思想是一致的。我們要統帥運用道,就要把握事物的運行規律。

《易經·繫辭上傳》第四章說:「易與天地準,故能彌綸天地之道。」〔註9〕易就是生生,也就是事物的更新與發展的生生不息的規律,因此說易是關鍵詞,是能夠把握道的原則與方法規律。這也是《易經》的本義。

天地人是概括的,彼此的關聯以及與具體的生活是一個什麼樣的關係?《易經·繫辭上傳》第五章說:「一陰一陽之謂道,繼之者善也,成之者性也。仁者見之謂之仁,知者見之謂之知,百姓日用不知;故君了之道鮮矣!顯諸

〔註4〕《周易》王弼注,中華書局 1998 年版,第 11 頁。
〔註5〕《周易》王弼注,中華書局 1998 年版,第 13 頁。
〔註6〕《周易》王弼注,中華書局 1998 年版,第 23 頁。
〔註7〕《周易》王弼注,中華書局 1998 年版,第 29 頁。
〔註8〕《周易》王弼注,中華書局 1998 年版,第 49 頁。
〔註9〕《周易》王弼注,中華書局 1998 年版,第 50 頁。

仁，藏諸用，鼓萬物而不與聖人同憂，盛德大業至矣哉！富有之謂大業，日新之謂盛德。生生之謂易，成象之謂乾，效法之謂坤，極數知來之謂占，通變之謂事，陰陽不測之謂神。」〔註10〕聖人的作用是以言者尚其辭，以動者尚其變，以製器者尚其象，以卜筮者尚其占，因此構成聖人之道。(《易經‧繫辭上傳》第十章) 與殷周的行政生態十分切合。而行政更迭也是出自和復合易的規律：「易之興也，其當殷之末世，周之盛德邪？當文王與紂之事邪？是故其辭危。危者使平，易者使傾，其道甚大，百物不廢。懼以終始，其要无咎，此之謂易之道也。」〔註11〕現在看來，這些觀點不夠確切，但在當時頗為不易。

又《易經‧繫辭上傳》第十二章說：「是故，形而上者謂之道；形而下者謂之器；化而裁之謂之變；推而行之謂之通；舉而錯之天下之民，謂之事業。是故，夫象，聖人有以見天下之賾，而擬諸形容，象其物宜，是故謂之象。聖人有以見天下之動，而觀其會通，以行其典禮，繫辭焉，以斷其吉凶，是故謂之爻。極天下之賾者，存乎卦；鼓天下之動者，存乎辭；化而裁之，存乎變；推而行之，存乎通；神而明之，存乎其人；默而成之，不言而信，存乎德行。」〔註12〕按照《易經》的理論，地形上的是道，通過化、推、舉，形成事業，聖人則象，以德行方式推向社會。那麼，《易經》表達的道是天地人之道，通過聖人發現和運用這些道，促進人類社會的發展，因此理論本源上就具有實踐性。莊子的《逍遙遊》中的鯤鵬之化和海運南圖正是這種形而上的具象通現。

第二節　老子關於道的思想

老子是西周的柱下吏，他沒有孔子和莊子那麼深的亂世經歷。其思想以西周文化為基礎，但是又試圖突破西周文化發展，在話語上似乎無法也沒有做到完全創新。《老子》二十五章說：「有物混成，先天地生。寂兮寥兮！獨立不改，周行而不殆，可以為天下母。吾不知其名，強字之曰道，強為之名曰大。大曰逝，逝曰遠，遠曰反。道大，天大，地大，王大。域中有四大，而王處一。人法地，地法天，天法道，道法自然。」〔註13〕

老子的道只是借用了《易經》中的道來闡釋自己的道。與《易經》的道

〔註10〕《周易》王弼注，中華書局 1998 年版，第 50 頁。
〔註11〕《周易》王弼注，中華書局 1998 年版，第 59 頁。
〔註12〕《周易》王弼注，中華書局 1998 年版，第 53 頁。
〔註13〕〔春秋〕老子：《老子》，上海古籍出版社 1995 年版，第 13～14 頁。

最大的區別在於，老子的道的探索世界在縱深原始，在現在未來的基礎上關照到過去。天人關係上四大形成之說與《易經》一致。但是不用聖賢而用大小，就是把話語從生活層面推入科學哲學。字以像德，名以正身，那麼道是本，大為體，也就是說老子的理論就是大，大就是自然，自然而然。

在此基礎上，道同樣是豐富多彩的，可以觸摸和應用。《老子》七十七章說：「天之道，其猶張弓！高者抑之，下者舉之，有餘者損之，不足者與之。天之道，損有餘而補不足；人道則不然，損不足，奉有餘。熟能有餘以奉天下？其唯有道者。是以聖人為而不恃，功成不處，斯不見賢。」〔註14〕天道通過聖人體現價值功能和公平正義。天道在人群中表現的仍然是德善。七十九章說：「和大怨，必有餘怨，安可以為善？是以聖人執左契，不責於人。故有德司契，無德司徹。天道無親，常與善人」。道具有實踐價值，又用之無限。又《老子》四章說：「道沖，而用之久不盈。深乎！萬物宗。挫其銳，解其忿，和其光，同其塵。湛常存。吾不知誰子？象帝之先。」〔註15〕道依象以存在體察，老子與《易經》沒有根本區別，但對道的生態有自己的表述。

《老子》十四章說：「視之不見，名曰夷；聽之不聞，名曰希；搏之不得，名曰微。此三者不可致詰，故混而為一。其上不皦，在下不昧。繩繩不可名，復歸於無物。是謂無狀之狀，無物之象，是謂忽恍。迎不見其首，隨不見其後。執古之道，以語今之有。以知古始，是謂道已。」〔註16〕

《老子》中的古之道就是《易經》中的道，他提出的道是混沌恍惚，象可以體現出來，又將其道與古之道進行了統一。《老子》二十一章說：「孔德之容，唯道是從。道之為物，唯恍唯忽。忽恍中有象，恍忽中有物。真冥中有精，其精甚真，其中有信。自古及今，其名不去，以閱眾甫。吾何以知眾甫之然？以此。」〔註17〕那麼，把住象也就明白了道，所以他的道是心道。三十四章說：「執大象，天下往。往而不害，安平太。樂與餌，過客止。道出言，淡無味，視不足見，聽不足聞，用不可既。」〔註18〕道在治國理政上以仁義道德為施政方式。三十章說：「以道作人主者，不以兵強天下，其事好還：師之所處，荊棘生。故善者果而已，不以取強。果而勿驕，果而勿矜，果而勿伐，果

〔註14〕〔春秋〕老子：《老子》，上海古籍出版社1995年版，第72頁。
〔註15〕〔春秋〕老子：《老子》，上海古籍出版社1995年版，第3頁。
〔註16〕〔春秋〕老子：《老子》，上海古籍出版社1995年版，第7頁。
〔註17〕〔春秋〕老子：《老子》，上海古籍出版社1995年版，第11頁。
〔註18〕〔春秋〕老子：《老子》，上海古籍出版社1995年版，第19頁。

而不得以，是果而勿強。物牡則老，謂之非道，非道早已」。無限的價值，得道將有益天下。三十二章說：「道常無名。樸雖小，天下不敢臣。王侯若能守，萬物將自賓。天地相合，以降甘露，人莫之令而自均。始制有名。名亦既有，天將知止。知止不殆。譬道在天下，猶川谷與江海。」〔註19〕毫無疑問，老子用道涵蓋代替了象徵天命的德，以人為本，認知則為人本的關鍵。這就構成了老子的道與古之道的區分。

　　關於有無，老子還有進一步的說明。四十章說：「反者道之動，弱者道之用。天下萬物生於有，有生於無。」〔註20〕道是恍惚混沌的，但是一切的本原，因此道就是無。四十二章說：「道生一，一生二，二生三，三生萬物。萬物負陰而抱陽，沖氣以為和。人之所惡，唯孤、寡、不穀，而王公以為稱。故物或損之而益，或益之而損。人之所教，我亦教之：強梁者不得其死，吾將以為教父。」〔註21〕

　　天道與人道具有客觀的統一性，道具有豐富多樣性。三十七章說：「道常無為而無不為。侯王若能守，萬物將自化。化而欲作，吾將鎮之以無名之樸。無名之樸，亦將不欲。不欲以靜，天下將自正。」〔註22〕九章說：「持而盈之，不若其以。揣而銳之，不可長保。金玉滿堂，莫之能守。富貴而驕，自遺其咎。功成、名遂、身退，天之道」。四十六章說：「天下有道，卻走馬以糞；天下無道，戎馬生於郊。罪莫大於可欲，禍莫大於不知足，罪莫大於欲得。故知足之足，常足。」〔註23〕四十七章說：「不出戶，知天下；不窺牖，見天道。其出彌遠，其知彌近。是以聖人不行而知，不見而名，不為而成。」〔註24〕老子關於人道社會發展的思想與《易經》的聖賢之道基本一致。

　　對於養生之道，老子繼承了《易經》生生為易的發展學說，指出：「出生入死。生之徒十有三，死之徒十有三，人之生，動之死地，十有三。夫何故？以其生生之厚。蓋聞善攝生者，陸行不遇虎兕，入軍不被甲兵。兕無所投其角，虎無所措其爪，兵無所容其刃。夫何故？以其無死地。」〔註25〕養生主在

〔註19〕〔春秋〕老子：《老子》，上海古籍出版社1995年版，第18頁。
〔註20〕〔春秋〕老子：《老子》，上海古籍出版社1995年版，第24頁。
〔註21〕〔春秋〕老子：《老子》，上海古籍出版社1995年版，第25頁。
〔註22〕〔春秋〕老子：《老子》，上海古籍出版社1995年版，第20頁。
〔註23〕〔春秋〕老子：《老子》，上海古籍出版社1995年版，第6頁。
〔註24〕〔春秋〕老子：《老子》，上海古籍出版社1995年版，第27頁。
〔註25〕〔春秋〕老子：《老子》，上海古籍出版社1995年版，第29頁。

於無敵，無敵是生生之厚，也是生生之易的優質體現。這種不死，老子認為是無地，塑造為理想，即至人、真人。「含德之厚，比於赤子。毒蟲不螫，猛獸不據，攫鳥不搏。骨弱筋柔而握固。未知牝牡之合而朘作，精之至。終日號而不嗄，和之至。知和曰常，知常曰明，益生曰祥，心使氣曰強。物壯則老，謂之不道，不道早已。」〔註26〕能夠支配與完成生生之厚的無敵的方式就是含德之厚，德就是養生之道。事物有剛又柔，老子認為，「天下之至柔，馳騁天下之至堅。無有入於無閒。是以知無為有益。不言之教，無為之益，天下希及之。」〔註27〕

治理天下也是這樣。關於聖賢，老子提出了自己的聖賢之道，核心是要把握天之道，而不是人為地去違背天理，造成自戕。《老子》十九章說：「絕聖棄智，民利百倍；絕民棄義，民復孝慈；絕巧棄利，盜賊無有。此三者，為文不足，故令有所屬：見素抱樸，少私寡欲。」「治大國若亨小鮮。以道蒞天下，其鬼不神。非其鬼不神，其神不傷人。非其神不傷人，聖人亦不傷人。夫兩不相傷，故得交歸。」〔註28〕。《老子》八十一章說：「信言不美，美言不信。善者不辯，辯者不善。知者不博，博者不知。聖人不積，既以為人己愈有，既以與人己愈多。天之道，利而不害。聖人之道，為而不爭。」〔註29〕不爭就是順應天理，利用自然規律。

道的存在與保持。對於人生言之：「不上賢，使民不爭；不貴難得之貨，使民不盜；不見可欲，使心不亂。聖人治：虛其心，實其腹，弱其志，強其骨。常使民無知無欲，使知者不敢為，則無不治。」〔註30〕比較強調折衷，反對過度崇尚物質和強力表達，提倡善為。第五章說：「古之善為士者，微妙玄通，深不可識。……保此道者，不欲盈。夫唯不盈，能弊復成。」〔註31〕治理國家與做人都需要道，只有虛心才可以實現，因此要：「致虛極，守靜篤。萬物並作，吾以觀其復……知常容，容能公，公能王，王能天，天能道，道能久，沒身不殆。」〔註32〕道德的關係，老子在德經中有說明：「道生之，德畜

〔註26〕〔春秋〕老子：《老子》，上海古籍出版社1995年版，第31～32頁。
〔註27〕〔春秋〕老子：《老子》，上海古籍出版社1995年版，第25～27頁。
〔註28〕〔春秋〕老子：《老子》，上海古籍出版社1995年版，第10頁。
〔註29〕〔春秋〕老子：《老子》，上海古籍出版社1995年版，第44頁。
〔註30〕〔春秋〕老子：《老子》，上海古籍出版社1995年版，第2頁。
〔註31〕〔春秋〕老子：《老子》，上海古籍出版社1995年版，第8頁。
〔註32〕〔春秋〕老子：《老子》，上海古籍出版社1995年版，第8頁。

之，物形之，勢成之。是以萬物莫不尊道而貴德。道之尊，德之貴，夫莫之命而常自然。故道生之，德畜之，長之育之，成之熟之，養之復之。生而不有，為而不恃，長而不宰，是謂玄德。」〔註33〕尊道而貴德是老子對道德的最根本的思想，雖然與《周易》在具體表達上有所差異，但根本上一致，因此如果論老子的思想就是這個四個字，如果將老子作為道家來詮釋也是這四個字，而不是一個道字。

第三節　關於道的觀察與獲取

　　道的重要是一種共識，那麼道如何獲取？就是一個大問題。《易經》認為關於道的觀察與獲取不是坐等，而是要獲取，獲取的方式是觀。易為生生，當然易奉獻的都是關於生生的道理，生生的認識需求主體是人，當然理論上觀是在人的範疇，但是如果遙遠與無奈，只有靠感，必須要觀又無法直觀的就需要用遊的方式，包括心遊、遠遊、神遊。《易經》中的觀主要有以下幾個方面。

　　觀天人。《易經》第二十二卦說：「觀乎天文，以察時變；觀乎人文，以化成天下。」〔註34〕

　　因為易與天地密切關聯，因此《易經‧繫辭上傳》認為：「易與天地準，故能彌綸天地之道。仰以觀於天文，俯以察於地理，是故知幽明之故。原始反終，故知死生之說。精氣為物，遊魂為變，是故知鬼神之情狀。」〔註35〕

　　觀養。《易經》第二十七卦說：「頤：貞吉。觀頤，自求口實。彖曰：頤貞吉，養正則吉也。觀頤，觀其所養也；自求口實，觀其自養也。天地養萬物，聖人養賢，以及萬民；頤之時義大矣哉！」〔註36〕

　　觀氣。《易經》第三十一卦說：「咸：亨，利貞，取女吉。彖曰：咸，感也。柔上而剛下，二氣感應以相與，止而說，男下女，是以亨利貞，取女吉也。天地感而萬物化生，聖人感人心而天下和平；觀其所感，而天地萬物之情可見矣！」〔註37〕

　　觀居。《易經》第四十五卦說：「萃：亨。王假有廟，利見大人，亨，利

〔註33〕〔春秋〕老子：《老子》，上海古籍出版社1995年版，第29～30頁。
〔註34〕《周易》王弼注，中華書局1998年版，第17頁。
〔註35〕《周易》王弼注，中華書局1998年版，第50頁。
〔註36〕《周易》王弼注，中華書局1998年版，第20頁。
〔註37〕《周易》王弼注，中華書局1998年版，第23頁。

貞。用大牲吉，利有攸往。彖曰：萃，聚也；順以說，剛中而應，故聚也。王
假有廟，致孝享也。利見大人亨，聚以正也。用大牲吉，利有攸往，順天命
也。觀其所聚，而天地萬物之情可見矣。」〔註38〕

　　觀象。《易經》第二十三卦說：「不利有攸往，小人長也。順而止之，觀象
也。君子尚消息盈虛，天行也。」〔註39〕觀象方法的創建是聖人。《易經·繫
辭上傳》第二章說：「聖人設卦觀象，繫辭焉而明吉凶，剛柔相推而生變化。
是故，吉凶者，失得之象也。悔吝者，憂虞之象也。變化者，進退之象也。剛
柔者，晝夜之象也。六爻之動，三極之道也。是故，君子所居而安者，易之序
也。所樂而玩者，爻之辭也。是故，君子居則觀其象，而玩其辭；動則觀其
變，而玩其占。是故自天佑之，吉无不利。」〔註40〕

　　關於卦象的關係，觀象的前提是設象。《易經·繫辭下傳》第一章論述彼
此的關聯是：「八卦成列，象在其中矣。因而重之，爻在其中矣。剛柔相推，
變在其中矣。繫辭焉而命之，動在其中矣。吉凶者，貞勝者也。天地之道，貞
觀者也。日月之道，貞明者也。天下之動，貞夫一者也」。先賢伏羲觀天，因
此創造了伏羲時代。《易經·繫辭下傳》第二章說：「古者包羲氏之王天下也，
仰則觀象於天，俯則觀法於地，觀鳥獸之文，與地之宜，近取諸身，遠取諸
物，於是始作八卦，以通神明之德，以類萬物之情。」〔註41〕

　　觀具有神聖的宗教特徵，因此作為制度設計存在。《易經》第二十卦觀風
地、觀巽上坤下說：「觀：盥而不薦，有孚顒若。曰：大觀在上，順而巽，中
正以觀天下。觀，盥而不薦，有孚顒若，下觀而化也。觀天之神道，而四時不
忒，聖人以神道設教，而天下服矣。象曰：風行地上，觀；先王以省方，觀民
設教。初六：童觀，小人无咎，君子吝。象曰：初六童觀，小人道也。六二：
窺觀，利女貞。象曰：窺觀女貞，亦可醜也。六三：觀我生，進退。象曰：觀
我生，進退；未失道也。六四：觀國之光，利用賓於王。象曰：觀國之光，尚
賓也。九五：觀我生，君子无咎。」〔註42〕

　　觀我生之進退，是很現實的選題。而觀不僅僅是眼光，更主要的是洞察，
由此還有童觀和窺視等。老子關於道的獲取有自己的思考。《老子》在開篇第

〔註38〕《周易》王弼注，中華書局1998年版，第32頁。
〔註39〕《周易》王弼注，中華書局1998年版，第18頁。
〔註40〕《周易》王弼注，中華書局1998年版，第49頁。
〔註41〕《周易》王弼注，中華書局1998年版，第55頁。
〔註42〕《周易》王弼注，中華書局1998年版，16頁。

一章就強調道與古之道或常道的不同：「道，可道，非常道；名，可名，非常名。無名，天地始；有名，萬物母。常無，欲觀其妙；常有，欲觀其徼。此兩者同出而異名，同謂之玄，玄之又玄，眾妙之門。四章上善若水。水善利萬物，又不爭。處眾人之所惡，故幾於道。」〔註43〕

老子覺得有無的認識把握要通過觀。觀的視野、方式老子並沒有詳細說明，而回答的是莊周。因為德具有畜道的作用，因此老子提出積德以休的思想。五十四章說：「善建者不拔，善抱者不脫，子孫祭祀不輟。修之身，其乃德真；修之家，其德有餘；修之鄉，其德乃長；修之於國，其德乃豐；修之於天下，其德乃普。故以身觀身，以家觀家，以鄉觀鄉，以國觀國，以天下觀天下。吾何以知天下之然？以此。」〔註44〕這種類似儒家修齊治平的理論與儒家不同在於，儒家強調修為的人生與價值事項，而老子說明的是以德修萬的主張。道雖無形，但道可以修、可以體、可以觀、可以遊。四十一章說：「上士聞道，勤而行之；中士聞道，若存若亡；下士聞道，大笑之。不笑不足以為道。故建言有之：明道若昧，進道若退，夷道若類，上德若谷，大白若辱，廣德若不足，建德若偷，質真若渝，大方無隅，大器晚成，大音希聲，大象無形。道隱無名。夫唯道，善貸且善。」〔註45〕總之，老子認為得道要以德作為前提，修德以後才可以觀，可以得道。

第四節　莊子的道家思想

什麼是道？莊子《內篇‧大宗師第六》說：

> 何謂真人？古之真人，不逆寡，不雄成，不謨士。若然者，過而弗悔，當而不自得也。若然者，登高不慄，入水不濡，入火不熱，是知之能登假於道者也若此。……夫道有情有信，無為無形；可傳而不可受，可得而不可見；自本自根，未有天地，自古以固存；神鬼神帝，生天生地；在太極之先而不為高，在六極之下而不為深，先天地生而不為久，長於上古而不為老。豨韋氏得之，以挈天地；伏戲氏得之，以襲氣母；維斗得之，終古不忒；日月得之，終古不

〔註43〕〔春秋〕老子：《老子》，上海古籍出版社1995年版，第1頁。
〔註44〕〔春秋〕老子：《老子》，上海古籍出版社1995年版，第31頁。
〔註45〕〔春秋〕老子：《老子》，上海古籍出版社1995年版，第42頁。

息；勘壞得之，以襲崑崙；馮夷得之，以遊大川；肩吾得之，以處
大山；黃帝得之，以登雲天；顓頊得之，以處玄宮；禺強得之，立
乎北極；西王母得之，坐乎少廣，莫知其始，莫知其終；彭祖得之，
上及有虞，下及及五伯；傅說得之，以相武丁，奄有天下，乘東維、
騎箕尾而比於列星。〔註46〕

　　莊子認為，道先於天地，得道將給人類帶來相應的幸福成就。這種關於
道的描述集合了《易經》天地之道和伏羲氏明道的理論，又解說了老子的混
沌理論，因此莊子的道家思想，與老子同源，但又對老子有所吸收與繼承。
這是一個客觀的情況。老子、莊子不是師生關係，也不是一脈相承的關係，
分屬南北方文化。與《易經》、《老子》不同的是莊子還創造了真人（至人、神
人）這樣超越時空的衛道、明道、得道者。

　　人依附道存在，「魚相造乎水，人相造乎道」。《刻意》篇中，莊子說：「純
粹而不雜，靜一而不變，淡而無為，動而以天行，此養神之道也。」〔註47〕認
為純粹而不混雜，專一而不改變，淡泊而無為，順著自然而行動，是精神養
生的基本法則。《莊子》提出，道可以認識，可察明道。外篇《在宥》說：「不
明於道者，悲夫！何謂道？有天道，有人道。無為而尊者，天道也；有為而累
者，人道也。主者，天道也；臣者，人道也。天道之與人道也，相去遠矣，不
可不察也。」〔註48〕莊子的道一方面繼承了《易經》的天地人之道，將道與行
政相對應。又發揚了老子的虛無之道。

　　對於天道、地道、聖道之外，莊子提出了至道。《外篇·天道第十三》說：
「天道運而無所積，故萬物成；帝道運而無所積，故天下歸；聖道運而無所
積，故海內服。明於天，通於聖，六通四辟於帝王之德者，其自為也，昧然無
不靜者矣！聖人之靜也，非曰靜也善，故靜也。萬物無足以撓心者，故靜也。
水靜則明燭鬚眉，平中準，大匠取法焉。……言以虛靜推於天地，通於萬物，
此之謂天樂。天樂者，聖人之心以畜天下也。」〔註49〕「孔子問於老聃曰：『今
日晏閒，敢問至道。』老聃曰：『汝齊戒，疏瀹而心，澡雪而精神，掊擊而知。
夫道，窅然難言哉！將為汝言其崖略。』夫昭昭生於冥冥，有倫生於無形，精

〔註46〕〔清〕郭慶藩《莊子集釋》，中華書局1961年版，第226、246～247頁。
〔註47〕〔清〕郭慶藩《莊子集釋》，中華書局1961年版，第544頁。
〔註48〕〔清〕郭慶藩《莊子集釋》，中華書局1961年版，第401頁。
〔註49〕〔清〕郭慶藩《莊子集釋》，中華書局1961年版，第457頁。

神生於道，形本生於精，而萬物以形相生。故九竅者胎生，八竅者卵生。其來無跡，其往無崖，無門無房，四達之皇皇也。邀於此者，四肢強，思慮恂達，耳目聰明。其用心不勞，其應物無方，天不得不高，地不得不廣，日月不得不行，萬物不得不昌，此其道與！」〔註50〕莊子認為，昭昭生於冥冥，有倫生於無形，精神生於道，形本生於精，而萬物以形相生、萬物以形相化。只有虛靜，澡雪心靈才可以獲得。並且說：「人生天地之間，若白駒之過隙，忽然而已。注然勃然，莫不出焉；油然寥然，莫不入焉。已化而生，又化而死。生物哀之，人類悲之。解其天韜，墮其天帙。紛乎宛乎，魂魄將往，乃身從之。乃大歸乎！不形之形，形之不形，是人之所同知也，非將至之所務也，此眾人之所同論也。彼至則不論，論則不至；明見無值，辯不若默；道不可聞，聞不若塞：此之謂大得。」〔註51〕

關於道德關係，《外篇·天道第十三》說：「夫帝王之德，以天地為宗，以道德為主，以無為為常。無為也，則用天下而有餘；有為也，則為天下用而不足。故古之人貴夫無為也。上無為也，下亦無為也，是下與上同德。下與上同德則不臣。下有為也，上亦有為也，是上與下同道。上與下同道則不主。上必無為而用下，下必有為為天下用。此不易之道也。」〔註52〕提出上下同道的觀點。道是絕對的，不管是存在的道，還是認識的道，或者是感物體會的道都是世界的最根本的力量。那麼，如何獲得道就非常重要，也是解決天人關係的一個最必然的路徑。《天道》說：「是故古之明大道者，先明天而道德次之，道德已明而仁義次之，仁義已明而分守次之，分守已明而形名次之，形名已明而因任次之，因任已明而原省次之，原省已明而是非次之，是非已明而賞罰次之。賞罰已明而愚知處宜，貴賤履位；仁賢不肖襲情，必分其能，必由其名。……古之語大道者，五變而形名可舉，九變而賞罰可言也。驟而語形名，不知其本也；驟而語賞罰，不知其始也。倒道而言，迕道而說者，人之所治也，安能治人！驟而語形名賞罰，此有知治之具，非知治之道。可用於天下，不足以用天下。」〔註53〕

如何獲取道？《外篇·知北遊第二十二》說：「天地有大美而不言，四時

〔註50〕〔清〕郭慶藩《莊子集釋》，中華書局1961年版，第741頁。
〔註51〕〔清〕郭慶藩《莊子集釋》，中華書局1961年版，第746～747頁。
〔註52〕〔清〕郭慶藩《莊子集釋》，中華書局1961年版，第465頁。
〔註53〕〔清〕郭慶藩《莊子集釋》，中華書局1961年版，第471、473頁。

有明法而不議，萬物有成理而不說。聖人者，原天地之美而達萬物之理。是故至人無為，大聖不作，觀於天地之謂也。今彼神明至精，與彼百化，物已死生方圓，莫知其根也，扁然而萬物，自古以固存。六合為巨，未離其內；秋豪為小，待之成體；天下莫不沉浮，終身不故；陰陽四時運行，各得其序。惛然若亡而存，油然不形而神，萬物畜而不知。此之謂本根，可以觀於天矣！」〔註54〕莊子提出的辦法也就是一個，即觀。與《易經》、《老子》的觀有所繼承。《莊子》的開篇《逍遙遊》介紹了幾種觀，觀的基本方式是遊，莊子提出遊的類型很多：遊心、遊物、遊無極、遊四海，「若夫乘天地之正，而御六氣之辯，以遊無窮者，彼且惡乎待哉！故曰：至人無己，神人無功，聖人無名。」〔註55〕另外還有《知北遊》，反覆說明遊的必要。一般認為《逍遙遊》的關鍵詞是逍遙，其實不是，逍遙只是物化後達到的一種狀態，是莊子關於遊的過程中產生的變化。與大年、大樹、大知一樣，遊以大為目標，向著道邁進。印證了《老子》的「有物混成，先天地生。寂漠！獨立不改，周行不殆，可以為天下母。吾不知其名，強字之曰道，強為之名曰大。大曰逝，逝曰遠，遠曰反。道大，天大，地大，王大。域中有四大，而王處一。人法地，地法天，天法道，道法自然。」〔註56〕的思想。

大是道真身，所以至人就是真人，也是神人。這樣看來，老莊連稱也並不是沒有道理。

莊子的道不僅僅是惟大。《莊子·天道》說：「夫道，於大不終，於小不遺，故萬物備。廣廣乎其無不容也，淵乎其不可測也。形德仁義，神之末也，非至人孰能定之！夫至人有世，不亦大乎！而不足以為之累。天下奮棅而不與之偕，審乎無假而不與利遷，極物之真，能守其本。故外天地，遺萬物，而神未嘗有所困也。通乎道，合乎德，退仁義，賓禮樂，至人之心有所定矣。」〔註57〕

「道」作為存在原理，具有普遍性，「德」則可以視為道的具體體現，也就是名。至人或真人可以做到道德的完美結合。莊子的道要求極物，不僅如老子說的大，而且於小也不落下。

但是，莊子還有更實用的觀，就是督。《養生主》說：「吾生也有涯，而知

〔註54〕〔清〕郭慶藩《莊子集釋》，中華書局1961年版，第735頁。

〔註55〕〔清〕郭慶藩《莊子集釋》，中華書局1961年版，第17頁。

〔註56〕〔春秋〕老子：《老子》，上海古籍出版社1995年版，第13～14頁。

〔註57〕〔清〕郭慶藩《莊子集釋》，中華書局1961年版，第457頁。

也無涯。以有涯隨無涯，殆已！已而為知者，殆而已矣！為善無近名，為惡無近刑，緣督以為經，可以保身，可以全生，可以養親，可以盡年。」〔註58〕面對無窮無盡的世界，莊子並不是只說無端崖之詞，也有具體的生活當中道的闡發。督就是深切洞察，當我們就我們的能力對事情洞察以後，就可以做到保全養年。這是一個關於對自然科學與人生關係的一個很科學的把握。庖丁不過是一名工人，但是他的道就是入無間，就是無敵，就是養生主。而且，生命有限，可以通過薪火相傳的方式來保持與發揚。更是一個科學發展的實踐論思想，值得我們重視。

〔註58〕〔清〕郭慶藩《莊子集釋》，中華書局 1961 年版，第 468 頁。

第六章　莊子的生命哲學與存在思想

　　荀子說莊子是方外之人，言下之意對人世認識不足或關心不夠。《荀子·
解蔽》也說：「昔賓孟之蔽者，亂家是也。墨子蔽於用而不知文，宋子蔽於欲
而不知得，慎子蔽於法而不知賢，申子蔽於勢而不知知，惠子蔽於辭而不知
實，莊子蔽於天而不知人。故由用謂之道，盡利矣；由欲謂之道，盡嗛矣；由
法謂之道，盡數矣；由勢謂之道，盡便矣；由辭謂之道，盡論矣；由天謂之
道，盡因矣。此數具者，皆道之一隅也。夫道者體常而盡變，一隅不足以舉
之。」〔註1〕固然，觀止於一方面，對事物世界就不能夠有全面深刻的認識與
把握，但言莊子因為以觀察自然而忽視人類、生命和社會，不符合實際情況。
莊子對人生和生命的關懷是全面深刻的，也是超越現實的，追求的是本質及
其共同性。與儒家不同的是莊子對生命的關懷，更注重存在的環境，與孔子
決定在自身的看法不同。晉郭象《莊子序》說：「通天地之統，序萬物之性，
達死生之變，而明內聖外王之道，上知造物無物，下知有物之自造也。」〔註2〕
比較客觀地反映了莊子的學術成就和存在思想。

第一節　關於生命的產生與生命的永恆

　　莊子對人的生命的產生、存在方式、價值都有很深度的思考，充滿了思
辨性和哲理。

　　關於生命與世界的由來，《莊子·天地篇》有自己的解讀：「泰初有無，

〔註 1〕〔戰國〕荀子：《荀子》，上海古籍出版社 1996 年版，第 221 頁。
〔註 2〕〔戰國〕莊周《莊子》，上海古籍出版社 1995 年版，第 1 頁。

無有無名；一之所起，有一而未形。物得以生，謂之德；未形者有分，且然無間，謂之命；留動而生物，物成生理，謂之形；形體保神，各有儀則，謂之性。性修反德，德至同於初。同乃虛，虛乃大。合喙鳴；喙鳴合，與天地為合。其合緡緡，若愚若昏，是謂玄德，同乎大順。」〔註3〕《莊子》認為，無有也無名，天下為一，但沒有形，這就是無，也就是泰初，泰就是老子說的道的字，即別稱。因此戰國以後尊太一為天之最尊者應與道家文化有密切關聯。得一以後的發生成長的機制、形態、原理就是德，德是出生，當然也包括樂生、厚生、養生等思想。未形但有定分，其無間的物有形體、有活力即命，命是運動的，停留就產生物，物具備生機與規制就有了形，形蘊含著神，各有規則本性就是性，命有不同的性，出現差異，性通過修為又充實德。德與初至同，至同就大，與天地合，這就是道。如果合為緡緡，即自然狀態，那是玄德，與大一樣自在。莊子將無為的狀態闡釋為道，因此道載萬物。戰國時候的楚國詩人屈原的《天問》也探討過天體宇宙的形成，但主要是疑問，或者說對天地、生命的起源進行了全面的思考。因此對生命的起源進行深入的思考與研究應該是戰國時代人們共同的哲學生態。莊子與屈原的區別在於，沒有從鬼神的角度，而是從自然的物理視野，因此更具現代科學的意義。至於生命是如何產生，天體如何形成，現在的科學界也只是推測，沒有整體準確認識的能力，更沒有科學的證明。在某種意義上說經過了人文的思考後又回歸了道的立場，那麼莊子的觀點就顯得非常地珍貴。

莊子認為，生命的形是一種忽然現象，經過注然、油然以化的途徑消長，那麼生死只是物質的變化，應該超脫地對待。《知北遊第二十二》說：「人生天地之間，若白駒之過隙，忽然而已。注然勃然，莫不出焉；油然寥然，莫不入焉。已化而生，又化而死。生物哀之，人類悲之。解其天韜，墮其天帙。紛乎宛乎，魂魄將往，乃身從之。乃大歸乎！不形之形，形之不形，是人之所同知也，非將至之所務也，此眾人之所同論也。彼至則不論，論則不至；明見無值，辯不若默；道不可聞，聞不若塞：此之謂大得。」〔註4〕生就是死的開始，死就是生的開始，人生只是一口氣的聚散，最終要歸一，得道才是最大的得。那不死的就是真人。什麼是真人？《莊子·大宗師》說：「何謂真人？古之真人，不逆寡，不雄成，不謨士。若然者，過而弗悔，當而不自得也。若然者，

〔註3〕〔清〕郭慶藩：《莊子集釋》，中華書局1961年版，第424頁。
〔註4〕〔清〕郭慶藩：《莊子集釋》，中華書局1961年版，第746頁。

登高不栗，入水不濡，入火不熱，是知之能登假於道者也若此。……死生，命也；其有夜旦之常，天也。人之有所不得與，皆物之情也。彼特以天為父，而身猶愛之，而況其卓乎！人特以有君為愈乎己，而身猶死之，而況其真乎！」〔註5〕人的得與不得都是常情，生死就像白天與黑夜，真人就是仙，也就是至人，他們得道以後，能與天地同在，因此獲得永恆。我們可以試圖理解為真人是獲得了天地之中長存的科學原理，人就能夠像土地一樣、山川一樣那麼結實，但是人類沒有做到，因此要想獲得生命的永恆，還需要從自然中尋找永恆的元素。莊子講究惜生明道，相濡以沫，不如相忘於江湖；與其譽堯而非桀也，不如兩忘而化其道。要求我們不要限於人世的情感或者價值的糾葛當中，而是要以道為意志。莊子很形象地稱天地化育的能力為大塊，認為人的形態是大塊給的，那麼死亡也出自大塊的造化，因此需要遊存。無論是逍遙遊還是知北遊或者遊心、遊刃都是遊，故聖人將遊於物之所不得循而皆存。大塊，突出表現的是大，比起黃土地為人類孕育之本的世俗認識更具有理論價值。

　　莊子不僅追求永恆之道，也關注養神之道。《莊子‧刻意》說：「故曰：形勞而不休則弊，精用而不已則勞，勞則竭。水之性，不雜則清，莫動則平；鬱閉而不流，亦不能清；天德之象也。故曰：純粹而不雜，靜一而不變，淡而無為，動而以天行，此養神之道也。」〔註6〕莊子認為勞形是正常的，勞累過度則精疲力盡，因此養神需要休，也就是美其神的無為。養神需要運動，如果靜止就像封閉的水一樣出現渾濁，但是運動要符合天行，即物理規律。《莊子‧養生主》中講到養生之道說：「文惠君曰：『嘻，善哉！技蓋至此乎？』庖丁釋刀對曰：『臣之所好者道也，進乎技矣。始臣之解牛之時，所見無非全牛者；三年之後，未嘗見全牛也；方今之時，臣以神遇而不以目視，官知止而神欲行。依乎天理，批大郤，導大窾，因其固然。技經肯綮之未嘗，而況大軱乎！良庖歲更刀，割也；族庖月更刀，折也；今臣之刀十九年矣，所解數千牛矣，而刀刃若新發於硎。彼節者有間而刀刃者無厚，以無厚入有間，恢恢乎其於遊刃必有餘地矣。是以十九年而刀刃若新發於硎。雖然，每至於族，吾見其難為，怵然為戒，視為止，行為遲，動刀甚微，謋然已解，如土委地。提刀而立，為之而四顧，為之躊躇滿志，善刀而藏之。』文惠君曰：『善哉！吾聞庖

〔註5〕〔清〕郭慶藩：《莊子集釋》，中華書局1961年版，第229、241頁。
〔註6〕〔清〕郭慶藩：《莊子集釋》，中華書局1961年版，第542～544頁。

丁之言，得養生焉。』」〔註7〕不傷自身、遊刃有餘才是養生之道，而不是硬碰硬，不顧一切。看世界的時候，在形之外，還要分解、依理、用神，只有這樣才可以實現養生之道。關於健康之道，莊子認為，《知北遊》說：「孔子問於老聃曰：『今日晏閒，敢問至道。』老聃曰：『汝齊戒，疏瀹而心，澡雪而精神，掊擊而知！夫道，窅然難言哉！將為汝言其崖略。夫昭昭生於冥冥，有倫生於無形，精神生於道，形本生於精，而萬物以形相生。故九竅者胎生，八竅者卵生。其來無跡，其往無崖，無門無房，四達之皇皇也。邀於此者，四肢強，思慮恂達，耳目聰明。其用心不勞，其應物無方，天不得不高，地不得不廣，日月不得不行，萬物不得不昌，此其道與！』」〔註8〕也是把人的形體和支配形體的精和無形的道聯繫起來綜合考慮。莊子認為只有這樣，人才能夠身心健康、長壽。「將盈耆欲，長好惡，則性命之情病矣。」〔註9〕不能過分追求口心之欲。對於無形的精氣，莊子主張要好好調養。《莊子‧達生》中說：「夫忿畜之氣，散而不反，則為不足；上而不下，則使人善怒；下而不上，則使人善忘；不上不下，中身當心，則為病。」〔註10〕如果不好好調養，當然就會生病。從醫學的角度說，強調預防，次求診療。當然人是有差異的。《莊子‧則陽》說：「故鹵莽其性者，欲惡之孽，為性萑葦蒹葭，始萌以扶吾形，尋擢吾性，並潰漏發，不擇所出，漂疽疥癕，內熱溲膏是也。」〔註11〕不良情慾對身心的危害甚至會導致毒瘡發作潰爛，形也需要調養預防。

在精神上，莊子主張人活得要快樂。《外篇‧至樂第十八》說：「天下有至樂無有哉？有可以活身者無有哉？今奚為奚據？奚避奚處？奚就奚去？奚樂奚惡？夫天下之所尊者，富貴壽善也；所樂者，身安厚味美服好色音聲也；所下者，貧賤夭惡也；所苦者，身不得安逸，口不得厚味，形不得美服，目不得好色，耳不得音聲。若不得者，則大憂以懼，其為形也亦愚哉！夫富者，苦身疾作，多積財而不得盡用，其為形也亦外矣！夫貴者，夜以繼日，思慮善否，其為形也亦疏矣！人之生也，與憂俱生。壽者惛惛，久憂不死，何之苦也！其為形也亦遠矣！烈士為天下見善矣，未足以活身。吾未知善之誠善邪？誠不善邪？若以為善矣，不足活身；以為不善矣，足以活人。故曰：忠諫不

〔註7〕〔清〕郭慶藩：《莊子集釋》，中華書局1961年版，第118～124頁。
〔註8〕〔清〕郭慶藩：《莊子集釋》，中華書局1961年版，第741頁。
〔註9〕〔清〕郭慶藩：《莊子集釋》，中華書局1961年版，第852頁。
〔註10〕〔戰國〕莊周《莊子》，上海古籍出版社，1995年版，第208頁。
〔註11〕〔戰國〕莊周《莊子》，上海古籍出版社，1995年版，第287～288頁。

聽，蹲循勿爭。故夫子胥爭之，以殘其形，不爭，名亦不成。誠有善無有哉？今俗之所為與其所樂，吾又未知樂之果樂邪？果不樂邪？吾觀夫俗之所樂，舉群趣者，誙誙然如將不得已，而皆曰樂者，吾未之樂也，亦未之不樂也。果有樂無有哉？吾以無為誠樂矣，又俗之所大苦也。故曰『至樂無樂，至譽無譽。』」〔註12〕莊子提出人的天性往往要求的滿足或者說某部分的過分滿足，就會造成負擔，出現病症。而社會物質的缺乏，又推動著人們對享樂的滿足的性情，過分地將精力投放在財富的保障與滿足的需求上，由此產生殘殺競爭。客觀的社會和世界與人的天性並不一致，因此憂傷就成為與生俱來的原罪，或者說天命。只有無為，也就是逍遙才是真正的快樂，是至樂，至樂無樂。

第二節　生命的價值與死亡

　　關於利益，莊子並不反對，也知道為精神和生活必須，但反對因為利益引發的殘殺。他在《則陽》篇中以惠子見戴晉人：「『有所謂蝸者，君知之乎？』曰：『然。』『有國於蝸之左角者曰觸氏，有國於蝸之右角者曰蠻氏，時相與爭地而戰，伏屍數萬，逐北旬有五日而後反。』君曰：『噫！其虛言與？』曰：『臣請為君實之。君以意在四方上下有窮乎？』君曰：『無窮。』曰：『知遊心於無窮，而反在通達之國，若存若亡乎？』君曰：『然。』曰：『通達之中有魏，於魏中有梁，於梁中有王，王與蠻氏有辯乎？』君曰：『無辯。』」〔註13〕兩國生死搏殺多日，不過為的是蠅頭小利，進一步說為利益爭奪殘殺的人就是沒有眼光的人。

　　有生就有死。莊子《則陽》說：「未生不可忌，已死不可阻。死生非遠也，理不可睹。或之使，莫之為，疑之所假。吾觀之本，其往無窮；吾求之末，其來無止。無窮無止，言之無也，與物同理。或使莫為，言之本也。與物終始。道不可有，有不可無。道之為名，所假而行。或使莫為，在物一曲，夫胡為於大方！言而足，則終日言而盡道；言而不足，則終日言而盡物。道，物之極，言默不足以載。非言非默，議有所極。」〔註14〕生死沒有鴻溝，彼此相依，無法阻止，因此我們要觀本往遠，認識自然世界的道理，只有這樣才可以無窮。莊子妻死，惠子弔之，莊子則方箕踞鼓盆而歌，「惠子曰：『與人居，長子、

〔註12〕〔清〕郭慶藩：《莊子集釋》，中華書局 1961 年版，第 608〜611 頁。
〔註13〕〔清〕郭慶藩：《莊子集釋》，中華書局 1961 年版，第 891〜893 頁。
〔註14〕〔清〕郭慶藩：《莊子集釋》，中華書局 1961 年版，第 917 頁。

老、身死，不哭亦足矣，又鼓盆而歌，不亦甚乎！』莊子曰：『不然。是其始死也，我獨何能無概！然察其始而本無生，非徒無生也而本無形，非徒無形也而本無氣。雜乎芒芴之間，變而有氣，氣變而有形，形變而有生，今又變而之死，是相與為春秋冬夏四時行也。人且偃然寢於巨室，而我嗷嗷然隨而哭之，自以為不通乎命，故止也。』〔註15〕莊子對於死，本有恐懼之感，但是在恐懼之中能夠去思考死的本質，能夠通過妻子的死領悟到生命與產生生命、消失的生命的存在之間的關係，氣聚、氣散同樣是自然規律。莊子追求長生與永恆，與戰國時期去蓬萊求仙本質上沒有不同，都是人類厚生、惜生、樂生思想的體現。「莊子將死，弟子欲厚葬之。莊子曰：『吾以天地為棺槨，以日月為連璧，星辰為珠璣，萬物為齎送。吾葬具豈不備邪？何以加此！』弟子曰：『吾恐烏鳶之食夫子也。』莊子曰：『在上為烏鳶食，在下為螻蟻食，奪彼與此，何其偏也！』以不平平，其平也不平；以不徵徵，其徵也不徵。明者唯為之使，神者徵之。夫明之不勝神也久矣，而愚者恃其所見入於人，其功外也，不亦悲乎！』」〔註16〕到了自己要死的時候，莊子已經超脫了，因為生死就是齊物的形態的一種，因此也就沒有悲傷或者快樂。

《莊子‧大宗師》認為，生死不過是一場夢。物變時亦非人意，且不是僅僅在人鬼之間轉換，還可以有很多的變化。這是莊子超越三代到西周以來的生命哲學的科學發展觀。老聃死的時候，莊子對死有了新的認識：「古者之遁天之刑。適來，夫子時也；適去，夫子順也。安時處順，哀樂不能入也，古者謂是帝之縣解。指窮於為火傳也，不知其盡也。」〔註17〕生命的延續方式就像薪火相傳，薪形態變化，但火長存，枯萎消失不過是新陳代謝。

對於死後，莊子也有想像：「莊子之楚，見空骷髏，髐然有形。撽以馬捶，因而問之，曰：『夫子貪生失理而為此乎？將子有亡國之事、斧鉞之誅而為此乎？將子有不善之行，愧遺父母妻子之醜而為此乎？將子有凍餒之患而為此乎？將子之春秋故及此乎？』於是語卒，援骷髏，枕而臥。夜半，骷髏見夢曰：『子之談者似辯士，諸子所言，皆生人之累也，死則無此矣。子欲聞死之說乎？』莊子曰：『然。』骷髏曰：『死，無君於上，無臣於下，亦無四時之事，從然以天地為春秋，雖南面王樂，不能過也。』莊子不信，曰：『吾使司

〔註15〕〔清〕郭慶藩：《莊子集釋》，中華書局1961年版，第614～615頁。
〔註16〕〔清〕郭慶藩：《莊子集釋》，中華書局1961年版，第1063～1064頁。
〔註17〕〔清〕郭慶藩：《莊子集釋》，中華書局1961年版，第128～129頁。

命復生子形，為子骨肉肌膚，反子父母、妻子、閭里、知識，子欲之乎？』骷髏深矉蹙頞曰：『吾安能棄南面王樂而復為人間之勞乎！』」〔註18〕莊子認為死後是快樂的，這大概是一種感覺，就同知道魚之樂一樣。生命，如薪火相傳，並沒有實質意義的完結，個體的齊物只是一種蛻變，給生命帶來束縛和痛苦的是社會等級制度。

第三節　生命存在與社會和諧

　　莊子認為，憂傷是人與自然的基本矛盾，因此與生俱來，人生的道路充滿了坎坷，體常盡變，因此要興利避害。人「一受其成形，不亡以待盡」。人的認知存在差別，體現出生活的方式有區別，因此也構成了矛盾起源的重要原因：「大知閒閒，小知間間；大言炎炎，小言詹詹。其寐也魂交，其覺也形開，與接為構，日以心鬥；……其溺之所為之，不可使復之也」。「終身役役而不見其成功，然疲役而不知其所歸，可不哀耶？」〔註19〕個人行歷的喜怒哀樂，已經需要娛憂。王室衰微之後，「竊鉤者誅，竊國者為諸侯」〔註20〕，「無恥者富，多信者顯」〔註21〕。百姓「殊死者相枕也，桁楊者相推也，形戮者相望也」〔註22〕，人人自危，就像「遊於羿……中央者，中地也。」〔註23〕。而「大亂之本，必生於堯舜之間，其末存乎千世之後。千世之後，其必有人與人相食者也。」〔註24〕「世俗所謂知者，有不為大盜積者乎？所謂聖者，有不為大盜守者乎？」〔註25〕「聖人不死，大盜不止」；「絕聖棄知，大盜乃止」。〔註26〕因此莊子提出，以有厚入無間的遊刃有餘的其利弊害的生存方式。

　　存在的情感影響到存在的質量。《馬蹄》篇謂「性情不離，安用禮樂？」〔註27〕莊子主張「無為也而後安其性命之情」〔註28〕就是要保持人的本性本

〔註18〕〔清〕郭慶藩：《莊子集釋》，中華書局1961年版，第617～619頁。
〔註19〕〔清〕郭慶藩：《莊子集釋》，中華書局1961年版，第52頁。
〔註20〕〔清〕郭慶藩：《莊子集釋》，中華書局1961年版，第998頁。
〔註21〕〔清〕郭慶藩：《莊子集釋》，中華書局1961年版，第1001頁。
〔註22〕〔清〕郭慶藩：《莊子集釋》，中華書局1961年版，第377頁。
〔註23〕〔清〕郭慶藩：《莊子集釋》，中華書局1961年版，第193頁。
〔註24〕〔清〕郭慶藩：《莊子集釋》，中華書局1961年版，第775頁。
〔註25〕〔清〕郭慶藩：《莊子集釋》，中華書局1961年版，第346頁。
〔註26〕〔清〕郭慶藩：《莊子集釋》，中華書局1961年版，第350頁。
〔註27〕〔清〕郭慶藩：《莊子集釋》，中華書局1961年版，第336頁。
〔註28〕〔清〕郭慶藩：《莊子集釋》，中華書局1961年版，第367頁。

心。這與歷代帝王以養治亂的主張一致，只有修身養性，人才能保持質樸的美好的性情。莊子認為只要養好，人與人之間的交往並不重要。對一些無可奈何的現象莊子也沒有辦法，《庚桑楚》篇將無法返歸習性稱之謂「欲反汝情性而無由人。」〔註29〕面對亂世的殘殺和貧困下的利祿，莊子認為原因是殘暴戮民的結果：「輕用民死，死者以國量乎澤若蕉。」〔註30〕「殊死者相枕也，桁楊者相推也，刑戮者相望也。」〔註31〕莊子「居陋巷，三餐不繼，食不果腹，衣著襤褸，常靠編織鞋履維生，處窮閭厄巷，困窘織履」〔註32〕，「衣大布而補之。」〔註33〕為了生存，「往貸粟於監河侯」〔註34〕，被對方戲弄，引起爭吵。莊子生活困頓，衣食無著，但在仕與不仕之間選擇了存在自守：「楚威王聞莊周賢，使使厚幣迎之，許以為相。」（《史記卷六十三·老子韓非列傳第三》）莊子認為，楚國的官場就像囚籠，進去不僅不會發揮才幹、得到自由，甚至死得更快更慘，說明對亂世獨裁政治與清醒的認識。順應天命，安時處順是莊子的處事態度。莊子說：「知天之所為，知人之所為者，至矣。」〔註35〕只有對自然和社會發生的事有深刻的認識，才是知人，亦即緣督以為經。「死生存亡，窮達貧富，賢與不肖毀譽，饑渴寒暑，是事之變，命之行也；日夜相代乎前，而知不能規乎其始者也。」〔註36〕生死非力所能及，因此「安時而處順，哀樂不能入也。」「遊心於淡，合氣於漠，順物自然而無容私焉。」〔註37〕莊子看重長生。《莊子·在宥》說：「無視無聽，抱神以靜，行將至正。必靜必清，無勞女形，無搖女精，乃可以長生。目無所見，耳無所聞，心無所知，女神將守形，形乃長生。」〔註38〕《莊子·天道》也說：「靜則無為，無為也則任事者責矣。無為則俞俞，俞俞者憂患不能處，年壽長矣。夫虛靜恬淡寂寞無為者，萬物之本也。」〔註39〕形的長生是莊子的追求之一，但莊子更看重的是

〔註29〕〔清〕郭慶藩：《莊子集釋》，中華書局1961年版，第785頁。
〔註30〕〔清〕郭慶藩：《莊子集釋》，中華書局1961年版，第168頁。
〔註31〕〔清〕郭慶藩：《莊子集釋》，中華書局1961年版，第365頁。
〔註32〕〔清〕郭慶藩：《莊子集釋》，中華書局1961年版，第1058頁。
〔註33〕〔清〕郭慶藩：《莊子集釋》，中華書局1961年版，第671頁。
〔註34〕〔清〕郭慶藩：《莊子集釋》，中華書局1961年版，第928頁。
〔註35〕〔清〕郭慶藩：《莊子集釋》，中華書局1961年版，第224頁。
〔註36〕〔清〕郭慶藩：《莊子集釋》，中華書局1961年版，第194頁。
〔註37〕〔清〕郭慶藩：《莊子集釋》，中華書局1961年版，第289頁。
〔註38〕〔清〕郭慶藩：《莊子集釋》，中華書局1961年版，第374頁。
〔註39〕〔清〕郭慶藩：《莊子集釋》，中華書局1961年版，第466頁。

道對形的作用，因此根據不同情況列出了至人、神人、聖人、真人等，提倡無是存在長久的根本。莊子對人的滿足要求提出的是合理的滿足。「鷦鷯巢於深林，不過一枝；偃鼠飲河，不過滿腹。」〔註40〕反對無休止的貪婪，欣賞開闊的視野，超然的心態。《莊子·秋水》中對河伯的表現反映了他的認識論思想。而《德充符》則又強調了德的力量與價值：「若夫乘道德而浮游則不然，無譽無訾，一龍一蛇，與時俱化，而無肯專為；一上一下，以和為量，浮游乎萬物之祖，物物而不物於物，則胡可得而累邪！」〔註41〕道德可以讓人成為永恆與自由。如果理解道為自然科學，德為精神文明，那莊子就更顯得完美了。

對現實生活，莊子提出尋找把握道樞的主張：「樞始得其環中，以應無窮」〔註42〕，通過「虛己以遊世」，實現「天地與我並生，而萬物與我為一」〔註43〕。通過道來應對無窮。從這個角度來說，莊子的言論主要目的是救世存身。在具體問題上，莊子提出「為善無近名，為惡無近刑，緣督以為經，可以保身，可以全生，可以養親，可以盡年。」〔註44〕只有深刻地認識具體事物及其道理，並且作為常態，才可以保全，養親與盡年。這是莊子對人生哲學最偉大的貢獻，作為指導思想與方法論，至今仍是可行的準則。那麼，「道與之貌，天與之形，無以好惡內傷其身。」〔註45〕生命緣德可以使生命更加美麗。

既然道德與認識高度融合，因此認識上實現上除了虛靜、坐忘的方式以外，莊子還強調要尋道、明道、體道、悟道、學道、化道、知道、聞道、用道等等，最終以得道，追求至道。防止傷道、喪道。莊子還將道分為天地人三道，而人道又包括帝道、聖道等等，方法更多，有遊、觀等等，以實現逍遙永恆的人生。因此，莊子的存在思想的境界之高，古今似無出其右者。

第四節　莊子的幸福觀念與和諧思想

莊子強調人生的快樂與幸福感，但是這幸福感要符合事物的本性，也就是自然。極樂的世界的生活一直是人們的夢想，而現實存在的極樂世界根本

〔註40〕〔清〕郭慶藩：《莊子集釋》，中華書局1961年版，第45頁。
〔註41〕〔清〕郭慶藩：《莊子集釋》，中華書局1961年版，第688頁。
〔註42〕〔清〕郭慶藩：《莊子集釋》，中華書局1961年版，第66頁。
〔註43〕〔清〕郭慶藩：《莊子集釋》，中華書局1961年版，第30頁。
〔註44〕〔清〕郭慶藩：《莊子集釋》，中華書局1961年版，第115頁。
〔註45〕〔清〕郭慶藩：《莊子集釋》，中華書局1961年版，第199頁。

就不存在，因此莊子探討的是現實中如何極樂，他寫了一篇叫《至樂》的文章說：「顏淵東之齊，孔子有憂色。子貢下席而問曰：『小子敢問：回東之齊，夫子有憂色，何邪？』孔子曰：『善哉汝問。昔者管子有言，丘甚善之，曰「褚小者不可以懷大，綆短者不可以汲深。」』夫若是者，以為命有所成而形有所適也，夫不可損益。吾恐回與齊侯言堯、舜、黃帝之道，而重以燧人、神農之言。彼將內求於己而不得，不得則惑，人惑則死。且女獨不聞邪？昔者海鳥止於魯郊，魯侯御而觴之於廟，奏九韶以為樂，具太牢以為膳。鳥乃眩視憂悲，不敢食一臠，不敢飲一杯，三日而死。此以己養養鳥也，非以鳥養養鳥也。夫以鳥養養鳥者，宜棲之深林，游之壇陸，浮之江湖，食之鰍鰷，隨行列而止，委蛇而處。彼唯人言之惡聞，奚以夫譊譊為乎！咸池九韶之樂，張之洞庭之野，鳥聞之而飛，獸聞之而走，魚聞之而下入，人卒聞之，相與還而觀之。魚處水而生，人處水而死。彼必相與異，其好惡故異也。故先聖不一其能，不同其事。名止於實，義設於適，是之謂條達而福持。」〔註46〕雖然說世界上萬事萬物歸一，但義設於適，只有符合事物的本性，才能得到快樂與幸福感。齊侯天性不具備聖賢的天賦，努不努力都沒有意義，只能徒增煩勞。以太牢之食品飼鳥，鳥當然無從食用。

甘於清貧，心態淡然，不把高官厚祿看成是幸福。莊子不把高官厚祿看成是幸福主要來自緣督以為經的認識論思想，知道禍福相依的道理。《莊子·秋水》記載楚王久聞莊子賢能，派大夫來請莊子，請他去輔助朝政。莊子以烏龜自比，說自己情願做一隻在泥水中生活的縮頭烏龜，也不願被殺掉留下空殼供在廟堂。有一次莊子去看望做宰相的惠子，有人說莊子來是為了代替惠子，奪取宰相的位置，於是惠子追殺莊子。莊子得知後想辦法告訴惠子，宰相的位子在他看來是一隻腐爛了的老鼠，噁心還來不及。這並不表示莊子不願意入世，而是告訴惠子，人各有志，他沒有看中或者奪取惠子位置的意思。莊子認為尊生最為重要。《莊子·讓王》說：「能尊生者，雖富貴不以養傷身，雖貧賤不以利累形。」〔註47〕無，是莊子的生存原則，莊子認為無用就是一種用，就是安全，同樣能夠得到尊重。《莊子·人間世》說一名木匠帶著徒弟入山砍樹，看見有棵被奉為社神的高大的櫟樹，但不屑一顧。那是沒有用的木頭，這樹用來做船會沉，做棺材會腐爛，做器具會長蛀蟲，就因為沒有

〔註46〕〔清〕郭慶藩：《莊子集釋》，中華書局 1961 年版，第 620～622 頁。
〔註47〕〔清〕郭慶藩：《莊子集釋》，中華書局 1961 年版，第 967 頁。

用，才會這麼長壽、高大。「人皆知有用之用，而莫知無用之用也。」〔註48〕莊子認為，人的價值體現不僅僅是「有用之用」，還有「無用之用」。無用的社樹長得高大舒展，那才是真正地得到了生存的機會。《莊子·山木》篇中說：「夫子出於山，舍於故人之家。故人喜，命豎子殺雁而烹之。豎子請曰：『其一能鳴，其一不能鳴，請奚殺？』主人曰：『殺不能鳴者。』」〔註49〕雁鳴不鳴本沒有意義，但因為能鳴招來殺身之禍。這就是生存中的競殺。人有沒有幸福感，根本上不在乎長相的醜俊。《莊子·人間世》中的畸人支離疏、《莊子·德充符》德不外露的哀駘它等都生活得很幸福。《莊子·徐无鬼》中的捆與君子同食，澤及三族，但成了無腳的殘疾人。莊子為妻子送葬鼓盆而歌亦是如此。莊子追求的幸福的最高境界是永恆就是至人的生活，而與世俗相處。《天下篇》說：「獨與天地精神往來而不敖倪於萬物，不譴是非，以與世俗處。」〔註50〕能夠做到精神自由。

　　和的思想是我國古代形成的一個重要的思想範疇，最早可以追溯到傳說中的黃帝時代，西周以來更出現了貴和尚和的思想傾向。莊子思想體系中最根本的概念就是道德，因此最核心的和是道之和，其次是德之和，由此構成道德之和。《莊子》32篇中明確提及「和」的有57處。莊子認為，和是世界存在的重要方式，在事物存在矛盾的情況下需要和發揮作用，莊子的和主要指和諧、調和，但在不同的語境下差別比較大。莊子認為「夫德，和也。」〔註51〕「和」是德的根本屬性，「德者，成和之修也。」〔註52〕德與道一樣，不僅僅存在於社會生活中，天地也有德。「夫明白於天地之德者，此之謂大本大宗，與天和者也。所以均調天下，與人和者也。」〔註53〕天地的和諧是最大的根本，也是天下萬民和的條件。「天與人不相勝」〔註54〕，「順物自然而無容私焉。」〔註55〕和就是順、順應。和才能樂：「與人和者，謂之人樂；與天和者，謂之天樂。」〔註56〕《德充符》說：「自其異者視之，肝膽楚越也；自其同者視

〔註48〕〔清〕郭慶藩：《莊子集釋》，中華書局1961年版，第180頁。
〔註49〕〔清〕郭慶藩：《莊子集釋》，中華書局1961年版，第667頁。
〔註50〕〔清〕郭慶藩：《莊子集釋》，中華書局1961年版，第1106頁。
〔註51〕〔清〕郭慶藩：《莊子集釋》，中華書局1961年版，第548頁。
〔註52〕〔清〕郭慶藩：《莊子集釋》，中華書局1961年版，第190頁。
〔註53〕〔清〕郭慶藩：《莊子集釋》，中華書局1961年版，第480頁。
〔註54〕〔清〕郭慶藩：《莊子集釋》，中華書局1961年版，第226頁。
〔註55〕〔清〕郭慶藩：《莊子集釋》，中華書局1961年版，第292頁。
〔註56〕〔清〕郭慶藩：《莊子集釋》，中華書局1961年版，第293頁。

之，萬物皆一也。夫若然者，且不知耳目之所宜，而遊心乎德之和。」〔註57〕
事物都是物，生死萬物都來之一，因此齊物。但生死本身存在差異，而德能
夠和化。同時，「死生存亡，窮達貧富，賢與不肖毀譽，饑渴寒暑，是事之變，
命之行也；日夜相代乎前，而知不能規乎其始者也。故不足以滑和，不可入
於靈府。使之和豫，通而不失於兌。使日夜無隙，而與物為春，是接而生時於
心者也。是之謂才全。」〔註58〕德者，成和之修也。德不形者，物不能離也。
通過修心積德，能夠體現道。莊子認為，「至陰肅肅，至陽赫赫。肅肅出天，
赫赫發乎地。兩者交通成和而物生焉，或為之紀而莫見其形。」〔註59〕陰陽差
異猶如生死，但和之後能夠生成萬物，和並不侷限於形態，而是自然化育。
陰陽的調和不僅如此。《繕性》說「陰陽和靜，鬼神不擾，四時得節，萬物不
傷，群生不夭，人雖有知，無所用之，此之謂至一。」〔註60〕人類的存在需要
自然的調和與配合，如果「陰陽不和，寒暑不時，以傷庶物。」〔註61〕

　　人類更需要和。《說劍》說：「上法圓天，以順三光；下法方地，以順四
時；中和民意，以安四鄉。」〔註62〕日月四時之和就是天人合一的理想表現之
一，百姓之間和則能夠實現安定。像哀駘它那樣醜陋的人，能夠和人，照樣
能成為聖賢。這與西周以來的制作禮樂的目的基本相似。歷代帝王制作禮樂，
除了真的本性之外，主要在於養生安民，和諧社會，如樂之和，無所不諧，和
天下，可以澤及百姓。和，也是人身體的需要。《庚桑楚》說：「兒子終日曝而
嗌不嗄，和之至也。」〔註63〕和不僅是生理現象，也是本性。《齊物論》說：
「『何謂和之以天倪？』曰：『是不是，然不然。是若果是也，則是之異乎不是
也亦無辯；然若果然也，則然之異乎不然也亦無辯。化聲之相待，若其不相
待。和之以天倪，因之以曼衍，所以窮年也。忘年忘義，振於無竟，故寓諸無
竟。』」〔註64〕是之是不是，然之然不然，都在與天理的和諧中發展，也就失
去了時間的概念而存在。和也需要主動，即致和，投放猴子食物，朝三暮四
與朝四暮三數量不變，但能讓猴子們高興。因此，和需要藝術，需要關注特

〔註57〕〔清〕郭慶藩：《莊子集釋》，中華書局1961年版，第194頁。
〔註58〕〔清〕郭慶藩：《莊子集釋》，中華書局1961年版，第212頁。
〔註59〕〔清〕郭慶藩：《莊子集釋》，中華書局1961年版，第712頁。
〔註60〕〔戰國〕莊周《莊子》，上海古籍出版社1995年版，第178頁。
〔註61〕〔戰國〕莊周《莊子》，上海古籍出版社1995年版，第336頁。
〔註62〕〔戰國〕莊周《莊子》，上海古籍出版社1995年版，第333頁。
〔註63〕〔清〕郭慶藩：《莊子集釋》，中華書局1961年版，第785頁。
〔註64〕〔清〕郭慶藩：《莊子集釋》，中華書局1961年版，第108頁。

點的情景。莊子認為，聖人懂得和。「聖人處物而不傷物。不傷物者，物亦不能傷也。唯無所傷者，為能與人相將迎。」〔註65〕（《知北遊》）

　　家庭也需要和。《則陽》說：「不言而飲人以和，與人並立而使人化，父子之宜。」〔註66〕《漁父》指出：「田荒室露，衣食不足，徵賦不屬，妻妾不和，長少無序，庶人之憂也。」〔註67〕莊子反對戰爭，認為窮兵黷武違背天德，他說：「三軍五兵之運，德之末也。」〔註68〕，「勇悍果敢，聚眾率兵，此下德也。」〔註69〕個人的和首先是心和。《人間世》說「形莫若就，心莫若和。」〔註70〕

〔註65〕〔清〕郭慶藩：《莊子集釋》，中華書局 1961 年版，第 752 頁。
〔註66〕〔清〕郭慶藩：《莊子集釋》，中華書局 1961 年版，第 903 頁。
〔註67〕〔清〕郭慶藩：《莊子集釋》，中華書局 1961 年版，第 1031 頁。
〔註68〕〔清〕郭慶藩：《莊子集釋》，中華書局 1961 年版，第 464 頁。
〔註69〕〔清〕郭慶藩：《莊子集釋》，中華書局 1961 年版，第 994 頁。
〔註70〕〔清〕郭慶藩：《莊子集釋》，中華書局 1961 年版，第 138 頁。

第七章 《莊子》的意象表現與生態美學思想

第一節 《易經》論象

　　《周易》主要是用象數技術作為表現方式的玄學，對象有很精闢的論述。《易經‧繫辭》上傳第五章說：「一陰一陽之謂道。『日往則月來，月往則日來，日月相推而明生焉。寒往則暑來，暑往則寒來，寒暑相推而歲成焉。往者屈也，來者信也，屈信相感而利生焉。』繼之者善也，成之者性也，仁者見之謂之仁，智者見之謂之智，百姓日用而不知，故君子之道鮮矣。顯諸仁，藏諸用，鼓萬物而不與聖人同憂，盛德大業至矣哉！富有之謂大業，日新之謂盛德。生生之謂易，成象之謂乾，效法之謂坤。極數知來之謂占，通變之謂事，陰陽不測之謂神」。學界普遍認為這是《周易》中最重要的哲學思想。曾繁仁《試論〈周易〉「生生為易」之生態審美智慧》說：「生生為易」是《周易》的核心內涵，包括陰陽太極為萬物生命之源、生命產生於天地陰陽相交、宇宙萬物都有生命並表現為生命環鏈等思想；同時描繪了古代人「鼓之舞之以盡神」的基本生存狀態、「保合大和」、「陰柔之美」的中國古典審美形態、以卦象為表徵的古代詩性思維以及古人對「利貞」、「休歸」等詩意棲居的追求；這種審美智慧不僅直接被《文心雕龍》所繼承，而且影響了中國歷代以「詩言志」與「氣韻生動」為特點的審美觀。」〔註1〕

〔註1〕《文學評論》2008 年 06 期。

文章強調生態，因此說陰陽太極為萬物生命之源，但就《周易》文字說生生之謂易，成象之謂乾，效法之謂坤，顯然針對整個的有的世界，易是本，生生不息是根本規律。因此通過成象的把握可以對易有一定的認識。這種象不是製作，而是天垂象，惟聖人能夠則之，也就是說能夠則之的就是聖人，聖人的行為就是坤，表現方式是仁。掌握極數就能夠知道未來，通過事情面對通變，陰陽不測就是神了。就是說人們認識這些規律的時候不可能是全面的，因此要藏用顯仁，與聖人同憂。

第二節 《莊子》論象

《莊子》中出現的關於「象」的字句凡十三例。對於什麼是象？莊子有自己的看法，認為形是物不是象，而大象無形。《莊子·達生》十九說：「子列子問關尹曰：『至人潛行不窒，蹈火不熱，行乎萬物之上而不栗。請問何以至於此？』關尹曰：『是純氣之守也，非知巧果敢之列。居，予語女。凡有貌象聲色者，皆物也，物與物何以相遠？夫奚足以至乎先？是色而已。則物之造乎不形而止乎無所化，夫得是而窮之者，物焉得而止焉！……聖人藏於天，故莫之能傷也。復仇者不折鏌干，雖有忮心者不怨飄瓦，是以天下平均。故無攻戰之亂，無殺戮之刑者，由此道也。不開人之天，而開天之天，開天者德生，開人者賊生。不厭其天，不忽於人，民幾乎以其真！」〔註2〕

莊子認為，有聲貌的都是形，是物，一般不是象。要與萬物同在，那麼需要壹其性，養其氣，合其德，可以和造物相通守全。形不可能永恆，因此聖人藏形天，避免了傷害。世界上的一切事物出自無有。《莊子·庚桑楚二十三》說：「出而不反，見其鬼；出而得，是謂得死。滅而有實，鬼之一也。以有形者，象無形者而定矣。出無本，入無竅。有實而無乎處，有長而無乎本剽，有所出而無竅者有實。有實而無乎處者，宇也。有長而無本剽者，宙也。有乎生，有乎死，有乎出，有乎入。入出而無見其形，是謂天門。天門者，無有也，萬物出乎無有。有不能以有為有，必出乎無有，而無有一無有。聖人藏乎是。」〔註3〕人滅亡成為鬼，是有形者象無形者，那麼象就是對無形者的表達，是天門，是無生有，萬物都是這樣，出自無有，聖人就藏在無有中。那麼，顯然無有就

〔註2〕〔清〕郭慶藩：《莊子集釋》，中華書局 1961 年版，第 633～636 頁。
〔註3〕〔清〕郭慶藩：《莊子集釋》，中華書局 1961 年版，第 798～800 頁。

是天，你看不到他的形狀，但又無處不在。《莊子·至樂十八》說：「吾觀夫俗之所樂，舉群趣者，誙誙然如將不得已，而皆曰樂者，吾未之樂也，亦未之不樂也。果有樂無有哉？吾以無為誠樂矣，又俗之所大苦也。故曰：『至樂無樂，至譽無譽。』天下是非果未可定也。雖然，無為可以定是非。至樂活身，唯無為幾存。請嘗試言之。天無為以之清，地無為以之寧，故兩無為相合，萬物皆化。芒乎芴乎，而無從出乎！芴乎芒乎，而無有象乎！萬物職職，皆從無為殖。」〔註4〕莊子一直強調極致的東西的認識與獲得都具有超越常規的途徑。俗樂只能給世俗帶來樂，而無為能夠讓莊子得到樂，因為萬物都從無開始。

對於無有的天地與物的關係，莊子認為天地的遇合產生了萬物，不能進行干擾或者破壞，對此要採取無為的態度。其中，我們看不到象，萬物都來自無，象是其中蘊含的玄機。有玄機體現出的虛象客觀但又無形地存在。《莊子·天地》篇說：「黃帝遊乎赤水之北，登乎崑崙之丘而南望，還歸，遺其玄珠。使知索之而不得，使離朱索之而不得，使喫詬索之而不得也。乃使象罔，象罔得之。黃帝曰：『異哉，象罔乃可以得之乎？』」〔註5〕寓言以玄珠喻「象」，以「知」、「離朱」、「喫詬」有形的智慧方式無法求證，只有立足「象罔」，才能得之，即形求之不得，去形求之的象無就是玄珠的存在，這種存在是化。

又《莊子·應帝王》說：「南海之帝為儵，北海之帝為忽，中央之帝為渾沌。儵與忽時相與遇於渾沌之地，渾沌待之甚善。儵與忽謀報渾沌之德，曰：『人皆有七竅以視聽食息，此獨無有，嘗試鑿之。』日鑿一竅，七日而渾沌死。」〔註6〕「渾沌」與「象罔」都無形有象，但是命運截然相反。「象罔」勝過了「知」、「離朱」、「喫詬」，得到了「玄珠」；「混沌」鑿七竅，卻因此死去。兩寓言闡述了相同的思想，就是應該採取無為的態度對待象，才能夠存在。一旦失去事物的本相的本原無，則無論是善還是德，都只能死亡。或者說，象無法構建。大音希聲，大象無形是有無之間的物物生存規律。《老子》十四章說：「其上不皦皎，其下不昧，繩繩不可名，復歸於無物。是謂無狀之狀，無物之象，是謂惚恍。」又「道之為物，唯恍唯惚。惚兮恍兮，其中有象；恍兮惚兮，其中有物；窈兮冥兮，其中有精；其精甚真，其中有信。」（《老子》二十一章），可見像是道的存在方式，道不可見，但象可以觀。「見乃謂之象，

〔註4〕〔清〕郭慶藩：《莊子集釋》，中華書局1961年版，第611～612頁。
〔註5〕〔清〕郭慶藩：《莊子集釋》，中華書局1961年版，第414頁。
〔註6〕〔清〕郭慶藩：《莊子集釋》，中華書局1961年版，第309頁。

形乃謂之器」(《周易‧繫辭上》)，所謂「形而上者謂之道，形而下者謂之器。」(《周易‧繫辭上》)《周易》以陰爻與陽爻為基本單位，演化成變幻莫測的六十四卦象，人們根據卦象去體會接受道的存在，象是具體的道的顯現，因此象還是可以讓我們感知。《莊子‧刻意》第十五故曰：「形勞而不休則弊，精用而不已則勞，勞則竭。水之性，不雜則清，莫動則平；鬱閉而不流，亦不能清；天德之象也。故曰：純粹而不雜，靜一而不變，淡而無為，動而以天行，此養神之道也。」〔註7〕由天德之象，落實到養神之道，則是象用的結果，那麼這個道與無有之道不同，這個道是建立在有象的基礎上的，所以本原、本象和本體是一個無限生生的鏈接。具體事物亦無限可分，如德，有上當然就有下。《莊子‧天道第十三》說：「本在於上，末在於下；要在於主，詳在於臣。三軍五兵之運，德之末也；賞罰利害，五刑之辟，教之末也；禮法度數，刑名比詳，治之末也；鍾鼓之音，羽旄之容，樂之末也；哭泣衰絰，隆殺之服，哀之末也。此五末者，須精神之運，心術之動，然後從之者也。末學者，古人有之，而非所以先也。君先而臣從，父先而子從，兄先而弟從，長先而少從，男先而女從，夫先而婦從。夫尊卑先後，天地之行也，故聖人取象焉。天尊，地卑，神明之位也；春夏先，秋冬後，四時之序也。萬物化作，萌區有狀；盛衰之殺，變化之流也。夫天地至神，而有尊卑先後之序，而況人道乎！宗廟尚親，朝廷尚尊，鄉黨尚齒，行事尚賢，大道之序也。語道而非其序者，非其道也；語道而非其道者，安取道！」〔註8〕莊子十分看重聖人的作用，認為只有聖人能夠取象運用，落實到人道，人道有序就可以具體實施。

關於成象和具象。《莊子‧應帝王第七》說：「明日，列子與之見壺子。出而謂列子曰：『嘻！子之先生死矣！弗活矣！不以旬數矣！吾見怪焉，見濕灰焉。』列子入，泣涕沾襟以告壺子。壺子曰：『鄉吾示之以地文，萌乎不震不正，是殆見吾杜德機也。嘗又與來。』明日，又與之見壺子。出而謂列子曰：『幸矣！子之先生遇我也，有瘳矣！全然有生矣！吾見其杜權矣！』列子入，以告壺子。壺子曰：『鄉吾示之以天壤，名實不入，而機發於踵。是殆見吾善者機也。嘗又與來。』明日，又與之見壺子。出而謂列子曰：『子之先生不齊，吾無得而相焉。試齊，且復相之。』列子入，以告壺子。壺子曰：『吾鄉示之以以太沖莫勝，是殆見吾衡氣機也。鯢桓之審為淵，止水之審為淵，流水之

〔註7〕〔清〕郭慶藩：《莊子集釋》，中華書局1961年版，第542～544頁。
〔註8〕〔清〕郭慶藩：《莊子集釋》，中華書局1961年版，第467～469頁。

審為淵。淵有九名，此處三焉。嘗又與來。』明日，又與之見壺子。立未定，自失而走。壺子曰：『追之！』列子追之不及。反，以報壺子曰：『已滅矣，已失矣，吾弗及已。』壺子曰：『鄉吾示之以未始出吾宗。吾與之虛而委蛇，不知其誰何，因以為弟靡，因以為波流，故逃也。』然後列子自以為未始學而歸。三年不出，為其妻爨，食豕如食人，於事無與親。雕琢復樸，塊然獨以其形立。紛而封哉，一以是終。」〔註9〕文中通過鄭國善於相術的人季咸相壺子的經過說明守一可以成功的道理。季咸第一次看到壺子地文狀態，模樣如土灰，以為要死了；第二次看到天壤，名實不入，覺得有了生機；第三次見到太沖莫勝，不知所以；第四次見到虛與委蛇，落荒而逃。相者能看到生機強弱，但是壺子給他看到的都是部分，天地生生是一個一的環境，見到部分當然就不夠準確。而壺子施法幻化給他看的是薦食時候用的長蛇，如同奔湧的波濤，把季咸嚇跑了。這就告訴我們，事物是變化的，有時候還是被某種力量操縱的，就某方面下結論都不符合實際，只有守一才能本真。所以，對於象還需要有甄別的本事。

根據上面的論述我們看出，莊子的象來之無，根本性的，又是千變萬化的，則之需要守一。鄭笠《〈莊子〉意象創構的審美個性——〈莊子〉與〈周易〉、〈山海經〉構象方式差異研究》〔註10〕說要進一步把握莊子意象創構的審美個性，首先必須把《莊子》同《周易》的構象方式加以區別。一方面，《莊子》與《周易》都注重營構虛實相生之象……不同的是，《周易》之「象」寓實於虛，《莊子》之「象」則寓虛於實。《周易》將天地萬物鑄成符號，使天、地、山、澤、雷、風、水、火，或人體各部位，或各種人倫關係以簡約的卦象形式呈現出來，更多地表現為意蘊豐富的符號美。《周易·繫辭下傳》曰：「《易》之為書也，廣大悉備：有天道焉，有地道焉，有人道焉」〔註11〕，言《周易》的卦象系統包羅天、地、人之萬象以及其間無窮無盡的變易之道，從易生太極到陰陽兩儀、四象、八卦、六十四卦、三百八十四爻，生生不息，變化無窮，每一卦象都意蘊多兼。但是，《莊子》與《周易》所注重的比擬與象徵功能在思想與方法上均有所不同。《周易》在「象」中兆見吉凶，窮理盡性，闡明義理；而莊子在「象」中目擊道存，注重體驗，主張親證。《左傳·

〔註9〕〔清〕郭慶藩：《莊子集釋》，中華書局1961年版，第299～306頁。
〔註10〕《藝術百家》2008年第4期。
〔註11〕《漢魏古注十三經·周易》，中華書局1998年版，第58頁。

僖公十五年》曰:「龜,象也。筮,數也。物生而後有象,象而後有滋,滋而後有數。」〔註12〕我們知道,《周易》的道用象數技術為代表,是思維方式和政治功能的體現,是權力,由天人合一的方式構成對應結構。而莊子的道通過象來顯,影響到形,由形來體現具體的道。莊子的道是具體的可以感受與體驗的學術,不是權力。所以,莊子的像是由道轉化為道的機杼和熔爐。象中的意千變萬化,無法言傳,只有通過物質才能夠把握。《周易》的象是天賦神權,是權力操縱,因此按照權力來解釋,所以占卜時結論要帝王作出判斷與決定,並由三次來選擇。西周時代確立的蓍草占卜技術,就是西周創造的數的技術,與龜這種象結合,形成新的權力運作方式。而其理論基礎就是《周易》。莊子的象數技術與《周易》並無本質區別,只是學術方式不同。所以過多地強調道家和儒家的區別,或者與《周易》的區別,完全沒有必要,其一致性更值得我們關注。

第三節　關於莊子的齊物與物化

物化一詞,首見於《齊物論》說:「昔者莊周夢為胡蝶,栩栩然蝴蝶也,自喻適志與!不知周也。俄然覺,則蘧蘧然周也。不知周之夢為胡蝶與,胡蝶之夢為周與?周與胡蝶,則必有分矣。此之謂物化。」〔註13〕莊子在夢境中化為蝶,自喻適志,而不是蝶化為周,說明莊子對人類生活的厭倦,翩翩是莊子內心世界對生活的夢想。這究竟是誰的夢並不重要,而是異物之間互相嚮往,因此物化有分,因為萬物都是物,物就可以互相轉化,死亡只是其中的方式之一。因此,莊子的結論是:「天地與我並生,而萬物與我為一。既已為一矣,且得有言乎?既已謂之一矣,且得無言乎?一與言為二,二與一為三。自此以往,巧歷不能得,而況其凡乎!故自無適有,以至於三,而況自有適有乎!無適焉,因是已!」〔註14〕二三之論表明莊子對物化並沒有參透,還存有疑慮。事實上,他也不可能參透,因為這不僅僅是一個參悟的話題。

物化之間的關係究竟是什麼樣的?《莊子‧外篇‧天地第十二》說:「天地雖大,其化均也;萬物雖多,其治一也;人卒雖眾,其主君也。君原於德而

〔註12〕《漢魏古注十三經》之《左傳》,中華書局 1998 年版,第 106
〔註13〕〔清〕郭慶藩:《莊子集釋》,中華書局 1961 年版,第 112 頁。
〔註14〕〔清〕郭慶藩:《莊子集釋》,中華書局 1961 年版,第 79 頁。

成於天，故曰：玄古之君天下，無為也，天德而已矣。以道觀言而天下之君正，以道觀分而君臣之義明，以道觀能而天下之官治，以道泛觀而萬物之應備。故通於天地者，德也；行於萬物者，道也；上治人者，事也；能有所藝者，技也。技兼於事，事兼於義，義兼於德，德兼於道，道兼於天。故曰，古之畜天下者，無欲而天下足，無為而萬物化，淵靜而百姓定。《記》曰：『通於一而萬事畢，無心得而鬼神服。』夫子曰：『夫道，覆載萬物者也，洋洋乎大哉！君子不可以不刳心焉。無為為之之謂天，無為言之之謂德，愛人利物之謂仁，不同同之之謂大，行不崖異之謂寬，有萬不同之謂富。故執德之謂紀，德成之謂立，循於道之謂備，不以物挫志之謂完。君子明於此十者，則韜乎其事心之大也，沛乎其為萬物逝也。若然者，藏金於山，藏珠於淵，不利貨財，不近貴富；不樂壽，不哀夭；不榮通，不醜窮；不拘一世之利以為己私分，不以王天下為己處顯。顯則明，萬物一府，死生同狀。」〔註15〕

　　莊子認為，萬物及其變化均，其中自有分，但是要以道作為標準來進行觀察，就可以明白其中的道義。君原於德而成於天，因為德可以與天通。這就是西周確立的政治理念，天道靡常，有德者居之，周雖舊邦，其命維新。因此，君子要明白十個方面，要明白萬物一府，死生同狀。正因為如此，所以齊物和物化是正常的自然變化，而人們要做的就是完善德，遵循道。其思想不過是周代確立的道德思想的具體分析。君子是西周後期形成的德性話語，言是作為大夫以上身份的參政志向的表達，從這兩方面看，莊子思想的核心仍然是西周以來的道德思想，但有一定的發展與進一步的研究，而不是憑空創造。

　　《莊子‧大宗師》在談到夢中物化的情形說：「且汝夢為鳥而厲乎天，夢為魚而沒於淵。不識今之言者，其覺者乎，其夢者乎？造適不及笑，獻笑不及排，安排而去化，乃入於寥天一。」〔註16〕真人不夢，在夢與覺之間，都是平凡的人，其歸宿統一於天一。《莊子‧在宥》說：「有大物者，不可以物。物而不物，故能物物。」〔註17〕又《山木》說：「物物而不物於物」〔註18〕，《知北遊》說：「物物者非物」。那麼，生活中對待物要目中無物，只有這樣才能把握

〔註15〕〔清〕郭慶藩：《莊子集釋》，中華書局 1961 年版，第 403～407 頁。
〔註16〕〔清〕郭慶藩：《莊子集釋》，中華書局 1961 年版，第 275 頁。
〔註17〕〔清〕郭慶藩：《莊子集釋》，中華書局 1961 年版，第 394 頁。
〔註18〕〔清〕郭慶藩：《莊子集釋》，中華書局 1961 年版，第 668 頁。

掌控好物，又不被物所奴役。其途徑主要還是在心靈，「工倕旋而蓋規矩，指與物化而不以心稽，故其靈臺一而不桎。」〔註19〕。又《莊子·天地》說：「堯問於許由曰：『齧缺可以配天乎？吾藉王倪以要之。』許由曰：『殆哉，圾乎天下！齧缺之為人也，聰明容知，給數以敏，其性過人，而又乃以人受天。彼審乎禁過，而不知過之所由生。與之配天乎？彼且乘人而無天，方且本身而異形，方且尊知而火馳，方且為緒使，方且為物紋，方且四顧而物應，方且應眾宜，方且與物化而未始有恆，夫何足以配天乎？』」〔註20〕

　　齧缺能不能配天？天就是天德，因為齧缺以人支配天，而不是無為，能夠掌控事物變化，但沒有規則恆久，所以物化是表象，配天還需要恆久規則。化分為內外，有內化和外化區別，二者需要統一。《莊子·知北遊》中對此有較好的分析，內化和外化如果不統一，就會受到傷害，只有到至德，上天的時候才可以超脫。所以物化是普遍的，在化中提升發展到至德是化的最高境界，也就是天道。也所以《逍遙遊》的鯤化為鵬，還要到達九萬里高空，才能做到逍遙自在。

第四節　莊子的取象

　　莊子的取象尺度很大，天地物都是取象的內容，這些象有的是具象，如蝶和老鼠，有的是巨象，如鯤鵬，有的是抽象如混沌。這些象不是一般的形，而是賦予形以哲思。如何理解莊子的取象？我們不妨以鼠和蝴蝶為例來探討。《莊子》32篇文章有7篇9次寫到了鼠。

　　《逍遙遊》說：「鷦鷯巢於深林不過一枝；偃鼠飲河，不過滿腹。」〔註21〕「今夫斄牛，其大若垂天之雲。此能為大矣，而不能執鼠。」〔註22〕《秋水》說：「梁麗可以沖城而不可以窒穴，言殊器也；騏驥驊騮一日而馳千里，捕鼠不如狸狌，言殊技也；鴟鵂夜撮蚤，察毫末，晝出瞋目而不見丘山，言殊性也。」〔註23〕《齊物論》「民食芻豢，麋鹿食薦，蝍蛆甘帶，鴟鴉嗜鼠，四者孰

〔註19〕〔清〕郭慶藩：《莊子集釋》，中華書局1961年版，第655頁。
〔註20〕〔清〕郭慶藩：《莊子集釋》，中華書局1961年版，第416頁。
〔註21〕〔清〕郭慶藩：《莊子集釋》，中華書局1961年版，第24頁。
〔註22〕〔清〕郭慶藩：《莊子集釋》，中華書局1961年版，第40頁。
〔註23〕〔清〕郭慶藩：《莊子集釋》，中華書局1961年版，第601頁。

知正味？」〔註24〕《大宗師》說「偉哉造化！又將奚以汝為？將奚以汝適？以汝為鼠肝乎？以汝為蟲臂乎？」〔註25〕《應帝王》說「且鳥高飛以避矰弋之害，鼷鼠深穴乎神丘之下以避薰鑿之患，而曾二蟲之無如？」〔註26〕《天道》說「：今吾觀子，非聖人也鼠壤有餘蔬，而棄妹之者，不仁也生熟不盡於前，而積斂無崖。」〔註27〕《秋水》說「夫鵷雛發於南海而飛於北海，非梧桐不止，非練實不食，非醴泉不飲於是鴟得腐鼠，鵷雛過之，仰而視之曰：嚇！今子欲以子之梁國而嚇我邪？」〔註28〕執鼠、捕鼠、嗜鼠、腐鼠、鼠壤，以鼠為象，設象為小，意含鄙視，但又強調物之所用並不是越大越好，而是要適當，亦即中和。鼠飲、鼠肝亦以小喻之。這些鼠的應用並不是什麼故事，只是借象明意。

莊子蝴蝶夢寓意豐富，內在意蘊主要包括：主體自我的「物化」體驗，自由快樂的「逍遙」心態，消解物我的「齊物」之義。〔註29〕按《齊物論》說：「昔者莊周夢為蝴蝶，栩栩然蝴蝶也，自喻適志與，不知周也。俄然覺，則蘧蘧然周也。不知周之夢為蝴蝶與，蝴蝶之夢為周與？周與蝴蝶，則必有分矣。此之謂物化。」〔註30〕《齊物論》當然是闡釋萬物為一的思想，齊一的原理下，事物在發展變化，通過物化來轉換形態，也就是物物。但是莊子夢為蝴蝶是通過蝴蝶體驗適志，那麼栩栩的蝴蝶不過是自喻性質，生動自由的情懷與存在就是莊子的志。我國歷史上將人比喻成蝴蝶並不是一個普遍現象，唐宋以後出現的梁祝故事也是通過化蝶體驗表達情感的自由與滿足。莊子所在的宋國受制於楚國、晉國等大國，莊子的生活與精神也面臨著巨大的壓力，取蝴蝶為象就是超脫現實的精神體驗，是通過物化感受齊物的存在，面對物化，有可能是輕鬆快樂的，生死不是快樂與苦難的標誌，與鼓盆而歌一樣，感受物化帶來的自喻自適。那麼，鼓盆是客觀的，化蝶是想像的，二者都是物化的價值判斷。因此，莊子的取象都是哲學表達的方式選擇，而不必考慮本身的真偽。

〔註24〕〔清〕郭慶藩：《莊子集釋》，中華書局1961年版，第72頁。
〔註25〕〔清〕郭慶藩：《莊子集釋》，中華書局1961年版，第261頁。
〔註26〕〔清〕郭慶藩：《莊子集釋》，中華書局1961年版，第304頁。
〔註27〕〔清〕郭慶藩：《莊子集釋》，中華書局1961年版，第488頁。
〔註28〕〔清〕郭慶藩：《莊子集釋》，中華書局1961年版，第605頁。
〔註29〕參見《文史哲》2003年第5期。
〔註30〕〔清〕郭慶藩：《莊子集釋》，中華書局1961年版，第112頁。

第五節　絕聖棄智與莊子的創新理論

　　絕聖棄智出自《老子》第十九章：「絕聖棄智，民利百倍；絕仁棄義，民復孝慈；綠色通巧棄利，盜賊無有」。從老子的表達看，絕聖棄智的目的是利民；絕仁棄義是愛民。根據《史記》本傳，老子在當時號稱是天下的仁人，那麼老子的主張顯然是出於自身的感受，或許是盛名難負，離開官場的原因，但並不是虛無主義，或者愚民思維。相反與言必三皇的儒者比較，更具有破除迷信、解放思想的開放思維。莊子深刻地理解老子，繼承了絕聖棄智的思想，並提出打破權威和傳統的主張，通過坐忘、虛靜的心齋方式，實現大通。

　　《莊子》認為盜亦有道，大盜的特徵有五個方面：「夫妄意室中之藏，聖也；入先，勇也；出後，義也；知可否，知也；分均，仁也。五者不備而能成大盜者，天下未之有也。」〔註31〕大盜和聖賢仁者是什麼關係呢？《莊子》說：「嘗試論之，世俗之所謂至知者，有不為大盜積者乎？所謂至聖者，有不為大盜守者乎？何以知其然邪？昔者龍逢斬，比干剖，萇弘胣，子胥靡。故四子之賢而身不免乎戮。」〔註32〕莊子認為，宗廟制度和廣袤的土地都不能鞏固政權，竊國者王，竊鈎者賊，聖人和仁義不能阻止這些大盜的行為，只是大盜的守望者和工具。因此，莊子提出要消除犯罪的資源和傳統就需要絕聖棄智：「彼聖人者，天下之利器也，非所以明天下也。故絕聖棄知，大盜乃止；擲玉毀珠，小盜不起；焚符破璽，而民樸鄙；掊鬥折衡，而民不爭；殫殘天下之聖法，而民始可與論議；擢亂六律，鑠絕竽瑟，塞瞽曠之耳，而天下始人含其聰矣；滅文章，散五采，膠離朱之目，而天下始人含其明矣。」〔註33〕就文字看，或者斷章看，莊子不過是小國寡民的思維，實際上莊子追求的是掌握社會自然的規律，應時而變的發展理念。這對於夏商周以來建設和完善的宗族禮法制度是徹底的否定與批判。與儒家的人道不同，老莊更在意自然之道，強調天道，所以西周以來的天人合一的道德體系，到戰國時代已經分解為自然和人世兩條線索，類似於現在的自然科學和社會科學，儒家更具有形而下的氣質。莊子將統治者稱為盜，明顯對歷代的行政都不滿，是一種狹隘的平民意識。

　　為了打破傳統，讓天下人都聰明智慧，在消滅大盜等利器之後，莊子與

〔註31〕〔清〕郭慶藩：《莊子集釋》，中華書局1961年版，第346頁。
〔註32〕〔清〕郭慶藩：《莊子集釋》，中華書局1961年版，第346頁。
〔註33〕〔清〕郭慶藩：《莊子集釋》，中華書局1961年版，第353頁。

老子的想法一樣，要去五色、五味、五音，甚至對六律、五彩採取破壞性措施。這是客觀的實踐措施。儘管是概括的而不是具體的實施方案，但在破壞的同時也包含著創新的主張。莊子在《天地》篇提出生之害有五：「失性有五：一曰五色亂目，使目不明；二曰五聲亂耳，使耳不聰；三曰五臭薰鼻，困惾中顙；四曰五味濁口，使口厲爽；五曰趣舍滑心，使性飛揚。此五者，皆生之害也。」〔註 34〕司馬遷《史記·禮書》曰：「緣人情而制禮，依人性而作儀……目好五色，為之黼黻文章以表其能。」〔註 35〕又曰：「天子……側載臭茝，所以養鼻也。」〔註 36〕顯然，莊子說的失性的內容就是禮制的內容。當然，禮制的制作的本義不是為了禁錮人的言行，而是行政規範，目的是治亂。《史記·禮書》曰：（先王惡乎亂）「制禮義以養人之欲，給人之求……故禮者養也。稻粱五味，所以養口也；椒蘭芬茝，所以養鼻也；鍾鼓管絃，所以養耳也；刻鏤文章，所以養目也；疏房床第几席，所以養體也。故禮者養也。」〔註 37〕莊子要徹底剷除這些，並不是說要反傳統，而是要科學對待禮樂制度。《史記·禮書》曰：「（禮）以隆殺為要。文貌繁，情慾省，禮之隆也；文貌省，情慾繁，禮之殺也；文貌情慾相為內外表裏，並行而雜，禮之中流也。君子上致其隆，下盡其殺，而中處其中。」〔註 38〕所謂中處就是中和。莊子主張通過調節、中和建設新的能夠體現道的精神的社會政治體制。正因為如此，莊子提出了神人、至人來取代傳統的聖人，並通過寓言方式對聖人、聖言進行批判，在身份上除了大盜的帽子以外，還有就是熱諷，如借齊桓公的木匠對聖人的嘲笑，笑話聖人的境界太低，聖人不知道順天應人，等等。

莊子的三言：寓言、重言和卮言，並不是盛世危言，而是治世之言。或者是說三言是莊子的立言方式。在輪扁之外，《莊子》一書中還有《養生主》中的庖丁的養生之道、《達生》中的痀僂成蜩有道、津人操舟如神的駕馭之道，還有踏水、削木等，即是身之養，也是蔑視權威的客觀解讀。莊子在《田子方》裏面說了這樣一個故事：列禦寇，就是那個御風而行的列子，為伯昏無人表演射箭。他射箭的時候，志滿意得，滿是驕矜之氣，拉滿了弓弦，然後在自己的胳膊肘上放了滿滿的一杯水，然後彎弓射箭。第一支箭剛剛射出去，

〔註 34〕〔清〕郭慶藩：《莊子集釋》，中華書局 1961 年版，第 453 頁。

〔註 35〕〔漢〕司馬遷《史記》，中華書局 1982 年版，第 1157～1158 頁。

〔註 36〕〔漢〕司馬遷《史記》，中華書局 1982 年版，第 1161 頁。

〔註 37〕〔漢〕司馬遷《史記》，中華書局 1982 年版，第 1161 頁。

〔註 38〕〔漢〕司馬遷《史記》，中華書局 1982 年版，第 1173 頁。

第二支箭就緊跟著發射出去了，而第三支箭已經在弦上等著呢，手臂上那杯水紋絲不動，而列禦寇這個人也正像木頭人一樣站在那裡，巋然不動。像列禦寇這樣的射箭技巧，不可謂不高，但是伯昏無人卻不買帳，因為他還有至人一般的技藝。《莊子》中大量地引用儒家言行，以作小大之比，目的就是為了說明他治世的大道，他的大道追求的是超然更高，在否定或者像鯤化鵬那樣的蛻變以後，實現大道，而改造世界的力量的源泉就是至高無上的無，來自自然。

　　與庖丁不同，佝僂捕捉知了的技術水平的提高，是由於不斷訓練其肢體的控制和協調能力的結果，而這一過程也同樣有三個階段：「五六月累丸二而不墜，則失者錙銖；累三而不墜，則失者十一；累五而不墜，猶掇之也。」〔註39〕在最後階段，承蜩者的身體動作已經達到了高度協調、指嚮明確、迅疾精準的程度，即所謂處身「若厥株構」、執臂「若槁木之枝」。當然，在技術已臻化境的第三階段。庖丁的身體動作也具有高度協調而且流暢的特點：「手之所觸，肩之所倚，足之所履，膝之所踦，奢然嚮然，奏刀騞然，而在呆若木雞的寓言中，莊子似乎又提出了技術水平逐步提高的另一種路徑。這一路徑依次分為四個階段：鬥雞被馴養十日之後，「方虛憍而恃氣」，故不可鬥；再過十天，「猶應嚮景」，還不可鬥；又過十天，「猶疾視而盛氣」，所以仍不可鬥；直到最後又馴養十天，「雞雖有鳴者，已無變矣，望之似木雞矣」，紀浴子（馴雞者）這才覺得差不多可以參加搏鬥了。雞之搏鬥當然要靠肢體，但是在這則寓言中，我們看不到鬥雞是怎樣進行肢體動作訓練的，其搏鬥技能的提高過程完全被處理為一個依次排除驕氣、外物干擾以及盛氣的心神修煉的過程。這表明，在紀浴子看來，心神而非肢體才是決定雞之搏鬥技能水平高低的關鍵所在，只要心神修煉到一定程度，雞自然就能夠協調好其身體動作，從而表現出無可匹敵的搏鬥技能。事實上，雖然具體方式不同，在庖丁、佝僂提高其技術水平的過程中，他們同樣也認為最終起決定作用的是心神：庖丁能夠做到「以無厚人有間」而遊刃有餘，在於他已經用心神掌握了對象的固然「天理」；佝僂能夠做到承蜩若掇，在於他已經像鬥雞那樣心志專一、精神凝聚，而所謂「若厥株構」、「若槁木之枝」實質上是其集中而內斂的心神狀態在外部身體動作上的投射，當然，從協調身體到運用心神，佝僂也經歷了一個逐步推進的訓練過程。莊子提出絕聖棄智還有一個根本的原因就是聖人的

〔註39〕〔戰國〕莊周：《莊子》，上海古籍出版社1995年版，第204～205頁。

標準太低，因此提出大聖之說，主張大聖治天下。莊子《天地》中提出：「大聖之治天下也，搖盪民心，使之成教易俗，舉滅其賊心而皆進其獨志，若性之自為，而民不知其所由然」。但是，大聖不常有，萬年才可能出現一個，大聖與至人齊名，因此莊子的絕聖的是那些以知識亂世的庸才。

第八章　《莊子》的寓言與神話思維

第一節　《莊子》的言論性質

　　中國的神仙思想肇始於戰國時期，根據《左傳》齊國和晉國等國的國君派人去海上尋找不死之藥，而不死之藥正是成仙的一個重要途徑，開始時神和仙是分開的兩類。神，就文字解釋是「天神引出萬物者也」，[註1]就是說神是在天上，但西周封神以後萬物皆有靈，神開始落地。《山海經》和《國語》記載早期的人和神雜居，經過絕地天通，人和神才分開，主神監視掌控著人類。這是一種無法證明的猜想。但政權的更迭普遍被認為是神的意思，因此無論神的數量和質量有什麼變化，人對神總是懷著敬畏之心。《爾雅·釋名·釋長幼》曰：「老而不死曰仙。仙，遷也，遷入山也。故其制字，人旁作山也」。認為仙是人遷入山林，可以長壽，長壽的時間和山林的空間展示了神仙的維度。顯然這是北方人的看法，就南方人來說，仙也可以在水裏生活。劉向談神仙的書名字叫《列仙傳》，晉代干寶的叫《搜神記》，一直到宋代的《太平廣記》還把神和仙分開記錄。在這樣一個背景下，莊子自然能將神和仙分開來說，應該沒有問題。按照西周確定的天下中心為成周洛陽來劃線，他是北方人，自然神仙思維是北方的。但是一般認為，《莊子》類似儒家，不肯談神仙，但莊子和儒家還是有很大的區別，孔子言老而不死謂之賊，把年長看成是向上帝竊取時間，談論鬼神，並不主張神仙說。

〔註1〕〔漢〕許慎：《說文解字》，北京師範大學出版社2000年版，第2頁。

　　研究《莊子》神話和寓言的論著比較多。學位論文數量相對更為突出，說明當代青年學者比較喜愛這一課題。博士論文如王麗梅的《〈莊子〉內篇思想與藝術研究》（蘇州大學 2003 年），王焱《〈莊子〉審美體驗研究》（浙江大學 2007 年）。碩士學位論文似乎更集中在寓言上。如楊子江《〈莊子〉寓言芻論》（華南師範大學 2003 年），李豔華《〈莊子〉寓言敘事研究》（河南大學 2004 年），吳小洪《〈莊子〉寓言研究》（揚州大學，2004），袁法周《莊子寓言與詩性智慧研究略稿（D）《寧夏大學，2004），吳海燕《〈莊子〉寓言的形象與表義研究》（華中師範大學 2006 年），王玉紅《以〈莊子〉為語料的概念隱喻認知研究》（武漢理工大學 2008 年），鹿博《〈莊子〉：神話鍛造寓言研究》（江南大學 2009 年），范玲娟《〈莊子〉寓言的審美研究》（華中師範大學 2010 年），付春卉《先秦寓言故事探微》（蘇州大學 2010 年）。論文的數量關於莊子的目前檢索到的已經有 3000 多篇，神話寓言大約佔有十分之一，因此重複在所難免。也有的進行了比較細緻方面的研究，如朱任飛《崑崙、黃帝神話傳說與〈莊子〉寓言》〔註2〕、《靈幻的夢想與蒼涼的現實：上古神話與〈莊子〉寓言有關鳥意象的文化考察》〔註3〕，就某一點來具體分析。但從題目上已經看出，研究的文學色彩很濃厚，缺少深刻的分析。

　　袁珂指出說：《神話雜論》〔註4〕中有一段話從神話視角論述《莊子》書中所含的神話材料，我認為講得很好，不妨全文引錄如下：《莊子》裏現在沒有嚴格的神話材料；鯤化為鵬之說，混沌鑿七竅之談，河伯海若的對話，黃帝廣成的論道，雖均奇詭有趣，然而嚴格說來，究竟不是神話材料。但是今本《莊子》已非本來面目，據陸德明《莊子釋文》序，原來《莊子》雜篇內的文章多似《山海經》，或類占夢書。因其駁雜，不為後人重視，故而今已佚亡。雜篇內文章，許多學者咸認為偽作，或者信然。可是陸德明既說多似《山海經》，則此等已亡之《莊子‧雜篇》，大概含有極豐富的神話材料。就中國哲學言，《莊子‧雜篇》的大部逸亡，原不足惜，而就中國神話言，不能不說是一大損失了。袁珂認為，《莊子》中雖非嚴格的神話材料，卻是神話材料改裝的寓言，是可以通過一些考據和推理，將它們還原為神話材料的。舉了人物如黃帝和西王母等，列了動物如鯤鵬等，說明莊子將神話改編成了寓言。要想

〔註2〕《學術交流》，1996 年第 6 期。
〔註3〕《東北師大學報》，1997 年第 6 期。
〔註4〕《中華文化論壇》，1995 年第 3 期。

充分認識莊子，瞭解什麼是寓言就十分重要了。

什麼是寓言呢？一般認為寓言是文學作品，如古希臘的《伊索寓言》等，還有佛教的《百喻經》都是這類的作品。司馬遷在《史記》中也稱莊子著書十餘萬言，主要是寓言。其實寓言這個詞就出自《莊子》，現在我們翻譯外國的著作往往從經典中尋求對應的詞彙，寓言就是這種情況，中國古代的寓言，尤其《莊子》的寓言是和外國的寓言概念以及後來的寓言內涵根本不同。《莊子》有專門的文《寓言》的一章說：「寓言十九，重言十七，巵言日出，和以天倪。寓言十九，藉外論之。親父不為其子媒。親父譽之，不若非其父者也。非吾罪也，人之罪也。與己同則應，不與己同則反。同於己為是之，異於己為非之。重言十七，所以已言也。是為耆艾，年先矣，而無經緯本末以期年耆者，是非先也。人而無以先人，無人道也。人而無人道，是之謂陳人。」〔註5〕莊子的三言如果按照十九即十分之九來算，重言十七就沒了著落，顯然寓言重言側重點不同，重言是重複是重要等多層面意蘊，其共同處都是言。

《周禮》是西周到戰國時期的行政禮典。西周在教育方式上突破了堯舜以來的禮樂教育冑子的傳統，強調教育對象為有道者和有德，與春秋時代孔子的私家講學可以說前後一脈相承。言和語是樂德的六德之一，具有非常重要的位置。言也是政治思想。檢《全上古三代秦漢三國六朝文》卷六《齊太公一》，云：太公曰：「太師者，心腹之臣，所使口口，是人之英，故曰前疑，常立於前，決疑事也。……四輔既立，王者安而無為，百姓濟而無害。若四輔不具，猶格虎無備，濟河無舟。若王者不知古今之務，遠方之緯，不謀於諸侯，不達言語，動作不合於制，太師爭之。」〔註6〕姜太公規定，如果君王的言行不符合科學規範，太師就要全力糾正，說明言是行政方式思維的科學表達。當時還有專門的史官負責，左史記言，右史記事，所以周代很重視言是很自然的事情。這方面的資料還有很多。《論語》說：「君子一言以為知，一言以為不知。言不可不慎也。」〔註7〕「君子欲訥於言而敏於行。」〔註8〕君子慎言是因為言辭政令具有重要性，容易產生社會效果。《論語·子路》亦云有：「幾乎

〔註5〕〔清〕郭慶藩：《莊子集釋》，中華書局1961年版，第947～949頁。
〔註6〕〔清〕嚴可均：《全上古三代秦漢三國六朝文》，中華書局1985年版，第44頁。
〔註7〕〔春秋〕孔子《論語》，中華書局1980年版，第2523頁。
〔註8〕〔春秋〕孔子《論語》，中華書局1980年版，第2472頁。

一言而興邦」、「幾乎一言而喪邦」。〔註9〕子慎於言，對別人話語當析之而後受之。《論語‧子罕》說：「法語之言，能無從乎？改之為貴，巽與之言，能無說乎？繹之為貴」。《論語》中還說：「巧言令色，鮮矣仁。」「天何言哉？」「不學詩，無以言」等等。言就是治國的道德規範的表達。漢代人對言在不同情況下的運用有過比較客觀的總結和分析。《漢書‧藝文志》說：

> 誦，其言謂之詩；詠，其聲謂之歌。然則在心為志，出口為言，誦言為詩，詠聲為歌，播於八音謂之為樂，皆始末之異名耳。故詩有六義焉：一曰風，二曰賦，三曰比，四曰興，五曰雅，六曰頌。〔註10〕

舉《詩經》為例，說明言表達的是道德水平的志向或者說志意。

又《白虎通‧爵》說：公卿大夫者何謂也？內爵稱也。稱公卿大夫何？爵者，盡也。各量其職，盡其才也。公之為言公正無私也。卿之為言章也，章善明理也。大夫之為言大扶，扶進人者也。故《傳》曰：「進賢達能，謂之大卿大夫。《王制》曰：「上大夫卿」。士者，事也，任事之稱也。故《傳》曰：「通古今，辯然否，謂之士。」何以知士非爵？《禮》曰：「四十強而仕」，不言「爵為仕。」〔註11〕「天子置左輔、右弼、前疑、後承，以順。左輔主修政，刺不法。右弼主糾，糾周言失傾。前疑主糾度定德經。後承主匡正常，考變天。四弼興道，率主行仁。夫陽變於七，以三成，故建三公，序四諍，列七人，雖無道不失天下，杖群賢也。」〔註12〕

白虎觀會議是漢代為了統一思想採取的重要戰略措施，理清了不同職務的臣工對言承擔的責任和義務。所謂「糾周言失傾」是指糾正國家關於言的偏頗，要求做到公正無私，實際上也就是以典冊構成的治理社會的道理。這樣，我們看作為曾經擔任過漆園吏的莊子寫作的語言都是關於治理國家的道理。為什麼不直言這些道理，這只是當時君臣之間言說方式的規定，也就是為尊者諱，因此採取的是諷喻和勸諫方式。所謂寓就是勸喻，言是指道理思想。這是禮崩樂壞以後言的一種表達方式。那麼，《莊子》寓言十九，就是說他十之九都是關於治理國家、解決現實問題的道理。重言十七，是說重要的

〔註9〕〔春秋〕孔子《論語》，中華書局1980年版，第2457頁。
〔註10〕〔漢〕班固撰，顏師古注：《漢書》，中華書局2002年版，第1078頁。
〔註11〕〔清〕陳立：《白虎通疏證》，中華書局1994年版，第16頁。227頁。
〔註12〕〔清〕陳立：《白虎通疏證》，中華書局1994年版，第227頁。

要作具體反覆表達，比例達到十之七成。厄言日出，和以天倪，厄言就是《白虎通》說的扶言，就是常言，引導正題，這是每天都要做的，是臣子的基本職責。要求扶言要考慮長遠，要和諧天下。這樣看來，《莊子》一書的寫作的真正目的還是治理國家，不是無聊去空談或者說不著邊際的話。而根據厄言分析，莊子亦不是僅僅做過漆園吏，還長期擔任大夫級別的職務。

《莊子》的神話應該說涉及的面很廣，完整的不是很多。

第二節　莊子關於動物的神話

《莊子》的第一篇是《逍遙遊》說：「北冥有魚，其名為鯤，鯤之大，不知其幾千里也；化而為鳥，其名曰鵬，鵬之背不知其幾千里也，怒而飛，其翼若垂天之雲。是鳥也，海運則將徙於南冥。南冥者，天池也。《齊諧》者，志怪者也。《諧》之言曰：『鵬之徙於南冥也，水擊三千里，摶扶搖而上者九萬里，去以六月息者也。』野馬也，塵埃也，生物之以息相吹也。天之蒼蒼，其正色邪？其遠而無所至極邪？其視下也，亦若是則已矣。」〔註13〕

莊子認為鵬是異常現象，本為鯤魚，但是在遷徙飛翔的過程中化為鵬。其最終到達的目的地是南冥，南冥和北冥一樣都是水，因此其最終還是要打回原形，不過是一個輪迴。接著《莊子》說：「湯之問棘也是已。窮髮之北有冥海者，天池也。有魚焉，其廣數千里，未有知其修者，其名為鯤。有鳥焉，其名為鵬，背若太山，翼若垂天之雲，摶扶搖羊角而上者九萬里，絕雲氣，負青天，然後圖南，且適南冥也。」〔註14〕就是說鯤鵬的議題還在商湯時代就有分析思考，到西周時代的齊國，《齊諧》作為異常現象記錄。《莊子》重新議論這個命題，主要涉及到三個問題：

第一，鯤鵬是雙棲物化性質，或者彼此相禪，能夠在運行中發揮自己不同的功能，這應該是適應自然進化的必然選擇。

第二，自然宇宙的無窮與我們人類視野的侷限，思考著遙遠的極端的存在與價值。

第三，如何借助自然的力量。

這些問題，是古今一直存在的重大問題，不僅《莊子》，以前的著作就多

〔註13〕〔清〕郭慶藩：《莊子集釋》，中華書局1961年版，第2～4頁。
〔註14〕〔清〕郭慶藩：《莊子集釋》，中華書局1961年版，第14頁。

有討論。如認識世界的方式是近取諸身，遠取諸物。人類從認識自己開始，給身體命名，完成交流規範，然後通過距離展示空間，隨之形成時間概念，並產生相應的思維方式體系。《周易》卦象中第二十是觀，觀就是體察各方情況的行政與生存技術。觀卦說：觀：盥而不薦，有孚顒若。初六：童觀，小人无咎，君子吝。六二：窺觀，利女貞。六三：觀我生進退。四：觀國之光，利用賓於王。九五：觀我生，君子无咎。上九：觀其生，君子无咎。「觀我生進退」正是觀的本質和必然，因此，莊子的鯤鵬由時空的思考表現了他關於有效高效發展的思考。

對於鳥的神話，由來已久。目前最早的系統的鳥現象應該是《左傳》記載的少昊氏，以鳥名官，將諸侯分別作鳥氏，那時候鳥的定位非常清楚，是人和天的使者，也就是天使，由此引發祥瑞，效法鳥獸之跡、鳥獸之音、鳥獸之象等，是人類認識世界的最初的基本理論。之後有玄鳥生商之說，已記錄在《詩經》、《左傳》、《史記》等經史中。玄鳥和青鳥、鳳鳥等類似，實際上表明商人在少昊氏時代屬於玄鳥氏族。鳳鳴岐山，鳳凰化為赤鳥，雖然殷周同祭，但還是經過了華麗轉身，成為正統的權力意志的象徵，相對的惡鳥、鷙鳥之類配合產生。黃帝家族、殷商家族、姬周家族也都以鳥的形象命名自己的神祇，這是上古血緣氏族文化留給我們的一條比較可信的線索。如《山海經·海外北經》說「北方禺彊，人面鳥身」。圍繞禺山構成了四方之禺神，都是人鳥的組合形態，當然應該是商周的後裔無疑。

《莊子》的《達生》篇說：「桓公田於澤，管仲御，見鬼焉。公撫管仲之手曰：『仲父何見？』對曰：『臣無所見。』公反，誋詒為病，數日不出。」〔註15〕根據《莊子·達生》記載，齊桓公在一個大澤邊打獵時懷疑碰鬼了，回來後一蹶不振，長臥不起。他的丞相管仲到處尋找高人，希望能知道他的主人遇到的是一個什麼鬼。結果有一個荷笠懸鶉的人說他知道。桓公撫管仲之手曰：

> 「仲父何見？」桓公曰：「然而有鬼否？」對曰：「有之。水有
> 『罔象』，丘有『峷』，山有『夔』，野有『彷徨』，澤有『委蛇』。」
> 桓公曰：「汝試言委蛇之狀。」對曰：「夫委蛇者，其大如轂，其長
> 如轅，紫衣而朱冠。其為物也，惡聞轟車之聲，聞則捧其首而立。
> 此不輕見，見之者必霸天下。」桓公輾然而笑，不覺起立曰：「此正

〔註15〕〔清〕郭慶藩：《莊子集釋》，中華書局 1961 年版，第 650 頁。

寡人所見也！」於是頓覺精神開爽，不知病之何往矣。〔註16〕

這裡的委蛇已經成為蛇的一種，就是蛇妖。但這不過是小說家言，率意編造以理桓公的病。

袁珂《〈莊子〉的神話與寓言》〔註17〕指出，所謂委蛇，即延維。《山海經‧海內經》云：「南方有人曰苗民。有神焉，人首蛇身，長如轅，左右有首，衣紫衣，冠旃冠，名曰延維（郭璞注：委蛇），人主得而饗食之，伯天下」。袁珂的分析主要是服裝，顯然這是不夠的。至於差異處更是過大，明顯的是《莊子》中說的是鬼，《山海經》中說的是神，鬼神合一實在是漢代的事情，之前無法同一，水火不容。第二是人首蛇身，這是一個很普遍的形象，基本上都是黃帝的後裔信奉的神，承接著黃帝人首蛇身交委形象而來。那麼，這個委蛇究竟是什麼東西？是鬼、是神？還是妖？委蛇一詞出自《詩經》中的《召南‧羔羊》：「退食自公，委蛇委蛇。羔羊之革，素絲五緎。委蛇委蛇，自公退食。」〔註18〕根據《左傳‧定公四年》的記載，春秋時期的吳國要向上國薦食，其中就有長蛇。其風俗戰國猶存，《楚辭》言「封豕修蛇」就指的是以蛇為食獻。長蛇當然不等同於委蛇。委蛇是天子或者上國已經作為薦食的長蛇。《左傳》襄公七年傳說穆叔曰：「孫子必亡。為臣而君，過而不悛，亡之本也。《詩》曰：『退食自公，委蛇委蛇。』謂從者也。衡而委蛇必折。」〔註19〕

《左傳》的意思說，穆叔引用《詩經》中的詩句，教育從者減退膳食，順從於事，心志自得，比如滿足欲望就像衡制過後的委蛇，肯定要死亡的。委是膳食財物，蛇是內容對象，之外當然還有別的動物、植物，成為薦食的動物概稱為委肉，因此又有委肉之說。《戰國策‧燕策》說：「是以委肉當餓虎之蹊，禍必不振矣。」〔註20〕《周禮‧地官》說：「遺人：掌邦之委積，以待施惠。鄉里之委積，以恤民之艱厄；門關之委積，以養老孤；郊里之委積，以待賓客；野鄙之委積，以待羈旅；縣都之委積，以待凶荒。凡賓客、會同、師役，掌其道路之委積。凡國野之道：十里有廬，廬有飲食；三十里有宿，宿有路

〔註16〕〔清〕王先謙：《莊子集解》，上海書店影印出版1987年版，第118頁。
〔註17〕袁珂：《〈莊子〉的神話與寓言》，《中華文化論壇》1995年3期。
〔註18〕〔漢〕鄭玄注，（唐）孔穎達等正義：《毛詩正義》卷一，見（清）阮元校刻《十三經注疏》上海古籍出版社1997年版，第289頁。
〔註19〕〔唐〕杜預注，（唐）孔穎達疏：《春秋左傳正義》卷三十，見（清）阮元校刻《十三經注疏》上海古籍出版社1997年版，第1983頁。
〔註20〕〔漢〕劉向輯錄：《戰國策》卷三十一，上海古籍出版社1985年版，1129頁。

室，路室有委；五十里有市，市有候館，候館有積。凡委積之事，巡而比之，以時頒之。」〔註21〕由此可見，委蛇只是委積的成分之一，一般來自南方的薦食，薦食主用用處是祭祀。錢穆引孟子說「孔子嘗為委吏」句考訂，認為相當於會計，也就是委吏。〔註22〕但是委蛇又不僅僅是委積中的蛇。古代對於動物的安置往往要採取一些措施，如牢籠、捆綁等，如牛被捆綁叫衡，牛觸，橫大木其角。（見《說文解字》）。徐鍇注：「謂牛好牴觸，以木闌制之也。」〔註23〕衡就是在牛的頭上綁上橫木，因此限制牛的牴觸。

那麼，《左傳》中的「衡而委蛇必折。」〔註24〕就是說將作為薦食的委積財富中的蛇，如果綁在木棍上，那早晚要死掉。為什麼要將這些作為財富的蛇綁在木棍上，主要是怕蛇跑掉。漢朝焦延壽的《焦氏・易林》裏有「委蛇循河，至北海涯」〔註25〕之說，就是說已經成為財物的蛇沒有收拾好順著河流跑回老家的事情。委蛇用得最多的是《莊子》一書，虛與委蛇成語亦出於本書中。

《莊子》十九《達生》說：「扁子曰：『不然。昔者有鳥止於魯郊，魯君說之，為具太牢以饗之，奏九韶以樂之。鳥乃始憂悲眩視，不敢飲食。此之謂以己養養鳥也。若夫以鳥養養鳥者，宜棲之深林，浮之江湖，食之以委蛇，則安平陸而已矣。』」〔註26〕委蛇可以食用，當無可疑。郭慶藩集釋以為是舒展自由，食之以舒展自如，難以說通。又《莊子・徐无鬼》說：「子綦曰：『吾所與吾子游者，遊於天地，吾與之邀樂於天，吾與之邀食於地。吾不與之為事，不與之為謀，不與之為怪。吾與之乘天地之誠而不以物與之相攖，吾與之一委蛇而不與之為事所宜。今也然有世俗之償焉？凡有怪徵者必有怪行。殆乎！非我與吾子之罪，幾天與之也！吾是以泣也。』」〔註27〕根據徐无鬼的表述，委蛇可以作為禮品，可以用數字表示，那麼也可以印證其作為食用蛇不虛。

有的地方，不是對委蛇的稱謂後者概念，而是取其形態。《莊子・庚桑楚》

〔註21〕〔漢〕鄭玄注，（唐）賈公彥疏：《周禮注疏》卷十三，見（清）阮元校刻《十三經注疏》，上海古籍出版社1997年版，第728頁。

〔註22〕錢穆：《先秦諸子繫年》，商務印書館2002年版，第2～3頁。

〔註23〕〔南唐〕徐鍇：《說文解字繫傳》，中華書局1987年版。

〔註24〕〔唐〕杜預注，（唐）孔穎達疏：《春秋左傳正義》卷三十，見（清）阮元校刻《十三經注疏》上海古籍出版社1997年版，第1983頁。

〔註25〕尚秉和：《焦氏易林注》卷十二，中國書店1990年版，第741頁。

〔註26〕〔清〕郭慶藩：《莊子集釋》，中華書局1961年版，第655～656頁。

〔註27〕〔清〕郭慶藩：《莊子集釋》，中華書局1961年版，第857～858頁。

二十三說：「南榮趎曰：『里人有病，里人問之，病者能言其病，然其病病者猶未病也。若趎之聞大道，譬猶飲藥以加病也。趎願聞衛生之經而已矣。』老子曰：『衛生之經，能抱一乎！能勿失乎！能無卜筮而知吉凶乎！能止乎！能已乎！能舍諸人而求諸己乎……終日視而目不瞬，偏不在外也。行不知所之，居不知所為，與物委蛇而同其波。是衛生之經已。』」〔註28〕郭慶藩注為接物無心，委屈隨順委屈是指其形態，隨從是指其動態，語用相對比較豐富。又《莊子·徐无鬼》說：「吳王浮於江，登乎狙之山，眾狙見之，恂然棄而走，逃於深蓁。有一狙焉，委蛇攫抓，見巧乎王。王射之，敏給搏捷矢。王命相者趨射之，狙執死。王顧謂其友顏不疑曰：『之狙也，伐其巧、恃其便以敖予，以至此殛也。戒之哉！嗟乎！無以汝色驕人哉？』顏不疑歸而師董梧，以鋤其色，去樂辭顯，三年而國人稱之。」〔註29〕這裡的委蛇則又指猴子從容尾隨了。《莊子·天運》十四說：「倘然立於四虛之道，倚於槁梧而吟：『目知窮乎所欲見，力屈乎所欲逐，吾既不及已夫！』形充空虛，乃至委蛇。汝委蛇，故怠。吾又奏之以無怠之聲，調之以自然之命。故若混逐叢生，林樂而無形，布揮而不曳，幽昏而無聲。動於無方，居於窈冥，或謂之死，或謂之生；或謂之實，或謂之榮。行流散徙，不主常聲。世疑之，稽於聖人。聖也者，達於情而遂於命也。天機不張而五官皆備。此之謂天樂，無言而心說。」〔註30〕這裡的委蛇又作委頓解，意思雖有專屬，但用法無異。但後來由此引申出虛與委蛇的成語。《莊子·應帝王》說：「鄉吾示之以未始出吾宗；吾與之虛而委蛇。」唐代成玄英疏：「委蛇；隨順之貌也。至人應物虛已；忘懷隨順。」〔註31〕認為應人以物，但不見自己。故事說列子請巫為壺子看相，壺子每次給巫看的都是某一方面的相，讓號稱神巫的鄭國相士不斷判斷錯誤，最後吾與之虛而委蛇，巫嚇得撒腿就跑，意思說壺子虛幻出委蛇的樣子讓巫看，而看不到自己的本相。委蛇是供神薦食的蛇，所以巫以為此人本相為蛇妖，因此十分驚恐逃之夭夭。

這樣看來，《莊子》中的委蛇有二：一是傳統的委蛇，也就是薦食用的長蛇，二是管仲稱說的像鬼一樣的委蛇。前者是客觀存在，後者則是管仲為調

〔註28〕〔清〕郭慶藩：《莊子集釋》，中華書局 1961 年版，第 785 頁。

〔註29〕〔清〕郭慶藩：《莊子集釋》，中華書局 1961 年版，第 846 頁。

〔註30〕〔清〕郭慶藩：《莊子集釋》，中華書局 1961 年版，第 504～505 頁。

〔註31〕〔清〕王先謙：《莊子集解》，上海書店影印 1987 年版，第 48 頁。

理齊桓公作出的編造，換言之，這個委蛇形象是管仲的編造，是新產生的神話傳說。莊子引用這段材料是要說明，疑神疑鬼，體察虛幻王霸者亦不能幸免，實話實說不能解決問題，而要用虛假來化解治療。如果不能心靜，那麼自然就會出現虛幻的景象。同書同卷莊子還舉例有魯侯，梓慶削木為鐻，某成，見者驚猶鬼神，魯侯見而問焉，釋疑的事情。都是說疑神疑鬼事出有因，需要客觀把握，否則會生禍害。

　　《莊子·雜篇·外物》第二十六說：「宋元君夜半而夢人被髮窺阿門，曰：『予自宰路之淵，予為清江使河伯之所，漁者余且得予。』元君覺，使人占之，曰：『此神龜也。』君曰：『漁者有餘且乎？』左右曰：『有。』君曰：『令余且會朝。』明日，余且朝。君曰：『漁何得？』對曰：『且之網得白龜焉，箕圓五尺。』君曰：『獻若之龜。』龜至，君再欲殺之，再欲活之。心疑，卜之。曰：『殺龜以卜吉。』乃刳龜，七十二鑽而無遺筴。仲尼曰：『神龜能見夢於元君，而不能避余且之網；知能七十二鑽而無遺筴，不能避刳腸之患。如是則知有所困，神有所不及也。雖有至知，萬人謀之。魚不畏網而畏鵜鶘。去小知而大知明，去善而自善矣。嬰兒生無石師，而能言，與能言者處也。』」〔註 32〕

　　袁珂《〈莊子〉的神話與寓言》〔註 33〕認為，獲得神龜，剖其殼以卜，果能知存亡吉凶了？神話宗教化就轉化做了迷信。《莊子》在外物的開頭就指出，外物不可必，說明事物沒有一個完全固定的質量和形態，舉桀紂滅亡、萇弘化碧等為例。之後便是完整的故事。宋元君應夢是古代的傳統，因為朝廷就設有占夢的官職。而找漁夫與捕捉到烏龜這樣的事情也不是很難。對於這樣的愚蠢行為，莊子引用孔子的議論來否定其客觀性，說明外物不可必的道理，並沒有什麼迷信或者神奇的地方。並假定其存在，說明神也有不及。這則消息應該是聽來的，還有《外物》肯定是莊子的編造：「莊周家貧，故往貸粟於監河侯。監河侯曰：『諾，我將得邑金，將貸子三百金，可乎？』周忿然作色曰：『周昨來，有中道而呼者。周顧視車轍中，有鮒魚焉。周問之曰：『鮒魚來，子何為者邪？』對曰：『我，東海之波臣也，君豈有升斗之水而活我哉？』周曰『諾。我且南遊吳、越之王，激西江之水而迎子，可乎？』鮒魚忿然作色曰：『吾失我常與，我無所處。吾得升斗之水然活耳，君乃言此，曾不如早索

〔註 32〕〔清〕郭慶藩：《莊子集釋》，中華書局 1961 年版，第 934 頁。
〔註 33〕袁珂：《〈莊子〉的神話與寓言》，《中華文化論壇》1995 年第 3 期。

我於枯魚之肆！」〔註34〕《莊子・大宗師》中論及魚：「泉涸，魚相與處於陸，相呴以濕，相濡以沫，不如相忘於江湖。與其譽堯而非桀也，不如兩忘而化其道。」〔註35〕這都是遠水解不了近渴的例子。正因為水遠，所以不能解近渴，其中有時空的限制，這裡的水就是用水之道，所以莊子說道無處不在，但沒有必然的教條。莊子在《大宗師》中指出：「夫知有所待而後當，其所待者特未定也。」〔註36〕只有「知天之所為，知人之所為者，至矣！知天之所為者，天而生也；知人之所為者，以其知之所知以養其知之所不知，終其天年而不中道夭者，是知之盛也。」〔註37〕

從上述我們看出，《莊子》引證的水物如龜、鮒魚、魚，都是為了說明生存的道理。與儒家不同的是莊子言怪力亂神，這些怪力亂神作為話題，有的是當時的傳聞，如宋元君殺龜，是根據傳聞議論，但也有的出自莊子的編造。這種編造，是直觀感受的想像，還是理性思考的假設？應該是二者都有。如借貸相當於感覺基礎上的想像，而相濡以沫則是理性的思考。

這時候我們再看莊子的書寫方式，有一部分是先說出道理，然後敘述說明。這就是寓言，而後詳細的用寓言故事方式具體進行方方面面的闡發，相當於重言，也近似於卮言了。《莊子》一書中這樣的例子很多，但基本不出這樣的表達範圍。《秋水》中的蝌蚪、蛙鱉的對話，也是講到知與不知的事情。莊子把人和動物自然都賦予生命，聯繫起來思考。又如《秋水》中的濠上觀魚也是這樣。嚴格地說，這些只是莊子的神話思維，不是神話，是莊子的思想方式，不是神話元素。其來源一非莊子首創。從堯舜禹時代的百神到殷商的一元神，西周的萬物皆有靈，中國的神話思維一直都發生著變化。而莊子的神話思維顯然扎根於西周。

第三節　關於人物神話

《莊子》中的人的概念比較張揚，有神人，也就是自然現象人；有抽象的人就是至人、聖人和真人，這些人後來演化為仙人，還有具體的人，具體的人有傳說的黃帝等，也有現實中的人和歷史上真實的人物。《莊子》中偶然

〔註34〕〔清〕郭慶藩：《莊子集釋》，中華書局 1961 年版，第 924 頁。
〔註35〕〔清〕郭慶藩：《莊子集釋》，中華書局 1961 年版，第 242 頁。
〔註36〕〔清〕郭慶藩：《莊子集釋》，中華書局 1961 年版，第 225 頁。
〔註37〕〔清〕郭慶藩：《莊子集釋》，中華書局 1961 年版，第 224 頁。

也會寫到神，但數量很少，如藐姑射之山的山神。《逍遙遊》說：「藐姑射之山，有神人居焉，肌膚若冰雪，淖約若處子，不食五穀，吸風飲露，乘雲氣，御飛龍，而遊乎四海之外。其神凝，使物不疵病而年穀熟。」〔註 38〕這裡的山神的相貌開始與人類相近似，並且食用風露，給農作物帶來豐收，因此有仙的一些元素。又《應帝王》說：「鄭有神巫曰季咸，知人之死生、存亡、禍福、壽夭，期以歲月旬日若神。鄭人見之，皆棄而走。列子見之而心醉，歸，以告壺子，曰：『始吾以夫子之道為至矣，則又有至焉者矣。』壺子曰：『吾與汝既其文，未既其實。而固得道與？眾雌而無雄，而又奚卵焉！而以道與世亢，必信，夫故使人得而相汝。嘗試與來，以予示之。』」〔註 39〕神巫也很有仙的本領，因此仙的出現其中就有一定的巫的成分。

《應帝王》還說到一個開天闢地的故事：「南海之帝為儵，北海之帝為忽，中央之帝為渾沌。儵與忽時相與遇於渾沌之地，渾沌待之甚善。儵與忽謀報渾沌之德，曰：『人皆有七竅以視聽食息此獨無有，嘗試鑿之。』日鑿一竅，七日而渾沌死。」〔註 40〕這一關於混沌的神話並非莊子的創造。《山海經·西次三經》云：「天山有神焉，其狀如黃囊，赤如丹火，六足四翼，渾敦無面目，是識歌舞，實為帝江也」。《淮南子·精神篇》云：「古未有天地之時，惟像無形，窈窈冥冥。⋯⋯有二神混生，經天營地」。之前的《山海經》和之後的《淮南子》都有記錄。但其餘的兩書具有記錄性質，而《莊子》則是說理，說明帝王同樣會無知無道，因此壞德，擔負了殺死恩人的罪責。因此，像《莊子》中關於神話的文字需要細加分析，不能貿然結論。

漢代劉向《列仙傳》記錄的 70 多位神仙，也只是少數描寫到仙的飲食和具體形態。在外形描寫上，仙人形體各有異常。《偓佺》寫偓佺「形體生毛，長數寸，兩目更方」，《務光》寫務光「耳長七寸」，《寇先》寫寇先「常著冠帶」，《幼伯子》中寫幼伯子「冬常著單衣，盛夏著襦袴，形貌穢異」，《桂父》寫桂父「色黑而時白時黃時赤」，《犢子》寫陽都女外貌「眉生而連，耳細而長」，《毛女》中寫毛女是「形體生毛」，《子主》中寫甯封子的外形「毛身廣耳，被髮鼓琴」，《黃阮丘》中寫黃阮丘「衣裳披髮，耳長七寸，口中無齒」，就是《園客》也「姿貌好」。這些描寫以幾個字抓住了仙人的不同外形

〔註 38〕〔清〕郭慶藩：《莊子集釋》，中華書局 1961 年版，第 28 頁。
〔註 39〕〔清〕郭慶藩：《莊子集釋》，中華書局 1961 年版，第 297～298 頁。
〔註 40〕〔清〕郭慶藩：《莊子集釋》，中華書局 1961 年版，第 309 頁。

特點加以表現，使其形象變得具體可感。這些描寫與《莊子》有些接近。至於神仙的功能修行，也開始出現。如《逍遙遊》說：「夫列子御風而行，泠然善也，旬有五日而後反。彼於致福者，未數數然也。此雖免乎行，猶有所待者也。」《列仙傳》中的仙人確實也有不少乘風吸露的，這也是仙和神的區別。

又莊子《大宗師》說：「夫道，有情有信，無為無形；可傳而不可受，可得而不可見；自本自根，未有天地，自古以固存；神鬼神帝，生天生地；在太極之先而不為高，在六極之下而不為深，先天地生而不為久，長於上古而不為老。狶韋氏得之，以挈天地；伏戲氏得之，以襲氣母；維斗得之，終古不忒；日月得之，終古不息；勘壞得之，以襲崑崙；馮夷得之，以遊大川；肩吾得之，以處大山；黃帝得之，以登雲天；顓頊得之，以處玄宮；禺強得之，立乎北極；西王母得之，坐乎少廣，莫知其始，莫知其終；彭祖得之，上及有虞，下及及五伯；傅說得之，以相武丁，奄有天下，乘東維、騎箕尾而比於列星。」〔註41〕狶韋氏、伏戲氏、馮夷、肩吾、黃帝、顓頊、禺強、西王母、彭祖都是傳說中的人物，也被後代編寫出神話故事。但是根據現存的先秦資料，這些人都是傳說中的人物，經過原始宗教的薰陶，成為古代的具有超長技能的英雄。就認識視野來看，這些人都代表著特定的時空下的文化。如果按照《周禮》的思維，生前的職務就是死後的神的身份，那麼除了黃帝為帝以外，這些眾神主要還是雄踞一方的部落首領。為什麼這些首領沒有通過傳承方式形成王道？為什麼這些首領都只是傳聞，沒有人見到？這就是道：有情有信，無為無形；可傳而不可受，可得而不可見；自本自根，未有天地，自古以固存。莊子將道類型化，指出具有永恆性和無限性構成的時空。《莊子》鋪陳這些並不是要宣傳神，而是為了說明道的存在，說明道的特點與性質及其功能。與漢代演繹黃帝出身龍象，《山海經‧海內北經》所記的「冰夷人面，乘兩龍」的冰夷。肩吾，《山海經‧西次三經》：「崑崙之丘，實惟帝之下都，神陸吾司之。」郭璞注：「即肩吾也。」〔註42〕《山海經‧西次三經》所記的「豹尾虎齒而善嘯、蓬髮戴勝」〔註43〕的西王母等描繪神的相貌、能力、功德的神話表現是不一樣的。孔子不語怪力亂神，講述的是做人和入世的道理，而莊子言鬼

〔註41〕〔清〕郭慶藩：《莊子集釋》，中華書局 1961 年版，第 246～247 頁。
〔註42〕黃震雲：《名家講解山海經》，長春出版社 2011 年版，40 頁。
〔註43〕黃震雲：《名家講解山海經》，長春出版社 2011 年版，41 頁。

神，是為了認識世界和宇宙，兩者的價值取向不同。

又《雜篇·列禦寇》說：「人有見宋王者，錫車十乘。以其十乘，驕稚莊子。莊子曰：『河上有家貧、恃緯蕭而食者，其子沒於淵，得千金之珠。其父謂其子曰：『取石、來鍛之。夫千金之珠，必在九重之淵而驪龍頷下，子能得珠者，必遭其睡也，使驪龍而寤，子尚奚微之有哉！』今宋國之深，非直九重之淵也；宋王之猛，非直驪龍也；子能得車者，必遭其睡也；使宋王而寤，子為齎粉夫！』」〔註44〕

莊子講述驪龍的故事意在說明自然力說明人生的道理，不是去描述、記錄或者分析神話，是借助神話元素闡釋自己的道理。這樣一種道理在萬物皆有神的文化氛圍下效果會更加明顯。《外篇·秋水第十七》通篇設河伯與海神的對話，以說明小大之辯：

> 秋水時至，百川灌河。涇流之大，兩涘渚崖之間，不辯牛馬。於是焉河伯欣然自喜，以天下之美為盡在己。順流而東行，至於北海，東面而視，不見水端。於是焉河伯始旋其面目，望洋向若而歎曰：「野語有之曰：『聞道百，以為莫己若者。』我之謂也。且夫我嘗聞少仲尼之聞而輕伯夷之義者，始吾弗信。今我睹子之難窮也，吾非至於子之門則殆矣，吾長見笑於大方之家。」北海若曰：「以與事，以每成功。奈何哉，其載焉終矜爾！」〔註45〕

莊子稱海神直接用海的名字，說明當時的海神還沒有龍的概念，水中的龍只是水中的靈物而已。直到秦漢出現系統的龍神話，才將海神命名為龍王。

莊子稱「以天為宗，以德為本，以道為門，兆於變化，謂之聖人。」（《天下》）。三代時期，聖人主要指帝王或者英雄，他們的本宗與莊子的本宗不太一樣。這裡所謂的「天」指存在的外界及其規律。莊子說「天在內，人在外」，（《莊子·秋水》）因此以天為宗，人有人性，形體保神，各有儀則，謂之性。性修反德，德至同於初。同乃虛，虛乃大，與天地為合，實現天人合一。實現天人合一就要通過德的增加和完善，豐富完美的德要經過道，「德總乎道之所一。」（《徐无鬼》）莊子的「道」是「德」發揮作用的門徑與力量，因此道無處不在，人們要修德才能知道，修德就成了修道。莊子說：「執道者德全，德全者形全，形全者神全。神全者聖人之道也。」（《天地》）。修德和修道的結果

〔註44〕〔清〕郭慶藩：《莊子集釋》，中華書局1961年版，第1061～1062頁。
〔註45〕〔清〕郭慶藩：《莊子集釋》，中華書局1961年版，第561頁。

可以成為至人、聖人和真人。由於修行不同，所以三者的狀況也不同，如《齊物論》說：「至人神矣！大澤焚而不能熱，河漢沍而不能寒，疾雷破山、飄風振海而不能驚。若然者，乘雲氣，騎日月，而遊乎四海之外，死生無變於己，而況利害之端乎！」〔註46〕至人的體質、心態都非常人所能有，生活能夠超越時空。莊子講到真人、至人、超人的地方很多，又如《達生》篇寫子列子問關尹曰：

「至人潛行不窒，蹈火不熱，行乎萬物之上而不慄。請問何以至於此？」關尹曰：「是純氣之守也，非知巧果敢之列。」「壹其性，養其氣，合其德，以通乎物之所造。夫若是者，其天守全，其神無隙，物奚自入焉！」〔註47〕

因此，得道就成了人們的理想。《在宥》說廣成子朝南躺著，黃在他的下方跪地前行，請教怎樣修養。廣成子回答：無視無聽，抱神以靜，形將自正。必靜必清，無勞女形，無搖女精，乃可以長生。目無所見，耳無所聞，心無所知，女神將守形，形乃長生。慎女內，閉女外，多知為敗。我為女遂於大明之上矣，至彼至陽之原也；為女入於窈冥之門矣，至彼至陰之原也。天地有官，陰陽有藏。慎守女身，物將自壯。我守其一以處其和。故我修身千二百歲矣，吾形未常。這是成仙道路的一種。根據《列仙傳》，成仙的道路修行只是其中之一，還有食用異物、遭受災害、神仙救援等多種。還有一些很奇詭的，如祝雞翁寫祝雞翁善於養雞而成仙的故事，感歎「人禽雖殊，道固相關……物之致化，施而不刊。」〔註48〕

《列仙傳》中記錄的仙人在實際歷史中存在的有黃帝、彭祖、務光、呂尚、介子推、老子、尹喜、接輿、范蠡、東方朔、安期、鉤弋夫人12人。《史記》對他們都有記錄，《漢書》對東方朔、鉤弋夫人也作了較為詳細的描述。這些記傳與《列仙傳》有很多相同之處。如《史記·伯夷列傳》中記務光為夏朝時賢士，《莊子·讓王》作瞀光，謂湯讓天下於瞀，辭曰：「廢上，非義也；殺民，非仁也；人犯其難，我享其利，非廉也。吾聞之：『非其義者，不受其祿；無道之世，不踐其土。』況尊我乎！吾不忍久見也。」〔註49〕乃負石而自

〔註46〕〔戰國〕莊周：《莊子》，上海古籍出版社，1995年版，第34頁。
〔註47〕〔清〕郭慶藩：《莊子集釋》，中華書局1961年版，第633頁。
〔註48〕王叔岷：《列仙傳校箋》，中華書局2007年版，第187頁。
〔註49〕王先謙：《莊子集解》（新編諸子集成），中華書局1987年版，第258頁。

沉於廬水。這一段話與《列仙傳》中的記述是相同的。只是劉向又在此基礎上加入了「後四百餘歲,至武丁時復見。武丁欲以為相,不從。武丁以輿迎而從,逼不以禮。遂投浮梁山,後遊尚父山。」〔註50〕這樣一段更為傳奇的內容。《莊子·天下》說:「墨子稱道曰:昔者禹之湮洪水,……禹親自操槀耜而九雜天下之川。腓無胈,脛無毛,沐甚雨,櫛疾風,置萬國。禹,大聖也,而形老天下也如此。」〔註51〕

又,《韓非子·五蠹》說:「禹之王天下也,身執耒鍤,以為民先,股無完……脛不生毛。雖臣虜之勞,不苦於此矣」。在應劭的《風俗通》中,稱上古之時,有荼與鬱壘昆弟二人性能執鬼,度朔山上立桃樹下,百鬼為人禍害,荼與鬱壘縛以葦索,執以食虎。與《莊子》中桃樹鎮鬼、畫像中獬豸捉鬼當時不同的傳聞。喂虎和獬豸捉鬼有一些區別,所以也不是一回事。

道德是西周建立的思想體系,對後世影響很大。孔子說朝聞道,夕死也不後悔,道不行,就沒有必要再人群中混下去了。《史記·孔子世家》說孔子在晚年的時候還表示,如果能夠出仕,其為東周乎?東周就是天子一統天下,說明觀周產生的印象鑄就了孔子的人生目標,而文(王)武(王)之道是他的理想。《論語·公冶長》說「子謂南容,『邦有道,不廢;邦無道,免於刑戮』,以其兄之子妻之。」〔註52〕同樣,孔子也強調道為治國之本。老子也有類似的想法,《老子·六十章》說:「治大國若亨小鮮。以道蒞天下,其鬼不神。非其鬼不神,其神不傷人。非其神不傷人,聖人亦不傷人。夫兩不相傷,故得交歸。」〔註53〕也有治理大國的情結。但老子認為如果以道來管理天下,治理國家,那就像燒小魚小蝦,要格外小心。按照《史記》的記載,老子一貫修行道德,道是哲學本原,而德是治理社會之本。比較起來,孔子強調德多一些,道少一點,而老子的著作叫《道德經》,二者並重。其差別在於,老子的道德主要是關於自然和社會,而孔子的德道主要是人、社會和自然。莊子的道與老子、孔子比較一下,基本的理論是一致的,孔子的道多強調社會,而莊子的道傾向立足自然,因此也就更具有現代自然科學的意味。

〔註50〕王叔岷:《列仙傳校箋》,中華書局 2007 年版,第 33 頁。

〔註51〕王先謙:《莊子集解》,中華書局 1987 年,第 289 頁。

〔註52〕〔宋〕朱熹:《四書章句集注》,中華書局 1983 年版,第 75 頁。

〔註53〕高明:《帛書老子校注》,中華書局 1996 年版,第 444 頁。

第九章 莊子的音樂美學思想

莊子通曉音律、會鼓琴唱歌，不僅見於傳言，也記錄在《莊子》一書中。《莊子》一書中的《至樂》是專門討論音樂美學的著作，值得我們關注。《馬蹄》、《胠篋》、《天道》、《天運》、《齊物論》等也陸續有所涉及，構成了莊子的音樂美學思想。

第一節 莊子論至樂

《莊子·外篇十八·至樂》討論的是至樂，即至高無上之樂，表明莊子的音樂美學思想的境界有別於世俗和平庸。那麼，首先要確認的是有沒有至樂？莊子認為，至樂是有的：「天下有至樂無有哉？有可以活身者無有哉？今奚為奚據？奚避奚處？奚就奚去？奚樂奚惡？夫天下之所尊者，富貴壽善也；所樂者，身安厚味美服好色音聲也；所下者，貧賤夭惡也；所苦者，身不得安逸，口不得厚味，形不得美服，目不得好色，耳不得音聲。若不得者，則大憂以懼，其為形也亦愚哉！」〔註1〕莊子認為，天下人所樂的不是至樂，而是普通的音聲。對於這樣的音聲，莊子認為不具有普遍性，沒有達到一的境界，因此如「咸池九韶之樂，張之洞庭之野，鳥聞之而飛，獸聞之而走，魚聞之而下入，人卒聞之，相與還而觀之。魚處水而生，人處水而死。彼必相與異，其好惡故異也。故先聖不一其能，不同其事。名止於實，義設於適，是之謂條達而福持。」〔註2〕九韶之樂是典型的凡樂，不能及禽獸。根據《莊子》的記載，

〔註 1〕〔清〕郭慶藩：《莊子集釋》，中華書局 1961 年版，第 608～609 頁。
〔註 2〕〔清〕郭慶藩：《莊子集釋》，中華書局 1961 年版，第 621～622 頁。

孔子也有這樣的經歷：「昔者海鳥止於魯郊，魯侯御而觴之於廟，奏九韶以為樂，具太牢以為膳。鳥乃眩視憂悲，不敢食一臠，不敢飲一杯，三日而死。此以己養養鳥也，非以鳥養養鳥也。夫以鳥養養鳥者，宜棲之深林，遊之壇陸，浮之江湖，食之鰍鰷，隨行列而止，逶迤而處。彼唯人言之惡聞，奚以夫譊譊為乎！」〔註3〕這段話又見於《論語》，應該是一個真實的事情。這說明，對於樂之品味，樂之用是當時學界普遍的認識，樂之超然才為諸家推崇。

世俗之樂只有世俗享受：「今俗之所為與其所樂，吾又未知樂之果樂邪？果不樂邪？吾觀夫俗之所樂，舉群趣者，誙誙然如將不得已，而皆曰樂者，吾未之樂也，亦未之不樂也。果有樂無有哉？吾以無為誠樂矣，又俗之所大苦也。故曰：『至樂無樂，至譽無譽。』天下是非果未可定也。雖然，無為可以定是非。至樂活身，唯無為幾存。請嘗試言之：天無為以之清，地無為以之寧。故兩無為相合，萬物皆化生。芒乎芴乎，而無從出乎！芴乎芒乎，而無有象乎！萬物職職，皆從無為殖。」〔註4〕相比較世俗之樂，至樂是存在的，但是至樂無聲無形。這與老子的「大音希聲」不可聞如出一轍。因此，莊子無法感受世俗之樂的快樂，在處理世俗事務時，沒有適用世俗之樂：「莊子妻死，惠子弔之，莊子則方箕踞鼓盆而歌。惠子曰：『與人居，長子、老、身死，不哭亦足矣，又鼓盆而歌，不亦甚乎！』莊子曰：『不然。是其始死也，我獨何能無概！然察其始而本無生；非徒無生也，而本無形；非徒無形也，而本無氣。雜乎芒芴之間，變而有氣，氣變而有形，形變而有生。今又變而之死。是相與為春秋冬夏四時行也。人且偃然寢於巨室，而我噭噭然隨而哭之，自以為不通乎命，故止也。』」〔註5〕

《莊子·天運》記載，黃帝曾經對至樂發表過看法：「北門成問於黃帝曰：『帝張咸池之樂於洞庭之野，吾始聞之懼，復聞之怠，卒聞之而惑，蕩蕩默默，乃不自得。』帝曰：『汝殆其然哉！吾奏之以人，徵之以天，行之以禮義，建之以大清。夫至樂者，先應之以人事，順之以天理，行之以五德，應之以自然。然後調理四時，太和萬物。四時迭起，萬物循生。一盛一衰，文武倫經。一清一濁，陰陽調和，流光其聲。蟄蟲始作，吾驚之以雷霆。其卒無尾，其始無首。一死一生，一僨一起，所常無窮，而一不可待。汝故懼也。』吾又奏之

〔註3〕〔清〕郭慶藩：《莊子集釋》，中華書局1961年版，第621頁。
〔註4〕〔清〕郭慶藩：《莊子集釋》，中華書局1961年版，第611～612頁。
〔註5〕〔清〕郭慶藩：《莊子集釋》，中華書局1961年版，第614～615頁。

以陰陽之和，燭之以日月之明；其聲能短能長，能柔能剛，變化齊一，不主故常；在谷滿谷，在坑滿；塗卻守神，以物為量。其聲揮綽，其名高明。是故鬼神守其幽，日月星辰行其紀。吾止之於有窮，流之於無止。予欲慮之而不能知也，望之而不能見也，逐之而不能及也。倘然立於四虛之道，倚於槁梧而吟。目知窮乎所欲見，力屈乎所欲逐，吾既不及已夫！形充空虛，乃至委蛇。汝委蛇，故怠。吾又奏之以無怠之聲，調之以自然之命，故若混逐叢生，林樂而無形；布揮而不曳，幽昏而無聲。動於無方，居於窈冥；或謂之死，或謂之生；或謂之實，或謂之榮；行流散徙，不主常聲。世疑之，稽於聖人。聖也者，達於情而遂於命也。天機不張而五官皆備，此之謂天樂，無言而心說。故有焱氏為之頌曰：『聽之不聞其聲，視之不見其形，充滿天地，苞裹六極。』汝欲聽之而無接焉，而故惑也。樂也者，始於懼，懼故崇；吾又次之以怠，怠故遁；卒之於惑，惑故愚；愚故道，道可載而與之俱也。』〔註6〕黃帝對至樂的理解是能夠順天應人，在運行中體現五行的道德，與自然相融合，調和四時、太和萬物。那麼，至樂其實是能夠協和宇宙萬物的運行力量。這種力量與生生的狀態中無言而心說，充滿天地，苞裹六極。

　　對於至樂的具體情境，莊子在列舉老子與孔子的對話中以試圖闡明。《莊子·田子方》二十一：

　　　　孔子曰：「請問遊是。」老聃曰：「夫得是至美至樂也。得至美而遊乎至樂，謂之至人。」孔子曰：「願聞其方。」曰：「草食之獸不疾易藪，水生之蟲不疾易水，行小變而不失其大常也，喜怒哀樂不入於胸次。夫天下也者，萬物之所一也。得其所一而同焉，則四支百體將為塵垢，而死生終始將為晝夜而莫之能滑，而況得喪禍福之所介乎！棄隸者若棄泥塗，知身貴於隸也。貴在於我而不失於變。且萬化而未始有極也，夫孰足以患心！已為道者解乎此。」孔子曰：「夫子德配天地，而猶假至言以修心，古之君子，孰能脫焉？」老聃曰：「不然。夫水之於汋也，無為而才自然矣。至人之於德也，不修而物不能離焉，若天之自高，地之自厚，日月之自明，夫何修焉！」孔子出，以告顏回曰：「丘之於道也，其猶醯雞與！微夫子之發吾覆也，吾不知天地之大全也。」〔註7〕

〔註 6〕〔清〕郭慶藩：《莊子集釋》，中華書局 1961 年版，第 621～622 頁。
〔註 7〕〔清〕郭慶藩：《莊子集釋》，中華書局 1961 年版，第 714～717 頁。

　　莊子認為得到至美後可以遊於至樂，那麼這樣的人就是至人。在《逍遙遊》中莊子言至人無己，已經超越了形體與聲色，彼此的見解是一致的。德配天地，萬物與我唯一，任自然是至人的道德形象。

　　那麼，至美又是一個什麼樣的性質與狀態呢？《莊子》中，對「天地大美」有三處集中的論述。《知北遊》說「天地有大美而不言，四時有明法而不議，萬物有成理而不說。聖人者，原天地之美而達萬物之理，是故至人無為，大聖不作，觀於天地之謂也。」〔註8〕《刻意》說：「若夫不刻意而高，無仁義而修，無功名而治，無江海而閒，不導引而壽，無不忘也，無不有也，澹然無極而眾美從。此天地之道，聖人之德也。」〔註9〕《天道》說：「靜而聖，動而王，無為也而尊，樸素而天下莫能與之爭美。夫明白於天地之德者，此之謂大本大宗，與天和者也。所以均調天下，與人和者也。與人和者，謂之人樂；與天和者，謂之天樂。莊子曰：『吾師乎，吾師乎！齏萬物而不為戾，澤及萬世而不為仁，長於上古而不為壽，覆載天地、刻雕眾形而不為巧，此之謂天樂。故曰：『知天樂者，其生也天行，其死也物化。靜而與陰同德，動而與陽同波。』故知天樂者，無天怨，無人非，無物累，無鬼責。故曰：『其動也天，其靜也地，一心定而王天下，其鬼不祟，其魂不疲，一心定而萬物服。』言以虛靜推於天地，通於萬物，此之謂天樂。」〔註10〕天地大美無言，不言無不言，不有無不有，這是天地之道，聖人之德，那麼至樂無言，至美是其品行，至人是其象表。彼此是道的運作狀態與境界。那麼，至樂就不是人工的產物，而是自然賦予的崇高精神。和是判斷樂性質的關鍵，與什麼和就是什麼樂。天樂和至樂是什麼樣的關係？天樂以虛靜推於天地，通於萬物；至樂是能夠順天應人，在運行中體現五行的道德，與自然相融合，調和四時、太和萬物。顯然，莊子將至樂分解為天樂、地樂、人樂等很多單元，把至樂具體化。那麼，也就有了層次與不同的狀態，人樂也就不再是孤立的世俗之樂了。《莊子·讓王》說孔子「絃歌於室。顏回擇菜，子路子貢相與言曰：『夫子再逐於魯，削跡於衛，伐樹於宋，窮於商周，圍於陳蔡⋯⋯絃歌鼓琴，未嘗絕音，君子之無恥也若此乎？』顏回無以應，入告孔子。⋯⋯孔子曰：『是何言也。君子通於道之謂通，窮於道之謂之窮。今丘抱仁義之道以遭亂世之患，其何窮之為！

〔註8〕〔清〕郭慶藩：《莊子集釋》，中華書局1961年版，第735頁。
〔註9〕〔清〕郭慶藩：《莊子集釋》，中華書局1961年版，第621～622頁。
〔註10〕〔清〕郭慶藩：《莊子集釋》，中華書局1961年版，第458～463頁。

故內省而不窮於道，臨難而不失其德……」孔子削然反琴而絃歌，子路扢然執干而舞。」〔註11〕

孔子奏樂是內省而不窮於道，臨難而不失其德，而不是具體的音樂愛好或者是表現，體現的是樂的象徵意義，是道德的具體體現，是無可奈何的條件下堅守道德的努力與狀態。樂要通過聲來表現，那麼具體的樂是一個什麼狀態呢？莊子提出三籟說。《內篇·齊物論》第二說：「南郭子綦隱機而坐，仰天而噓，苔焉似喪其耦。顏成子游立侍乎前，曰：『何居乎？形固可使如槁木，而心固可使如死灰乎？今之隱機者，非昔之隱機者也？』子綦曰：『偃，不亦善乎而問之也！今者吾喪我，汝知之乎？女聞人籟而未聞地籟，女聞地籟而不聞天籟夫！』……子游曰：『地籟則眾竅是已，人籟則比竹是已，敢問天籟。』子綦曰：『夫吹萬不同，而使其自己也。咸其自取，怒者其誰邪？』」〔註12〕

三籟中地籟就是地擁有的自然空穴，人籟是人工製作的竹器樂器，而天籟可行己信，而不見其形，有情而無形。百骸、九竅、六藏，賅而存焉。天地與我並生，而萬物與我為一，因此天籟是人類與天和的美好狀態，天籟、地籟與人籟構成了至樂的三重狀態。人籟以耳聽，地籟用目聽，天籟用神聽，則又構成了對應的音樂欣賞的三重境界。

第二節　莊子關於神聽的音樂形態與音樂思想

敦煌壁畫中豐富地表現了佛教伎樂，如經變樂、軍伎樂、嫁娶樂、宴飲樂、民樂等。與此相配合的還有大量的無人彈奏的樂器，樂器四周有發散性符號，表明這些樂器的音符正在演奏跳躍。從時間上看，初唐時比較少，主要在 321、386、331 等少數洞窟中。盛唐時出現漸多，畫面也越來越大，圖像更加清晰，形式靈活多樣。172、217、112、188、126、124 等二十餘窟中有充分體現。樂器種類很多，打擊樂器有腰鼓、揭鼓、毛員鼓、拍板、方響等；彈弦樂有簽摸、琴、箏、五弦琵琶、曲項琵琶、阮咸；吹管樂有單案、笛（包括橫、豎兩種）、簫、角、笙等。其中，《觀無量壽經變》圖中出現最多，據統計，敦煌壁畫上的不鼓自鳴樂器圖像達 1300 多件。在安西的榆林窟、新疆的柏孜克里克唐 29 窟西壁上端也有這種音樂表現方式。相對言之，新疆的只

〔註11〕〔清〕郭慶藩：《莊子集釋》，中華書局 1961 年版，第 981～982 頁。
〔註12〕〔清〕郭慶藩：《莊子集釋》，中華書局 1961 年版，第 43～50 頁。

有腰鼓、革案、琵琶、錢四件，表現比較簡單，因此敦煌最為集中，那傳播路線應該是由東向西。

對於這樣的音樂形態，一般的著作都成為佛教伎樂或者叫宗教伎樂，符合實際情況，但過於概括。也有另作命名的，如高德祥《敦煌壁畫中的不鼓自鳴樂》認為是「不鼓自鳴樂」「這一表現形式絕妙奇麗，藝術構思極為獨特，把一個理想中的佛國世界裝點得更為壯觀、完美無缺，給人以無限遐想。」〔註13〕應有勤《中外樂器文化大觀》〔註14〕定性為宗教幻想中的樂器。

隋唐時期翻譯過來的佛教經典《莊嚴經》（上）、《起世經》卷一等皆提到不鼓自鳴，強調天樂的美妙，但並無具體的說明。佛教也確實提到天樂出現的原因，玄奘譯《稱讚淨土佛攝受經》說：「如是功德在嚴甚可愛，是故名為極樂世界」。將極樂與功德相對應。而音樂與功德相對應正是中國古代很重要的音樂思想。由此我們再觀賞敦煌、安西、新疆等地的壁畫中的樂器，除了箜篌等之外，主要都是中國樂器。復檢索印度有關音樂著作，並沒有關於這些樂器不用彈奏演奏的實物與文獻。因此，我們認為敦煌等壁畫中的音樂形態包括樂器、樂音、演奏方式及其表現等皆出自中國古代的音樂思想。

《觀無量壽佛經》

〔註13〕高德祥：《敦煌壁畫中的不鼓自鳴樂》，《樂器》1990 年 2 期。
〔註14〕應有勤：《中外樂器文化大觀》，上海教育出版社 2008 年版。

安西榆林窟壁畫

安西榆林窟的壁畫分為上下兩層，上層呈弧形，也就是天的形態，以雲紋相連，表示在天上。又榆林窟第三千手觀音變，見下圖，幾乎和敦煌的壁畫構思如出一轍，在幻象以外，也是以雲紋區分天上人間。

榆林窟第三千手觀音變

中國古代的音樂思想十分豐富，主要價值功能是禮神敬祖，同和天地，宣達政治思想，因此產生審音知政的音樂理論。《周易》豫卦說：「象曰：雷出

地奮，豫。先王以作樂崇德，殷薦之上帝，以配祖考。」〔註15〕與殷商時代配享祖宗不同，西周更在意關注現實，社會的和平與安定。《詩經·鹿鳴之什·伐木》說：「伐木丁丁，鳥鳴嚶嚶。出自幽谷，遷于喬木。嚶其鳴矣，求其友聲。相彼鳥矣，猶求友聲；矧伊人矣，不求友生？神之聽之，終和且平。」〔註16〕又《尚書·洪範》說：「一曰貌，二曰言，三曰視，四曰聽，五曰思。貌曰恭，言曰從，視曰明，聽曰聰，思曰睿。恭作肅，從作乂，明作哲，聰作謀，睿作聖。」〔註17〕把聽作為五事之一。郭茂倩《樂府詩集》卷一十二、郊廟歌辭十二登歌中陳京的詩說：「歌以德發，聲以樂貴。樂善名存，追仙禮異。鸞旌拱脩，鳳鳴合吹。神聽皇慈，仲月皆至」。

對禮樂論述最為全面的早期理論著作是《禮記·樂記》，其餘章節的禮儀中雖皆存在，但沒有《禮記》集中。《禮記·樂記》用音樂祭祀天地的原理是：「大樂與天地同和，大禮與天地同節。和，故百物不失；節，故祀天祭地，明則有禮樂，幽則有鬼神。如此，則四海之內合敬同愛矣，禮者殊事，合敬者也；樂者異文，合愛者也。禮樂之情同，故明王以相沿也。」〔註18〕認為鍾鼓管磬，羽鑰干戚是樂之器，也就是樂器；舞蹈表現的動作屈伸俯仰、綴兆舒疾，是樂之文，把舞蹈作為樂的重要組成部分。而簠簋俎豆和制度文章，都是禮之器。樂出自自然，「樂由天作」明於天地，然後能興禮樂也。因此王者功成作樂，治定制禮，禮樂不必同時，樂要及時表現，樂不可以作偽，因此樂可以求真。但五帝殊時，不相頌樂；三王異世，不相襲禮，各自都有自己的現狀，所以就有各自的表達，而不是教條的沿襲。樂可以立教、養生、觀德，形式上詩言志、歌詠聲、舞動容，彼此相配合。

對於音和樂的關係，《左傳》昭公二十一年有一段論述，可以補充《禮記》之不足，並由此來進一步觀察思考樂的形態問題：

> 二十一年春，天王將鑄無射。泠州鳩曰：「王其以心疾死乎？夫樂，天子之職也。夫音，樂之輿也。而鐘，音之器也。天子省風以作樂，器以鐘之，輿以行之。小者不窕，大者不槬，則和於物，物和則嘉成。故和聲入於耳而藏於心，心億則樂。窕則不咸，槬則不容，心

〔註15〕《漢魏古注十三經》之《周易》，中華書局 1998 年版，第 12 頁。

〔註16〕《漢魏古注十三經》之《詩經》，中華書局 1998 年版，第 69 頁。

〔註17〕《漢魏古注十三經》之《尚書》，中華書局 1998 年版，第 41 頁。

〔註18〕〔清〕陳澔注：《禮記集釋》，上海古籍出版社 1987 年版，第 206 頁。

是以感，感實生疾。今鐘彄矣，王心弗堪，其能久乎？」〔註19〕

根據《左傳》，禮樂征伐自天子出，那麼樂是天子的重要職責之一。音通過樂器發出，音有具體的內容，但音就像樂的工具。天子根據對社會的瞭解制作禮樂，通過樂器演奏出來，那麼聽者可以用耳朵，但是藏在心中，並產生感覺。意味著這是一個傳導感應的過程，那麼是不是所有人都能夠做到耳聽心感呢？立足思考人與天地存在規律的《莊子》天地第十二對此有進一步的分析，提出了無聲之音：夫子曰：「夫道，淵乎其居也，漻乎其清也。金石不得無以鳴。故金石有聲，不考不鳴。萬物孰能定之！夫王德之人，素逝而恥通於事，立之本原而知通於神，故其德廣。其心之出，有物採之。故形非道不生，生非德不明。存形窮生，立德明道，非王德者邪！蕩蕩乎！忽然出，勃然動，而萬物從之乎！此謂王德之人。視乎冥冥，聽乎無聲。冥冥之中，獨見曉焉；無聲之中，獨聞和焉。故深之又深而能物焉；神之又神而能精焉。故其與萬物接也，至無而供其求，時騁而要其宿，大小、長短、修遠」。

莊子認為神有自己的聲音，普通人沒有這樣的聽覺，這就是神聽。《禮記·樂記》中說大樂，自然相配的是大音。《老子》認為「大音希聲」〔註20〕。《老子》將自己認識自然的感受命名為道，給道起的名字就是大。因此在討論道的時候，大是一個關鍵詞，大方無隅，大器晚成，大音希聲，大象無形。大音是聽不到的，只有神可以聽到。《莊子》的《逍遙遊》的小年大年、小智大智等構成的小大之辨映照了這一思想。

對音樂形態作出明確區分的是《文子》，《文子·道德》說：

> 文子問道，老子曰：學問不精，聽道不深。凡聽者，將以達智也，將以成行也，將以致功名也，不精不明，不深不達。故上學以神聽，中學以心聽，下學以耳聽；以耳聽者，學在皮膚，以心聽者，學在肌肉，以神聽者，學在骨髓。故聽之不深，即知之不明，知之不明，即不能盡其精，不能盡其精，即行之不成。凡聽之理，虛心清靜，損氣無盛，無思無慮，目無妄視，耳無苟聽，專精積精，內意盈並，既以得之，必固守之，必長久之。

《文子》認為，聽也有道，需要學習，上學以神聽，中學以心聽，下學以耳聽。文字上看，《文子》的聽還是指人聽，但分為耳、心、神三個層面。

〔註19〕樓宇烈：《老子道德經注校釋》，中華書局2008年版，第113頁。
〔註20〕〔清〕郭慶藩：《莊子集釋》，中華書局1982年版，第147頁。

《莊子‧人間世》也論述到三聽：

回曰：「敢問心齋。」仲尼曰：「若一志，無聽之以耳而聽之以心，無聽之以心而聽之以氣。聽止於耳，心止於符。氣也者，虛而待物者也。唯道集虛。虛者，心齋也」。又《呂氏春秋‧先己》說：「故心得而聽得，聽得而事得，事得而功名得。」〔註21〕

在「聽」的效果問題上，和《文子》相近。這方面的比較研究，將在後文中展開。在《列子‧仲尼》中有一段材料和《莊子》以及竹簡《文子》中有關「聽」的理論都有關聯，但是沒有明確提出「以神聽之」或「以心聽之」、「以氣聽之」的說法，（儘管這些說法呼之欲出）似乎是更加原始的資料：

陳大夫聘魯，私見叔孫氏。叔孫氏曰：「吾國有聖人。」曰：「非孔丘邪？」曰：「是也。」「何以知其聖乎？」叔孫氏曰：「吾常聞之顏回，曰：『孔丘能廢心而用形。』」陳大夫曰：「吾國亦有聖人，子弗知乎？」曰：「聖人孰謂？」曰：「老聃之弟子，有亢倉子者，得聃之道，能以耳視而目聽。」魯侯聞之大驚，使上卿厚禮而致之。亢倉子應聘而至。魯侯卑辭請問之。亢倉子曰：「傳之者妄。我能視聽不用耳目，不能易耳目之用。」魯侯曰：「此增異矣。其道奈何？寡人終願聞之。」亢倉子曰：「我體合於心，心合於氣，氣合於神，神合於無。其有介然之有，唯然之音，雖遠在八荒之外，近在眉睫之內，來干我者，我必知之。乃不知是我七孔四支之所覺，心腹六髒之知，其自知而已矣。」魯侯大悅。他日以告仲尼，仲尼笑而不答。〔註22〕

按照《列子》的分析，聖人可以做到心聽，道家的亢倉子卻能用目聽，原理是心在目，所謂目聽就是心聽，現代中醫認為是肝主目。《金樓子‧立言篇下》：「子曰：『耳聽者學在皮膚，心聽者學在肌肉，神聽者學在骨髓也』」。其中的「子曰」應該是「金樓子」梁元蕭繹帝自稱，內容則是簡單化用了的《文子》。

上述幾條資料中，唯有莊子、老子將聽的最高境界表達得很清楚，就是大音沒有聲音，只有在冥冥的道的語境下，在氣的狀態中才能夠才能夠聽到，而這種情況下的聽者當然不可能是人，而是神了。所以，中國古代的音樂形態三個層面，即普通的視聽，第二聖人的心聽，第三神人的神聽。敦煌壁畫、安西

〔註21〕〔秦〕呂不韋：《呂氏春秋》，上海古籍出版社1990年版，第50頁。
〔註22〕楊伯峻：《列子集釋》，中華書局1979年版，第117～119頁。

榆林窟、新疆壁畫中的音樂都是表現了這三種境界。這三種境界在古代印度文化中並不存在，因此，明顯是受中國傳統的聽覺理論的影響。佛教秘藏有雷音如來。《大日經疏》卷四稱作離熱清涼住於寂定於相，此是如來涅槃智，是故義云不動，非其本名也。本名當去鼓音如來，如天鼓都無形亦無住相，而能演說法音，警悟眾生。秘藏雖然有不聽之音，但既沒有樂器也沒有聲形。就不鼓自鳴的神聽的表現來說，源遠流長，至少在漢代就有了，而不是唐代才出現。

　　不鼓自鳴的圖像最早見於漢代，但是並不多見，見圖一，二大多數是圖二的樣子。

圖一〔註23〕

圖二

〔註23〕《中國畫像石全集》第一冊，山東美術出版社2000年版，第141頁。詳見黃震雲《漢代神話史》，長春出版社2010年版。

　　上列的圖一、圖二中的圖二是古代繪畫中常見的形式，即敲打建鼓和音樂舞蹈表演，但第一種數量很少，即建鼓下面有一小鼓，人在敲打小鼓，但小鼓大鼓都能夠發出聲響，小鼓是人聽，大鼓是神聽無疑，音樂通神的方式表達非常清楚。這才是真正的不鼓自鳴樂。與唐代以來的壁畫不同是，壁畫中的鼓聲通過點狀擴散，而漢代的石刻中的音樂是通過震動表現，顯得很飽滿。

第十章　莊子的教育思想

　　莊子注重自然的認識論思維，在道德構成的思想體系中，道成為本，有別於《周易》建構的西周道德體系，與老子道德思想體系中的道德也有明確區別。莊子的道是德的根基也是前提，而德是成道的原因與條件，客觀上分解了西周以來的道德文化體統。莊子的道是客觀的世界和人類發展的規律的融合，因此其認識論思想的表達上明顯具有教化色彩。莊子雖然沒有從事教育工作的歷史，但其中不乏對教育的思考與見解。莊子對於教育的形式、本質的把握更符合實際，有的今天仍然具有實際運用的價值意義。

第一節　知識無限生命有限、緣督以為經的學習態度與方法

　　莊子已經充分認識到生命和知識的關係，《大宗師第六》說：「知天之所為，知人之所為者，至矣！知天之所為者，天而生也；知人之所為者，以其知之所知以養其知之所不知。」〔註1〕在莊子看來，只有把握天道人道，才是最高境界。如果知道天道可以生，而只知道人道只可以養，顯然不夠，就是說要把自然與人文統一起來來認識才是完美。《養生主》說：「吾生也有涯，而知也無涯。以有涯隨無涯，殆已！已而為知者，殆而已矣！」〔註2〕生命是有限的，知識是無限的，構成了學習與目標空間的無限距離，當然也就形成了生命的無

〔註1〕〔清〕郭慶藩：《莊子集釋》，中華書局 1961 年版，第 224 頁。
〔註2〕〔清〕郭慶藩：《莊子集釋》，中華書局 1961 年版，第 115 頁。

奈。學習是人的本性，也是必須的社會屬性，學習是學不完的，但又必須學習。那麼，對待學習我們應該採取什麼樣的態度和方法，就十分重要了。

莊子指出：「為善無近名，為惡無近刑，緣督以為經，可以保身，可以全生，可以養親，可以盡年。」〔註3〕關於學習的內容，莊子直接分為善惡二類。「為善無近名，為惡無近刑」，有的解釋為為善自然會得名，作惡肯定為受刑，但是，從上下文看應該是，為善不會立即就能獲得善的名聲，作惡也未必立即受之繩墨，學習當然也未必立即就能夠成才。那麼，對於學習，孔子《論語》中有學而篇，認為要經常複習，要體現學習的快樂；荀子也寫作有《勸學篇》都對學習提出了自己的看法，認為學習從誦經開始，終於讀禮，可以成為聖人。荀子是主張性惡論的，因此對學習的價值非常強調。但是儒家的學習主要還在於方內，包括學習的內容、從師、學習的目的等，貴全成人。而莊子不這樣認為，他提出：「緣督以為經，可以保身，可以全生，可以養親，可以盡年。」經就是道，緣督是莊子的學習之道，督就是督察，深刻地認識與科學的把握。比較儒家，莊子的思想更具有哲思，也符合現代社會學習的目的。那麼如何是緣督，莊子講了庖丁解牛的故事。庖丁為文惠君解牛莫不中音，合於桑林之舞，乃中經首之會。說明道是相通的，事物有共同的規律，規律就是依乎天理。這就是庖丁「所好者道也」。緣督審察的結果是庖丁看到了牛的另外一個象，因此解牛時候以神遇而不以目視，官知止而神欲行。彼節者有間而刀刃者無厚，以無厚入有間，恢恢乎其於遊刃必有餘地矣。是以十九年而刀刃若新發於硎。所謂養生主也就是養生之道，文惠君吾聞庖丁之言，得養生之道原因就在這裡。

每個人的條件不同，因此養生或者學習必然受到限制：「公文軒見右師而驚曰：『是何人也？惡乎介也？天與？其人與？』曰：『天也，非人也。天之生是使獨也，人之貌有與也。以是知其天也，非人也。』」〔註4〕右師只有一條腿，又是天生的，說明大自然在造化人類的時候存在著天然的差別，那麼人類智慧根據自己的條件去學習不用問為什麼。精神的自由比生存的條件更重要：「澤雉十步一啄，百步一飲，不蘄畜乎樊中。神雖王，不善也。」〔註5〕不僅人類，動物也是如此。

〔註3〕〔清〕郭慶藩：《莊子集釋》，中華書局1961年版，第115頁。
〔註4〕〔清〕郭慶藩：《莊子集釋》，中華書局1961年版，第124頁。
〔註5〕〔清〕郭慶藩：《莊子集釋》，中華書局1961年版，第126頁。

養生或者學習都是自然賦予我們的存在方式，因此不能違背自然的規律。「老聃死，秦失弔之，三號而出。弟子曰：『非夫子之友邪？』曰：『然。』『然則弔焉若此可乎？』曰：『然。始也吾以為其人也，而今非也。向吾入而弔焉，有老者哭之，如哭其子；少者哭之，如哭其母。彼其所以會之，必有不蘄言而言，不蘄哭而哭者。是遁天倍情，忘其所受，古者謂之遁天之刑。適來，夫子時也；適去，夫子順也。』」〔註6〕哭老子的故事告訴我們，人要順時順勢，得道才能受到尊重，不能遁天倍情，那樣會遭到天罰。只有這樣，才能避免情緒上的干擾，徹底解脫。同樣，生命有限，知識無限，但是生命不可能常在，已經獲得的只是卻是可以傳承的，這樣人類的已知就會越來越強大：「指窮於為薪，火傳也，不知其盡也」。

又莊子《秋水第十七》說：「秋水時至，百川灌河。涇流之大，兩涘渚崖之間，不辯牛馬。於是焉河伯欣然自喜，以天下之美為盡在己。順流而東行，至於北海，東面而視，不見水端。於是焉河伯始旋其面目，望洋向若而歎曰：『野語有之曰：『聞道百，以為莫己若者』，我之謂也。」〔註7〕莊子非常注重認識的無窮，反對井底之蛙那樣的自誇，稱之為小大之辯。他認為，每個人都有自己的侷限。井蛙不可以語於海者，拘於虛也；夏蟲不可以語於冰者，篤於時也；曲士不可以語於道者，束於教也。只有脫離了侷限，才可能對世界有更客觀的認識。

第二節　德育重於知識的全面發展的教育思想

莊子與荀子不同，荀子主張性惡論，認為人天生秉性就惡，莊子承認人有惡的一面，也有善的一面，天生就有差異，又經過環境的影響，因此造成了個體更為突出的差異，所以莊子強調教育的途徑首先重視道德，其次是環境，最後實現知識與道德需要的對立統一，亦即全面發展。

1. 心齋、坐忘的求新思維。莊子的理論中心齋、坐忘特別引人注目。《莊子·人世間》說「若一志，無聽之以耳，而聽之以心，而聽之以氣。聽止於耳，心止於符。氣也者，虛而待物者也。唯道集虛。虛者，心齋也。」〔註8〕

〔註6〕〔清〕郭慶藩：《莊子集釋》，中華書局 1961 年版，第 127～128 頁。
〔註7〕〔清〕郭慶藩：《莊子集釋》，中華書局 1961 年版，第 561 頁。
〔註8〕〔清〕郭慶藩：《莊子集釋》，中華書局 1961 年版，第 147 頁。

用心以聽，以道入心，強調學習要專一，要以道入心靈空間，就是強調道德首先與主體的主張。《莊子·大宗師》說：「墮肢體，黜聰明，離形去知，同於大通，此謂坐忘。」〔註9〕要通過坐忘的方式接受新知。新知要體現道，又無所不在。《知北遊》說：「東郭子問於莊子曰：『所謂道，惡乎在？』莊子曰：『無所不在。』東郭子曰：『期而後可。』莊子曰：『在螻蟻。』曰：『何其下邪？』曰：『在稊稗。』曰：『何其愈下邪？』曰：『在瓦甓。』曰：『何其愈甚邪？』曰：『在屎溺。』東郭子不應。莊子曰：『夫子之問也，固不及質。』」〔註10〕東郭子請教道的外在形態，而不是關注道的價值與本質，因此莊子指出，道本無形，但又無所不在。也就是現在我們說的三百六十行行行出狀元的思路。

2. 學習環境和因勢利導的學習思維。《莊子·至樂》說：「魚處水而生，人處水而死。彼必相與異，其好惡故異也。故先聖不一其能，不同其事。」〔註11〕不同的條件適合不同的生存對象，因此要因勢利導，要不一其能，不同其事。人與環境是互為作用互相影響的關係。

3. 抓住關鍵，得意可忘言。《莊子·外物》說：「筌者所以魚，得魚而忘筌；蹄者所以在兔，得兔而忘蹄；言者所在意，得意而忘言。」〔註12〕言語是工具性質，思想是自由的，道理是無限的。因此，要根據目的使用工具，達到目的不必再拘泥於工具及其過程。

4. 學習知識，更要做人。《大宗師第六》說：「知天之所為，知人之所為者，至矣。知天之所為者，天而生也；知人之所為者，以其知之所知以養其知之所不知，終其天年而不中道夭者，是知之盛也。雖然，有患。夫知有所待而後當，其所待者特未定也。庸詎知吾所謂天之非人乎？所謂人之非天乎？且有真人而後有真知。」〔註13〕莊子認為，要獲得天下的只是是很難的，但是這些知識的真偽實在非常重要，因此莊子提倡要獲得真知，而要獲得真知首先要做真人，把做人放在求知之前。

〔註 9 〕〔清〕郭慶藩：《莊子集釋》，中華書局 1961 年版，第 284 頁。
〔註10〕〔清〕郭慶藩：《莊子集釋》，中華書局 1961 年版，第 749～750 頁。
〔註11〕〔清〕郭慶藩：《莊子集釋》，中華書局 1961 年版，第 621 頁。
〔註12〕〔清〕郭慶藩：《莊子集釋》，中華書局 1961 年版，第 944 頁。
〔註13〕〔清〕郭慶藩：《莊子集釋》，中華書局 1961 年版，第 224～226 頁。

第三節　勤奮與感悟相結合的學習進路

充滿想像力的神思是創造性思維，我們稱為體驗或者神遊、或者感受。這是學以致用，體悟道德的重要途徑。《秋水》說：「莊子與惠子游於濠梁之上。莊子曰：『鰷魚出遊從容，是魚之樂也。』惠子曰：『子非魚，安知魚之樂？』莊子曰：『子非我，安知我不知魚之樂？』惠子曰『我非子，固不知子矣；子固非魚也，子之不知魚之樂，全矣！』莊子曰：『請循其本。子曰『汝安知魚樂』云者，既已知吾知之而問我。我知之濠上也。』」〔註14〕在莊子看來，每個人都有自己的獨特的生活體驗，也就是個性，事物之間具有內在的關聯，因此在認識世界的時候可以根據自己的感悟作出判斷。而另一方面，莊子亦十分讚賞那些緣督而為的人，並且在體道中沒有貴賤之分。《莊子》中有大量的這方面的例子。如「庖丁解牛」、「津人操舟」等。《莊子·達生》記載：

> 顏淵問仲尼曰：「吾嘗濟乎觴深之淵，津人操舟若神。吾問焉曰：『操舟可學邪？』曰：『可。善遊者數能。若乃夫沒人，則未嘗見舟而便操之也。』吾問焉而不吾告，敢問何謂也？」仲尼曰：「善遊者數能，忘水也；若乃夫沒人之未嘗見舟而便操之也，彼視淵若陵，視舟若履，猶其車卻也。覆卻萬方陳乎前而不得入其舍，惡往而不暇！以瓦注者巧，以鉤注者憚，以黃金注者婚。其巧一也，而有所矜，則重外也。凡外重者內拙。

莊子對人的天賦、心理與學習的關係作出了精闢的論述。具有游泳能力的人，很快就可以學會駕船，而具備潛水能力的人，駕船就如平地一般；這些能力固然要通過學習取得，而心理的感受，同樣非常重要，只有發現天賦，利用好天賦，才能夠取得超然的成就。

第四節　求真務實，重視身教與人的理想

言教與身教是互相依存的教育方式，但也可以獨立自存。《莊子·內篇·德充符第五》說：「魯有兀者王駘，從之遊者與仲尼相若。常季問於仲尼曰：『王駘，兀者也，從之遊者與夫子中分魯。立不教，坐不議。虛而往，實而歸。固有不言之教，無形而心成者邪？是何人也？』仲尼曰：『夫子，聖人也，丘也直後而未往耳！丘將以為師，而況不若丘者乎！奚假魯國，丘將引天下

〔註14〕〔清〕郭慶藩：《莊子集釋》，中華書局 1961 年版，第 606～607 頁。

而與從之。』」〔註15〕莊子認為身教重於言教，提出了更加務實的教育思想，與現代教育思想一致。孔子以教化聞名天下，但不如兀者立不教，坐不議，說明真正的求知不僅在於言語，更在於行為規範。《老子》第四十三章說：「天下之至柔，馳騁天下之至堅。無有入於無間。是以知無為有益。不言之教，無為之益，天下希及之」。老子提倡的不言之教，與莊子的無言心成是一個意思。

孔子的美感認同是文質彬彬、盡善盡美。儒家在真上缺少系統的表述，但是莊子不同，他在美善之外，特別重視真的價值。儒家提倡聖人，莊子很不滿意，認為聖人不死，大盜不止，是聖人幫助了大盜。因此莊子希望聖人要成為大聖人，才能為這個世界多作貢獻。莊子塑造了真人、至人、神人等具有不同人格的人，皆以真為基礎。至人是莊子設計的齊物為一的人，因此其存在超越功名利祿，超越人的侷限。《逍遙遊》說：「至人無己」。《齊物論》說：「齧缺曰：「子不利害，則至人固不知利害乎？」王倪曰：「至人神矣！大澤焚而不能熱，河漢沍而不能寒，疾雷破山、飄風振海而不能驚。若然者，乘雲氣，騎日月，而遊乎四海之外，死生無變於己，而況利害之端乎！」〔註16〕又《人世間》說：「仲尼曰：『嘻！若殆往而刑耳！夫道不欲雜，雜則多，多則擾，擾則憂，憂而不救。古之至人，先存諸己而後存諸人。所存於己者未定，何暇至於暴人之所行！且若亦知夫德之所蕩而知之所為出乎哉？德蕩乎名，知出乎爭。名也者，相札也；知也者爭之器也。二者兇器，非所以盡行也。」〔註17〕根據孔子的敘述，至人由來已久，能夠保全自己，然後推及他人。

莊子《德充符》將孔子與至人進行了比較：「無趾語老聃曰：『孔丘之於至人，其未邪？彼何賓賓以學子為？彼且以蘄以諔詭幻怪之名聞，不知至人之以是為己桎梏邪？』老聃曰：『胡不直使彼以死生為一條，以可不可為一貫者，解其桎梏，其可乎？』無趾曰：『天刑之，安可解！』」〔註18〕至人與孔子有很大的區別，至人絕學是自由自在的，而孔子賓賓以學子，因此束縛了自己。但至人又是客觀存在，魯哀公認為孔子就是至人。《德充符》說：「哀公異日以告閔子曰：『始也吾以南面而君天下，執民之紀而憂其死，吾自以為至通矣。今吾聞至人之言，恐吾無其實，輕用吾身而亡吾國。吾與孔丘非君臣也，

〔註15〕〔清〕郭慶藩：《莊子集釋》，中華書局1961年版，第187～188頁。
〔註16〕〔清〕郭慶藩：《莊子集釋》，中華書局1961年版，第96頁。
〔註17〕〔清〕郭慶藩：《莊子集釋》，中華書局1961年版，第134～135頁。
〔註18〕〔清〕郭慶藩：《莊子集釋》，中華書局1961年版，第204頁。

德友而已矣！』」〔註19〕看到的是至人的道德。莊子《應帝王》說：「至人之用心若鏡，不將不逆，應而不藏，故能勝物而不傷。」〔註20〕探討了至人能夠保全自己的原因。神人是介於人與神之間的人，也就是後來的仙人。《逍遙遊》、《人間世》說：「神人無功。」、「肩吾問於連叔曰：『吾聞言於接輿，大而無當，往而不返。吾驚怖其言猶河漢而無極也，大有徑庭，不近人情焉。』連叔曰：『其言謂何哉？』『曰『藐姑射之山，有神人居焉。肌膚若冰雪，淖約若處子；不食五穀，吸風飲露；乘雲氣，御飛龍，而遊乎四海之外；其神凝，使物不疵癘而年穀熟。』吾以是狂而不信也。」〔註21〕姑山上的神人就是至人，他們都能飛，不受時間空間的限制，都能超越生死永恆，因此也就不存在厲害關係。利害關係出現的原因是生存時空的狹小造成的。神人能夠辯證地看問題，發現不用之用。《人間世》第四說：「宋有荊氏者，宜楸柏桑。其拱把而上者，求狙猴之杙斬之；三圍四圍，求高名之麗者斬之；七圍八圍，貴人富商之家求禪傍者斬之。故未終其天年而中道之夭於斧斤，此材之患也。故解之以牛之白顙者，與豚之亢鼻者，與人有痔病者，不可以適河。此皆巫祝以知之矣，所以為不祥也。此乃神人之所以為大祥也。」〔註22〕有痔瘡的人不能用來祭祀河神，正因為有痔瘡，所以才保全了性命，這就是不祥之大祥。

關於真人。《大宗師第六》說：「有真人而後有真知。何謂真人？古之真人，不逆寡，不雄成，不謨士。若然者，過而弗悔，當而不自得也。若然者，登高不栗，入水不濡，入火不熱，是知之能登假於道者也若此。古之真人，其寢不夢，其覺無憂，其食不甘，其息深深。真人之息以踵，眾人之息以喉。屈服者，其嗌言若哇。其耆欲深者，其天機淺。古之真人，不知說生，不知惡死。其出不欣，其入不距。翛然而往，翛然而來而已矣。不忘其所始，不求其所終。受而喜之，忘而復之。是之謂不以心捐道，不以人助天，是之謂真人……其好之也一，其弗好之也一。其一也一，其不一也一。其一與天為徒，其不一與人為徒，天與人不相勝也，是之謂真人。」〔註23〕

將莊了的真人與神人至人比較可以看出，皆為一人，是一而三。

莊子論及聖人與德人。

〔註19〕〔清〕郭慶藩：《莊子集釋》，中華書局1961年版，第216頁。
〔註20〕〔清〕郭慶藩：《莊子集釋》，中華書局1961年版，第307頁。
〔註21〕〔清〕郭慶藩：《莊子集釋》，中華書局1961年版，第134～136頁。
〔註22〕〔清〕郭慶藩：《莊子集釋》，中華書局1961年版，第177頁。
〔註23〕〔清〕郭慶藩：《莊子集釋》，中華書局1961年版，第226～229頁。

　　《天地十二》說：「諄芒曰：『聖治乎？官施而不失其宜，拔舉而不失其能，畢見其情事而行其所為，行言自為而天下化。手撓顧指，四方之民莫不俱至，此之謂聖治。』『願聞德人。』曰：『德人者，居無思，行無慮，不藏是非美惡。四海之內共利之之謂悅，共給之之謂安。怊乎若嬰兒之失其母也，儻乎若行而失其道也。財用有餘而不知其所自來，飲食取足而不知其所從，此謂德人之容。』『願聞神人。』曰：『上神乘光，與形滅亡，是謂照曠。致命盡情，天地樂而萬事銷亡，萬物復情，此之謂混溟。』」〔註24〕顯然，德人只生活在四海之內，是享受生活的方內之人，而神人與天地同樂同在，還能夠造福方內。

　　根據上述我們看出，至人、神人、真人是一人，其中真為核心，神人是真人之神，至人是人之至。又《雜篇‧天下第三十三》說：「天下之治方術者多矣，皆以其有為不可加矣。古之所謂道術者，果惡乎在？曰：『無乎不在。』曰：『神何由降？明何由出？』『聖有所生，王有所成，皆原於一。』不離於宗，謂之天人。不離於精，謂之神人。不離於真，謂之至人。以天為宗，以德為本，以道為門，兆於變化，謂之聖人。以仁為恩，以義為理，以禮為行，以樂為和，薰然慈仁，謂之君子。以法為分，以名為表，以參為驗，以稽為決，其數一二三四是也，百官以此相齒，以事為常，以衣食為主，蕃息畜藏，老弱孤寡為意，皆有以養，民之理也。古之人其備乎！配神明，醇天地，育萬物，和天下，澤及百姓，明於本數，係於末度，六通四辟，小大精粗，其運無乎不在。其明而在數度者，舊法、世傳之史尚多有之。其在於《詩》、《書》、《禮》、《樂》者，鄒魯之士、縉紳先生多能明之。《詩》以道志，《書》以道事，《禮》以道行，《樂》以道和，《易》以道陰陽，《春秋》以道名分。其數散於天下而設於中國者，百家之學時或稱而道之。」〔註25〕

　　根據莊子的論述我們看出，莊子認為精氣充滿是神人的特徵，真是作為至人的條件和前提，至人當然有精氣，因此神人與至人都是至人的不同的狀態與特徵。學習、教育、成長的最理想的目標當然就是真人。真也是儒道的根本區別。

〔註24〕〔清〕郭慶藩：《莊子集釋》，中華書局 1961 年版，第 440～443 頁。

〔註25〕〔清〕郭慶藩：《莊子集釋》，中華書局 1961 年版，第 1065～1067 頁。

第十一章　莊子的法治思想

　　就《莊子》一書來看，對老子並不怎麼崇尚，也不談黃帝、老子之學，更沒有以老子為師。真正效法接受老子思想的是孔子，而不是莊子。先秦典籍中，在認識自然和理解社會的觀念上很多基本相同或者相似，沒有本質的區別，而這些共同性被後來的學派理論所忽視，誇大的是差異性。這不符合歷史的真實。從三皇五帝到諸子這樣一個漫長的歷史過程形成了中國傳統文化，漢代以後則以此為基礎不斷地重新塑造，但皆注意以民為中心，宗法為社會結構，道德為本質，禮樂為外化形式。也就是說，這些思想制度從根本上說並不是關於裕民，而是如何治民，這樣就無形中把中國歷代聖賢博取自然的智慧給疏忽輕視了。老子比較注重《周易》為特徵的文化傳統，因此對自然比較熱心，孔子稱像他們這類人為方外之人。莊子主張通過對自然的認識，推動人文的重建，但是，儒家不敵農業經濟背景下的安貧樂道思想，結果是重人文而輕自然，而我們津津樂道的人文即人治常常被異化成為我們身上的繩索。從歷史上看，往往是沒有這些繩索捆綁的人是成功者，也就是說用最基本的力量去征服世界的人是成功者，最基本的力量本身就蘊含著智慧。勝利者在表達的時候往往又以儒家為藉口適用，這是對儒家的誤讀。儒家講法制，但以人倫、尊位、和暢為目標。雖然儒道追求無訟至治，但道家更具法理。所謂馬上得天下，不能馬上治天下，似乎完全是兩個範疇。對同一事物，用兩套或兩套以上的話語系統是中國的傳統。馬上得天下是對生產力的破壞，不用馬上治天下的方法又是對生產力的束縛，所以中國雖然是一個物產豐富的大國，可是真正富裕的時代並不多見，一部歷史幾乎是征戰史。如果說救國救民的道理，其實並不在於階層之間的拼搏，當是思想的科學與制度的設

計合理有效。

　　莊子主張法治，這在戰國亂世，比起儒家倡導的法以濟禮的西周以來的法制思想更有品位價值，因此整體來說，儒家重在恢復美好的記憶，而老莊更注重面向現實與未來。

第一節　法律的本體論與道德

　　莊子對法的認識，從本體論上看，法是體，道是本。《莊子·天地》說：「以道觀言而天下之君正；以道觀分而君臣之義明；以道觀能而天下之官治；以道泛觀而萬物之應備。故通於天地者，德也；行於萬物者，道也；上治人者，事也；能有所藝者，技也。技兼於事，事兼於義，義兼於德，德兼於道，道兼於天。故曰：古之畜天下者，無欲而天下足，無為而萬物化，淵靜而百姓定。《記》曰：『通於一而萬事畢，無心得而鬼神服。』」〔註1〕莊子認為，萬物都有自己的運行規律與精神，人與天地萬物相通相和就可以理想地治理天下了。這就是道德相齊，其本質則通於一。因此「天下有道，則與物皆昌；天下無道，則修德就閒。千歲厭世，去而上仙，乘彼白雲，至於帝鄉。三患莫至，身常無殃，則何辱之有？」〔註2〕《論語》說：「天下有道，禮樂征伐自天子出，天下無道，禮樂征伐自諸侯出。」〔註3〕禮樂作為禮典的重要組成部分，是社會必須遵循的規範，法以濟禮是其保障。因此道是法的本。道德是法的本，這一點儒道的見解完全一致，也是當時歷史思想的真實境界。那麼，法律的出現與獨立就被認為是道德的缺失與淪喪：「昔者堯治天下，不賞而民勸，不罰而民畏。今子賞罰而民且不仁，德自此衰，刑自此立，後世之亂自此始矣！夫子闔行邪？無落吾事！倡倡乎耕而不顧」。德衰敗之後，法律的作用就更為突出。但是法律的作用非常有限，刑亂國用重典便成為新政，重典並不能從根本上解決問題，只是堵塞，不是疏導，因此往往以滅國為結局。因此莊子對天地、政治用道觀的方式進行了思考認識。觀是先秦認識世界、管理世界的最重要的方式，《周易》中多次講到觀，第二十二卦就是觀卦，主張觀古往今來、天地萬物，以知自身的進退。孔子甚至強調「雖小道，必有可觀焉」。

〔註1〕〔清〕郭慶藩：《莊子集釋》，中華書局1961年版，第404頁。
〔註2〕〔清〕郭慶藩：《莊子集釋》，中華書局1961年版，第447頁。
〔註3〕〔宋〕朱熹：《四書章句集注》（《論語》），上海古籍出版社1983年版，第171頁。

　　所以，莊子認為，治理天下最為有效的方式不是法。《莊子·天道》說：「夫帝王之德，以天地為宗，以道德為主，以無為為常……本在於上，末在於下；要在於主，詳在於臣。三軍五兵之運，德之末也；賞罰利害，五刑之辟，教之末也；禮法度數，刑名比詳，治之末也；鍾鼓之音，羽旄之容，樂之末也；哭泣衰絰，隆殺之服，哀之末也。此五末者，須精神之運，心術之動，然後從之者也。」〔註4〕莊子解釋德的前提是要符合天地之道，而不是盲目崇拜自然。這就是本，由此才可以談道德體系。儒家以帝王為本，帝王就是天地，看似都言天地，但莊子具有科學精神，而儒家就顯得沒有了。莊子還對法的地位發表了看法，認為「是故古之明大道者，先明天而道德次之，道德已明而仁義次之，仁義已明而分守次之，分守已明而形名次之，形名已明而因任次之，因任已明而原省次之，原省已明而是非次之，是非已明而賞罰次之，賞罰已明而愚知處宜，貴賤履位，仁賢不肖襲情。必分其能，必由其名。以此事上，以此畜下，以此治物，以此修身，知謀不用，必歸其天。此之謂大平，治之至也。」〔註5〕用兵體現道德機制，刑罰關乎平安教化，禮法表現治念，將兵、法、禮放在一個平臺上進行察觀，這是一個比較全面的認識方式。《禮記》也曾談到禮樂刑名，認為其極一也。一就是大平。就現代的眼光看，科學的知識與思想，是公平正義存在的基礎，只有這樣才能有科學的執法與司法。這與莊子的思想幾乎沒有理論的區別。儒家提倡教而誅之，認為不教而誅是沒有盡到社會的責任，儒家提倡至治，主要指的是無訟，這與莊子不同。莊子將大平作為至治，更具法治精神。具體地說，莊子的自治分為以下幾個方面：

一、吸取歷史上的經驗教訓，要做到天下均治

　　《莊子·天地》說：「門無鬼與赤張滿稽觀於武王之師，赤張滿稽曰：『不及有虞氏乎！故離此患也。』門無鬼曰：『天下均治而有虞氏治之邪？其亂而後治之與？』赤張滿稽曰：『天下均治之為願，而何計以有虞氏為！有虞氏之藥瘍也，禿而施髢，病而求醫。孝子操藥以修慈父，其色燋然，聖人羞之。至德之世，不尚賢，不使能，上如標枝，民如野鹿。端正而不知以為義，相愛而不知以為仁，實而不知以為忠，當而不知以為信，蠢動而相使不以為賜。

〔註4〕〔清〕郭慶藩：《莊子集釋》，中華書局1961年版，第465～468頁。
〔註5〕〔清〕郭慶藩：《莊子集釋》，中華書局1961年版，第471頁。

是故行而無跡，事而無傳。』〔註6〕莊子欣賞人性的淳樸，道德的自然完美，但是這些都是順乎人性的自然以及君王的模範形成的，但並不是說人要回到禽獸時代，他是主張在亂之前實現治。通過至德的實現，一種沒有痕跡的自然完美。他舉例說：「子貢南遊於楚，反於晉，過漢陰，見一丈人方將為圃畦，鑿隧而入井，抱甕而出灌，搰搰然用力甚多而見功寡……為圃者曰：『子非夫博學以擬聖，於於以蓋眾，獨弦哀歌以賣名聲於天下者乎？汝方將忘汝神氣，墮汝形骸，而庶幾乎！而身之不能治，而何暇治天下乎！子往矣，無乏吾事！』〔註7〕莊子雖然主張齊物，有別於儒家的齊家，但注重自身的原因一點也不含糊。他認為首先治身，然後才可以治理天下。

二、法治關乎天下安危，治理更要治心性

《莊子·則陽》說：「魏瑩與田侯牟約，田侯牟背之。魏瑩怒，將使人刺之。犀首公孫衍聞而恥之，曰：『君為萬乘之君也，而以匹夫從仇。衍請受甲二十萬，為君攻之，虜其人民，係其牛馬，使其君內熱發於背，然後拔其國。忌也出走，然後抶其背，折其脊。』季子聞而恥之，曰：『築十仞之城，城者既十仞矣，則又壞之，此胥靡之所苦也。今兵不起七年矣，此王之基也。衍亂人，不可聽也。』華子聞而醜之，曰：『善言伐齊者，亂人也；善言勿伐者，亦亂人也；謂伐之與不伐亂人也者，又亂人也。』君曰：『然則若何？』曰：『君求其道而已矣。』惠子聞之而見戴晉人。戴晉人曰：『有所謂蝸者，君知之乎？』曰：『然。』『有國於蝸之左角者曰觸氏，有國於蝸之右角者曰蠻氏，時相與爭地而戰，伏屍數萬，逐北旬有五日而後反。』君曰：『噫！其虛言與？』曰：『臣請為君實之。君以意在四方上下有窮乎？』君曰：『無窮。』曰：『知遊心於無窮，而反在通達之國，若存若亡乎？』君曰：『然。』曰：『通達之中有魏，於魏中有梁，於梁中有王。王與蠻氏，有辯乎？』君曰：『無辯。』」〔註8〕

春秋以來，王室衰微，諸侯之間因為利益意氣之爭，戰亂頻仍，復仇意識進一步強化。這種意識甚至成為民族的傳統，因此復仇不僅是法律問題，也是生存的理念與文化。什麼情況下復仇？讓復仇具有合法性；復仇的尺度在哪裏，如何復仇？則又成為無法迴避的具體的法律問題。無論是伐國還是

〔註6〕〔清〕郭慶藩：《莊子集釋》，中華書局1961年版，第443～444頁。
〔註7〕〔清〕郭慶藩：《莊子集釋》，中華書局1961年版，第433～435頁。
〔註8〕〔清〕郭慶藩：《莊子集釋》，中華書局1961年版，第888～892頁。

伐人，都牽涉到價值與自身安全問題。蝸牛之鬥，不能等同於伏屍數萬的存亡之戰。安定是法治的根本特徵。但安定不是表面上的。俗話說人心自有公道，就是說在國家、組織和個人的法律關係之外，還有另外一個法庭就是人心，只有外物與內心都能實現法治，才是真正的法治。魏瑩與田侯牟約，田侯牟背之是匹夫之仇，違約的代價只是沒有面子，不值一場戰爭。如果將違約破壞信用一事作為法律問題考量，需要仲裁，問題在於沒有仲裁，只能自裁。由於王室衰微，所以無力制裁，因此引發矛盾。莊子認為這不過是蝸牛角上的利益，完全可以超脫，顯然這種思想是一種無奈的做法。放棄復仇，不是弱者的無可奈何，而是求得安定的無奈之舉。就這一點說，莊子的思想是壓抑的，解決現實問題是迴避矛盾。面對宮廷月舞，孔子是是可忍孰不可忍，非常憤怒。以二者比較，莊子比孔子更為冷靜。又《莊子・則陽》說：

> 長梧封人問子牢曰：『君為政焉勿鹵莽，治民焉勿滅裂。昔予為禾，耕而鹵莽之，則其實亦鹵莽而報予；芸而滅裂之，其實亦滅裂而報予。予來年變齊，深其耕而熟耰之，其禾蘩以滋，予終年厭飧。』莊子聞之曰：『今人之治其形，理其心，多有似封人之所謂，遁其天，離其性，滅其情，亡其神，以眾為。故鹵莽其性者，欲惡之孽為性，萑葦蒹葭始萌，以扶吾形，尋擢吾性。並潰漏發，不擇所出，漂疽疥癰，內熱溲膏是也。』」〔註9〕

莊子認為，人心的治理是根本的治理，其投入與產出成比例關係。莊子主張包容穩定的心態，可以預防犯罪，反對率直魯莽。

三、明是法治的根本形態特徵

《莊子・養生主》說：「為善無近名，為惡無近刑，緣督以為經，可以保身，可以全生，可以養親，可以盡年。」〔註10〕莊子十分注重道法自然，但是並不是要排斥人生的社會特性。「緣督以為經」就是說要把有限的生命集中到有限的洞察事物的本質上，只有看透事物的本質，才可以獲得生存的安全。《禮記》在談到大學之道的時候也認為明是大學的特徵，認為明首先明德，明德首先又是做到至善。莊子在討論善惡的時候不是簡單評價，而是說要認識清楚。這在穩定包容的心態上又強調了原則價值。莊子在《齊物論》中說：

〔註9〕〔清〕郭慶藩：《莊子集釋》，中華書局1961年版，第897～899頁。
〔註10〕〔清〕郭慶藩：《莊子集釋》，中華書局1961年版，第115頁。

「是以聖人不由而照之於天，亦因是也。是亦彼也，彼亦是也。彼亦一是非，此亦一是非，果且有彼是乎哉？果且無彼是乎哉？彼是莫得其偶，謂之道樞。樞始得其環中，以應無窮。是亦一無窮，非亦一無窮也。故曰莫若以明。」〔註11〕在紛繁的時間中，如果不能做到明，找出是非成敗的原因就會失之輕率。只有得到道樞，即得其環中才可以應對無窮，因此明是關鍵。他舉冉相氏為例說：「冉相氏得其環中以隨成，與物無終無始，無幾無時。日與物化者，一不化者也。闔嘗舍之！夫師天而不得師天，與物皆殉。其以為事也，若之何？夫聖人未始有天，未始有人，未始有始，未始有物，與世偕行而不替，所行之備而不洫，其合之也，若之何！」〔註12〕清明到與事物一體，自然也就是天人合一、人人合一了，法治也就自然形成。《莊子·在宥》說：「賤而不可不任者，物也；卑而不可不因者，民也；匿而不可不為者，事也；粗而不可不陳者，法也；遠而不可不居者，義也；親而不可不廣者，仁也；節而不可不積者，禮也；中而不可不高者，德也；一而不可不易者，道也；神而不可不為者，天也。故聖人觀於天而不助，成於德而不累，出於道而不謀，會於仁而不恃，薄於義而不積，應於禮而不諱，接於事而不辭，齊於法而不亂，恃於民而不輕，因於物而不去。物者莫足為也，而不可不為。不明於天者，不純於德；不通於道者，無自而可；不明於道者，悲夫！何謂道？有天道，有人道。」〔註13〕莊子的天人合一與人人合一思想建立在道為本質的理論基礎上，但在法的運作設計上，主張彼此的和諧，即對立與妥協、矛盾與合作，要齊於法而不亂，而不是以權利、情緒為法。不可不存，是莊子對法的存在價值的充分肯定。

四、公平是法的唯一本質

法的本質是公平，這是自古而然的真理，王子犯法與庶民同罪。莊子認為，法的公平首先表現在立法理論的公平。《莊子·德充符》說：「哀公曰：『何謂才全？』仲尼曰：『死生存亡，窮達貧富，賢與不肖毀譽，飢渴寒暑，是事之變，命之行也；日夜相代乎前，而知不能規乎其始者也。故不足以滑和，不可入於靈府。使之和豫，通而不失於兌；使日夜無隙而與物為春，是接

〔註11〕〔清〕郭慶藩：《莊子集釋》，中華書局1961年版，第66頁。

〔註12〕〔清〕郭慶藩：《莊子集釋》，中華書局1961年版，第885頁。

〔註13〕〔清〕郭慶藩：《莊子集釋》，中華書局1961年版，第397～398頁。

而生時於心者也。是之謂才全。』『何謂德不形？』曰：『平者，水停之盛也。其可以為法也，內保之而外不蕩也。德者，成和之修也。德不形者，物不能離也。』」〔註14〕立法司法都要一碗水端平，執民之紀，食之於天就要恪守天道，也就是公平。莊子提出的水平是絕對公平，這是法的唯一本質。

五、法治的生態不是用重典

《莊子·大宗師》說：「古之真人，其狀義而不朋，若不足而不承；與乎其觚而不堅也，張乎其虛而不華也；邴邴乎其似喜也，崔崔乎其不得已也，滀乎進我色也，與乎止我德也，廣乎其似世也，謷乎其未可制也，連乎其似好閉也，悗乎忘其言也。以刑為體，以禮為翼，以知為時，以德為循。以刑為體者，綽乎其殺也；以禮為翼者，所以行於世也；以知為時者，不得已於事也；以德為循者，言其與有足者至於丘也，而人真以為勤行者也。故其好之也一，其弗好之也一。其一也一，其不一也一。其一與天為徒，其不一與人為徒，天與人不相勝也，是之謂真人。」〔註15〕

對於治國，莊子主張以刑為體，但是刑不是孤立的刑罰，而是要與禮、知、德相頡頏。也可以理解為司法者需要法律、道德、禮樂、知識等方面的素養作為相互支撐而存在。並且，人人都有論道的權利，即使像孔子那樣的天之戮民亦不例外。《莊子·馬蹄》說：

夫殘樸以為器，工匠之罪也；毀道德以為仁義，聖人之過也。

夫馬陸居則食草飲水，喜則交頸相靡，怒則分背相踢。馬知已此矣！

夫加之以衡扼，齊之以月題，而馬知介倪闉扼鷙曼詭銜竊轡。故馬

之知而能至盜者，伯樂之罪也。〔註16〕

莊子認為司法需要公平，要根據各自的存在方式認定犯罪，在某種意義上說玩忽職守或事務所成等才是真正的犯罪行為。

第二節 法治名實與法律的邊界

名實問題由來已久，是人們認識世界的理性上升時期的必然選擇。孔子強調名器不可假人，主張正名。《荀子》一書還以專章討論。先秦的文獻中普

〔註14〕〔清〕郭慶藩：《莊子集釋》，中華書局1961年版，第212～215頁。

〔註15〕〔清〕郭慶藩：《莊子集釋》，中華書局1961年版，第234～235頁。

〔註16〕〔清〕郭慶藩：《莊子集釋》，中華書局1961年版，第336～338頁。

遍比較看重人生的形體與精神的兩個我的統一。《鶡子》之《大道文王問第八》說：

> 政曰：昔者文王問於鶡子：「敢問人有大忘乎？」對曰：「有。」
> 文王曰：「敢問大忘奈何？」鶡子曰：「知其身之惡而不改也，以賊
> 其身，乃喪其軀。其行如此，是謂之大忌。」〔註17〕

身軀與精神是為人的兩體。兩體的認識揭示了情理兩端的矛盾，明智其矛盾以後才會有調和統一。人的身體是欲望的象徵，人的精神的道德的象徵，因此這兩個我要靠精神來保障和支配，否則是自己糟蹋自己，出賣自己的身體。《莊子》內篇第二齊物論即源自這一理論。而就法治言之，又有名和實的區別，關鍵在於實施。

莊子認為，法治以道德為基礎，沒有則不但不能實現法治，還會帶來危險，為名而爭，不能從根本上解決問題。面對亂世暴君，只有通過心齋，才能保全自己，名實之間，不可不慎。《莊子‧人間世》說：

> 顏回見仲尼，請行。曰：「奚之？」曰：「將之衛。」曰：「奚為
> 焉？」曰：「回聞衛君，其年壯，其行獨。輕用其國而不見其過。輕
> 用民死，死者以國量，乎澤若蕉，民其無如矣。回嘗聞之夫子曰：
> 『治國去之，亂國就之。醫門多疾。』願以所聞思其則，庶幾其國
> 有瘳乎！」仲尼曰：「嘻，若殆往而刑耳！夫道不欲雜，雜則多，多
> 則擾，擾則憂，憂而不救。古之至人，先存諸己而後存諸人。所存
> 於己者未定，何暇至於暴人之所行！」〔註18〕

顏回根據孔子入世的理論打算去衛國勸說衛君改變獨裁政治遭到了孔子的反對，認為如果去衛國，不僅不能改變暴政，還有性命之憂。其理由有以下幾點：

1. 名法以德為根本：「德蕩乎名，知出乎爭。名也者，相札也；知也者爭之器也。二者兇器，非所以盡行也」。德的缺失是因為求名，智成為鬥爭之器也是因為求名，因此過分追求名就成為受到傷害的原因。也就是說並不是有理論就能解決實際問題，相反理論強行去解決實際問題還有生命的危險，因為從制度設計上沒有保障。

2. 明法要以制度為保障：「強以仁義繩墨之言術暴人之前者，是以人惡有

〔註17〕鍾肇鵬：《鶡子校理》，中華書局2010年版，第6～7頁。
〔註18〕〔清〕郭慶藩：《莊子集釋》，中華書局1961年版，第131～134頁。

其美也，命之曰災人。災人者，人必反災之。若殆為人災夫」。以仁義改變暴君往往適得其反，如果以道德與法律規範強行作用暴君，那麼必然受到暴君的反懲罰，下場很慘：「是以火救火，以水救水，名之曰益多。順始無窮，若殆以不信厚言，必死於暴人之前矣！」

3. 名法要與實務統一。關龍逢、比干就是好名而死，但沒有改變暴君政治。修身與暴政根本對立，比干等就是因為修身正名而慘遭殺戮，因此追求名十分危險。堯舜禹曾經攻打這些暴君，但是暴君死了，國家成為廢墟，老百姓成為厲鬼。結果只是得到空名，聖人如此，何況一般的人！苛政猛於虎，要實現法治，必須要有合適的環境，對待暴君只能周旋順從，以法治對抗暴君，必然受到暴君的迫害，法不是萬能的。《內篇‧人間世》說：

> 顏闔將傅衛靈公大子，而問於蘧伯玉曰：「有人於此，其德天殺。與之為無方則危吾國，與之為有方則危吾身。其知適足以知人之過，而不知其所以過。若然者，吾奈之何？」蘧伯玉曰：「善哉問乎！戒之，慎之，正女身哉！形莫若就，心莫若和。雖然，之二者有患。就不欲入，和不欲出。形就而入，且為顛為滅，為崩為蹶。心和而出，且為聲為名，為妖為孽。彼且為嬰兒，亦與之為嬰兒；彼且為無町畦，亦與之為無町畦；彼且為無崖，亦與之為無崖。達之，入於無疵。」〔註19〕

莊子認為，以個人的力量去消解暴君政治，就像螳螂怒其臂以當車轍。就像老虎，虎之與人異類，而媚養己者，順也；故其殺者，逆也。那麼，對待暴君如順從則害國，如果不順從則危及自身，對於若然，只好應然，最合適的是警戒、修身與謹慎。顯然，莊子對於宗族的權力無法找到合適的應對措施。知識不能取得法治的實現，權力是制約理論的關鍵。那麼，面對亂世暴君，如何明法務實，尋找存在的法律邊界？這是必須要面對的問題。《莊子‧人間世》認為端而虛，勉而一隻是自己，要想用德來感化肯定不行。內直而外曲，成而上比也不行，大多政法而不諜。祭祀之齋同樣不行，需要心齋：

> 回曰：「敢問心齋。」仲尼曰：「若一志，無聽之以耳而聽之以心；無聽之以心而聽之以氣！聽止於耳，心止於符。氣也者，虛而待物者也。唯道集虛。虛者，心齋也。」顏回曰：「回之未始得使，實自回也；得使之也，未始有回也，可謂虛乎？」夫子曰：「盡矣。

〔註19〕〔清〕郭慶藩：《莊子集釋》，中華書局1961年版，第164～165頁。

> 吾語若！若能入遊其樊而無感其名，入則鳴，不入則止。無門無毒，
> 一宅而寓於不得已，則幾矣。絕跡易，無行地難。為人使易以偽，
> 為天使難以偽。聞以有翼飛者矣，未聞以無翼飛者也；聞以有知知
> 者矣，未聞以無知知者也。瞻彼闋者，虛室生白，吉祥止止。夫且
> 不止，是之謂坐馳。夫徇耳目內通而外於心知，鬼神將來舍，而況
> 人乎！是萬物之化也，禹、舜之所紐也，伏戲、几蘧之所行終，而
> 況散焉者乎！」〔註20〕

　　莊子認為，虛而待物，唯道集虛，以道來固守心境，具體進退的方式是遊，通過遊進入對方的藩籬，根據具體情況進退。在保全自己明確自己存在的情況下，發揮理論的武器功能。法律法治作用的邊界就個人說是安全與有效，而安定天下、和諧諸侯則是法外之事。

第三節　絕聖棄智與法治理想

　　對於國家的治理，每個時代都有自己的特色，也形成了不同的政治思想流派。薪火相傳，理論上似乎應該逐漸完善，但事實上往往出於政治目的或者感情原因，薪傳火不傳或反其道而行之。往古察今，是孔子參觀周代明堂得到的啟示，孔子提出了五刑不用，實現至治的法學理論。《孔子家語・五刑解第三十》說：

> 冉有問於孔子曰：「古者三皇五帝不用五刑，信乎？」孔子曰：
> 「聖人之設防，貴其不犯也。制五刑而不用，所以為至治也。凡民之
> 為姦邪竊盜，靡法妄行者，生於不足，不足，生於無度，無度則小者
> 偷惰，大者侈靡，各不知節。是以上有制度，則民知所止，民知所止，
> 則不犯。」……孔子曰：「大罪有五，而殺人為下，逆天地者罪及五
> 世，誣文武者罪及四世，逆人倫者罪及三世，謀鬼神者罪及二世，手
> 殺人者罪止其身，故曰大罪有五，而殺人為下矣。」〔註21〕

　　孔子主張法制，執法態度嚴厲，但他認為酷吏的行為不是法制的上策，「制五刑而不用，所以為至治也」，具有很高的科學價值。《論語》卷六顏淵第十二也表達了同樣的看法：子曰：「片言可以折獄者，其由也與？」「子

〔註20〕〔清〕郭慶藩：《莊子集釋》，中華書局 1961 年版，第 147～150 頁。
〔註21〕《孔子家語》，上海新文化書店 1936 年版，第 22 頁。

曰：「聽訟，吾猶人也，必也使無訟乎！」〔註22〕無訟是孔子法制思想的理想狀態。但無訟只是美好的過去，很難長期保持。孔子認為治理國家也是從正名開始，認為禮樂沒有禮樂刑罰難以發揮作用，指出了禮法的互相依存的關係。《史記·孔子世家》引孔子的話說：孔子曰：「野哉由也！夫名不正則言不順，言不順則事不成，事不成則禮樂不興，禮樂不興則刑罰不中，刑罰不中則民無所錯手足矣。夫君子為之必可名，言之必可行。君子於其言，無所苟而已矣。」〔註23〕

莊子的至治思想與孔子的至治本同而末異。不僅僅是表現在正名或名實關係上，更在於對至治時代的認識與現實關係的處理上。莊子《外篇·在宥第十一》說：

> 聞在宥天下，不聞治天下也。在之也者，恐天下之淫其性也；宥之也者，恐天下之遷其德也。天下不淫其性，不遷其德，有治天下者哉？昔堯之治天下也，使天下欣欣焉人樂其性，是不恬也；桀之治天下也，使天下瘁瘁焉人苦其性，是不愉也。夫不恬不愉。非德也；非德也而可長久者，天下無之。〔註24〕

莊子認為，堯舜能夠體驗到人性的需要與快樂，讓人民滿足自己的需求，人性高於道德，與孔子未見好德如好色者也的觀點一致。法律作為意志根本的是人的意志，代表了整個的人，也就是歸一。雖然有理想化的成分，但也不是無例可尋。莊子描述至治的狀態說：

> 子獨不知至德之世乎？昔者容成氏、大庭氏、伯皇氏、中央氏、栗陸氏、驪畜氏、軒轅氏、赫胥氏、尊盧氏、祝融氏、伏戲氏、神農氏，當是時也，民結繩而用之。甘其食，美其服，樂其俗，安其居，鄰國相望，雞狗之音相聞，民至老死而不相往來。若此之時，則至治已。今遂至使民延頸舉踵，曰『某所有賢者』，贏糧而趣之，則內棄其親而外去其主之事，足跡接乎諸侯之境，車軌結乎千里之外。則是上好知之過也！上誠好知而無道，則天下大亂矣！何以知其然邪？……故天下每每大亂，罪在於好知。故天下皆知求其所不知而莫知求其所已知者，皆知非其所不善而莫知非其所已善者，是

〔註22〕〔宋〕朱熹：《四書章句集注》（《論語》），中華書局1983年版，第137頁。
〔註23〕〔漢〕司馬遷：《史記》，中華書局1982年版，第1933～1934頁。
〔註24〕〔清〕郭慶藩：《莊子集釋》，中華書局1961年版，第364頁。

以大亂。故上悖日月之明，下爍山川之精，中墮四時之施，惴耎之
蟲，肖翹之物，莫不失其性。甚矣，夫好知之亂天下也！自三代以
下者是已！舍夫種種之機而悅夫役役之佞；釋夫恬淡無為而悅夫啍
啍之意，啍啍已亂天下矣！」〔註25〕（《莊子・胠篋》）

　　莊子從至德之世的飲食、衣著、風俗、居住方面人們得到充分滿足說明
這就是至治的狀態，而不以人們是否往來作為標誌。分工、欲望、權利導致
那種因人而紛擾的狀態，莊子認為是無道的表現。莊子認為不僅僅要求未知，
還要督查已知；不僅要求知人類，還要與自然相化合。相比儒家只重視人倫
政治，對大眾、自然缺少足夠關心的理路比較，莊子的思想更具人文現代性。

　　莊子對紛擾世態的聖賢、君王還有進一步的論述。《莊子・胠篋》說：
　　　將為胠篋探囊發匱之盜而為守備，則必攝緘縢，固扃鐍，此世
　　俗之所謂知也。然而巨盜至，則負匱揭篋擔囊而趨，唯恐緘縢扃鐍
　　之不固也。然則鄉之所謂知者，不乃為大盜積者也？〔註26〕

　　莊子對社會觀察視角主要是權力的存在與奪取、宗族制度與宗族制度維
護的規則。如果現存的政權沒有什麼過錯，但是被推翻了就是說被別人奪了
權，那麼這種行為就是盜竊，但是結果是有乎盜賊之名，而身處堯舜之安。
那麼，維護奪權的制度與聖賢思想只能是盜亦有道，道與道通，則大盜就是
大聖。莊子舉齊國為例：昔者齊國鄰邑相望，雞狗之音相聞，罔罟之所布，耒
耨之所刺，方二千餘里，闔四竟之內，所以立宗廟社稷，治邑屋州閭鄉曲者，
曷嘗不法聖人哉？然而田成子一旦殺齊君而盜其國，所盜者豈獨其國邪？並
與其聖知之法而盜之，故田成子小國不敢非，大國不敢誅，十二世有齊國，
則是不乃竊齊國並與其聖知之法以守其盜賊之身乎？在莊子看來，奪取政權
與其法度知識實際上只是統治者的權力更替，其餘不變，因此得到大小國家
的認可，本質上就是對國家的竊取。那麼，至知者，有不為大盜積者乎？至
聖者，有不為大盜守者乎？如果有就有刑戮之災。龍逢斬、比干剖、萇弘胣、
子胥靡，四賢皆苦死。那麼郡王的治外法權體現在生態上就是知與聖，只有
消滅治外法權，才能真正實現法治，所以，莊子提出要絕聖棄智：「由是觀
之，善人不得聖人之道不立，跖不得聖人之道不行。天下之善人少而不善人
多，則聖人之利天下也少而害天下也多。故曰：唇竭則齒寒，魯酒薄而邯鄲

〔註25〕〔清〕郭慶藩：《莊子集釋》，中華書局1961年版，第357～360頁。
〔註26〕〔清〕郭慶藩：《莊子集釋》，中華書局1961年版，第342頁。

圍，聖人生而大盜起。掊擊聖人，縱捨盜賊，而天下始治矣」。儒家過度強調仁義禮智信這些具體的倫理規範，只是中性的制度規則的設計，不是根本上的法治：

> 故跖之徒問於跖曰：「盜亦有道乎？」跖曰：「何適而無有道邪？
> 夫妄意室中之藏，聖也；入先，勇也；出後，義也；知可否，知也；
> 分均，仁也。五者不備而能成大盜者，天下未之有也。」聖人已死，
> 則大盜不起，天下平而無故矣！聖人不死，大盜不止。雖重聖人而
> 治天下，則是重利盜跖也。竊鉤者誅，竊國者為諸侯，故絕聖棄知，
> 大盜乃止；擿玉毀珠，小盜不起；焚符破璽，而民樸鄙；掊斗折衡，
> 而民不爭；殫殘天下之聖法，而民始可與論議；擢亂六律，鑠絕竽
> 瑟，塞瞽曠之耳，而天下始人含其聰矣；滅文章，散五采，膠離朱
> 之目，而天下始人含其明矣。〔註27〕

那麼，那些具有突出才華的如楊、墨之口，曾、史之行，就成為亂天下的利器，而「法之所無用也」。莊子明確提出，對於不正當得利，無論是田成子那樣的大國之君，還是小偷小摸的竊賊，從本質上都是一樣的，只有公平，才有正義。

莊子認為，社會公平，人在衣食住行方面得到充分滿足就是至治，凡是不正當得利均為犯罪。他反覆將利劍指向諸侯，反對治外法權。他認為實現社會公平的本質是人性的滿足與快樂。孔子主張不會寡而患不均，莊子主張均平，但還強調滿足。《莊子・在宥》說：

> 昔者黃帝始以仁義攖人之心，堯舜於是乎股無胈，脛無毛，以
> 養天下之形，愁其五藏以為仁義，矜其血氣以規法度。然猶有不勝
> 也，堯於是放讙兜於崇山，投三苗於三峗，流共工於幽都，此不勝
> 天下也。夫施及三王而天下大駭矣。〔註28〕

莊子指出，養人在心與形兩個方面，但僅僅是養還不夠，仍然需要法的支持。不能追求知，所謂知指的是喜怒相疑，思知相欺，善否相非，誕信相譏。其結果是斤鋸制焉，繩墨殺焉，椎鑿決焉，因此絕聖棄知，而天下大治。這個知不是知識與智慧，而是過度精明。莊子舉例說：「黃帝立為天子十九年，令行天下，聞廣成子在於空同之上，故往見之，曰：『我聞吾子達於至道，敢

〔註27〕〔戰國〕莊周：《莊子》，上海古籍出版社 1995 年版，第 116 頁。
〔註28〕〔清〕郭慶藩《莊子集釋》，中華書局 1961 年版，第 373 頁。

問至道之精。吾欲取天地之精，以佐五穀，以養民人。吾又欲官陰陽以遂群生，為之奈何？』廣成子曰：『……我守其一以處其和。故我修身千二百歲矣，吾形未常衰。』黃帝再拜稽首曰：『廣成子之謂天矣！』廣成子曰：『來！余語女：彼其物無窮，而人皆以為有終；彼其物無測，而人皆以為有極。得吾道者，上為皇而下為王；失吾道者，上見光而下為土。今夫百昌皆生於土而反於土。故余將去女，入無窮之門，以遊無極之野。吾與日月參光，吾與天地為常。當我緡乎，遠我昏乎！人其盡死，而我獨存乎！』」〔註 29〕

　　黃帝用至道治理國家，利用自然規律從事產業，愛生養名，但廣成子以為不足，因為對世界的認識還不夠，所以說治人之過過於天災人禍。因此，從時間上看要攬乎三王之利而不見其患者也，從自然社會的現實來看，需要物物，充分認識把握自然社會的發展規律。莊子比較欣賞堯舜治理天下的方式效果。《莊子‧在宥》說：「聞在宥天下，不聞治天下也。在之也者，恐天下之淫其性也；宥之也者，恐天下之遷其德也。天下不淫其性，不遷其德，有治天下者哉？昔堯之治天下也，使天下欣欣焉人樂其性，是不恬也；桀之治天下也，使天下瘁瘁焉人苦其性，是不愉也。夫不恬不愉。非德也；非德也而可長久者，天下無之。」〔註 30〕

　　莊子認為，氣候、地理、身體造成了人非常複雜的情感與生活態度以及能力，不能賞罰為事，安其性命之情更為重要。齊戒以言之，跪坐以進之，鼓歌以儛之不過是形式，法治的理想是至治，至治的根本是人性的滿足與快樂，實現社會公平。如果消除了治外法權，那麼君子不得已而臨莅天下，莫若無為。無為也，而後安其性命之情。故貴以身於為天下，則可以託天下；愛以身於為天下，則可以寄天下。故君子苟能無解其五藏，無擢其聰明，尸居而龍見，淵默而雷聲，神動而天隨，從容無為而萬物炊累焉。吾又何暇治天下哉！莊子提出要通過無為的方式實現安萬民性命之情，最後走向至治。無為就是道的狀態，即無為無不為，亦即把握事物運行規律，實現科學發展。

　　要把握事物運行規律，實現科學發展，就需要把握事物的由來與發展運動的特點原因，莊子提出了因時而變的主張。《莊子‧天運》說：「孔子西遊於衛。顏淵問師金曰：『以夫子之行為奚如？』師金曰：『惜乎！而夫子其窮哉！……故禮義法度者，應時而變者也。今取猨狙而衣以周公之服，彼必齕

〔註 29〕〔清〕郭慶藩《莊子集釋》，中華書局 1961 年版，第 379～381 頁。
〔註 30〕〔清〕郭慶藩：《莊子集釋》，中華書局 1961 年版，第 364 頁。

嚙挽裂，盡去而後慊。觀古今之異，猶口狙之異乎周公也。故西施病心而矉其里，其里之醜人見之而美之，歸亦捧心而矉其里。其里之富人見之，堅閉門而不出；貧人見之，挈妻子而去之走。彼知矉美而不知矉之所以美。惜乎，而夫子其窮哉！』」〔註31〕

莊子認為，法治意義上的公平要重視司法的作用。《莊子・天運》說：

> 老子曰：古之至人，假道於仁，託宿於義，以遊逍遙之虛，食於苟簡之田，立於不貸之圃。逍遙，無為也；苟簡，易養也；不貸，無出也。古者謂是采真之遊。以富為是者，不能讓祿；以顯為是者，不能讓名。親權者，不能與人柄，操之則慄，舍之則悲，而一無所鑒，以窺其所不休者，是天之戮民也。怨、恩、取、與、諫、教、生、殺八者，正之器也，唯循大變無所湮者為能用之。故曰，正者，正也。其心以為不然者，天門弗開矣。〔註32〕

逍遙就是無為，也就是道，因此，《莊子》的開篇《逍遙遊》就是遊無為，就是道遊，遊其求真的途徑。一無所鑒，以窺其所不休者，是天之戮民。正之器關鍵在於正心。莊子認為道與德不可偏廢。《莊子・繕性》說：「古之治道者，以恬養知；生而無以知為也，謂之以知養恬。知與恬交相養，而和理出其性。夫德，和也；道，理也。德無不容，仁也；道無不理，義也；義明而物親，忠也；中純實而反乎情，樂也；信行容體而順乎文，禮也。禮樂遍行，則天下亂矣。」〔註33〕

只有至一，莫之為而常自然才是至治。興治化之流，梟淳散樸，離道以善，險德以行，然後去性而從於心，那麼世喪道，道喪世，世與道交相喪也。事物雖是運動變化的，但又是相對的，《莊子・秋水》說：「秋水時至，百川灌河。涇流之大，兩涘渚崖之間，不辯牛馬。於是焉河伯欣然自喜，以天下之美為盡在己。順流而東行，至於北海，東面而視，不見水端。於是焉河伯始旋其面目，望洋向若而歎曰：……故曰，蓋師是而無非，師治而無亂乎？是未明天地之理，萬物之情也。是猶師天而無地，師陰而無陽，其不可行明矣！然且語而不捨，非愚則誣也！帝王殊禪，三代殊繼。差其時，逆其俗者，謂之篡夫；當其時，順其俗者，謂之義之徒。默默乎河伯，女惡知貴賤之門，小大之

〔註31〕〔清〕郭慶藩：《莊子集釋》，中華書局 1961 年版，第 511～515 頁。
〔註32〕〔清〕郭慶藩：《莊子集釋》，中華書局 1961 年版，第 519～521 頁。
〔註33〕〔清〕郭慶藩：《莊子集釋》，中華書局 1961 年版，第 548 頁。

家！」〔註34〕

　　時代是變化的，但是天地之理有些是不變的，天地有大美，但大美不言，所以大是關鍵，大是道之字，是天地之理，萬物之情，因此法治並不是法本身或者律條，也不僅僅是現在說的在民主基礎上，而是整個世界發展的道理構成的規範的體現。既然法的規範是深層的道理構成，那麼司法的主體就要求有廣博的知識與深刻的思想。《莊子‧徐无鬼》說：「知士無思慮之變則不樂，辯士無談說之序則不樂，察士無凌誶之事則不樂，皆囿於物者也。招世之士興朝，中民之士榮官，筋國之士矜雅，勇敢之士奮患，兵革之士樂戰，枯槁之士宿名，法律之士廣治，禮樂之士敬容，仁義之士貴際。農夫無草萊之事則不比，商賈無市井之事則不比。庶人有旦暮之業則勸，百工有器械之巧則壯。錢財不積則貪者憂，權勢不尤則誇者悲。勢物之徒樂變，遭時有所用，不能無為也。此皆順比於歲，不物於易者也，馳其形性，潛之萬物，終身不反，悲夫！」〔註35〕

　　法律之士廣治比起社會分工中的農夫、商賈、庶人來並不在於專業性，而是在於廣博深刻，也就是說要有眾長。做不到這一點，就如夜半於無人之時而與舟人鬥，未始離於岑而足以造於怨，自己讓自己陷於危險之中。

第四節　法理與法治

　　法不是孤立的，在戰國時代，在法律關係與法律思想中無法迴避的是天人關係，法理是以天人關係為背景設置的。莊子當然也清楚這一點，《莊子‧天運》說：

　　　　天其運乎？地其處乎？……巫咸詔曰：「來，吾語女。天有六極
　　　　五常，帝王順之則治，逆之則凶。九洛之事，治成德備，臨照下土，
　　　　天下戴之，此謂上皇。」〔註36〕

　　莊子借助巫咸，就是能通天地的巫官，後來才分出巫彭，係大夫一類的負責祭祀占卜降神的職事官，王國維以為是殷商的大夫，其實不僅是殷商有巫咸，表達了他對天人的看法。指出治理國家要順從天理，將天看成是主宰

〔註34〕〔清〕郭慶藩：《莊子集釋》，中華書局1961年版，第561、580頁。
〔註35〕〔清〕郭慶藩：《莊子集釋》，中華書局1961年版，第834～835頁。
〔註36〕〔清〕郭慶藩：《莊子集釋》，中華書局1961年版，第393、396頁。

人類的權力決策階層。莊子認為道是法理的核心。《莊子・知北遊》說：「黃帝曰：『彼無為謂真是也，狂屈似之；我與汝終不近也。夫知者不言，言者不知；故聖人行不言之教。道不可致，德不可至。仁可為也，義可虧也，禮相偽也。故曰：失道而后德，失德而後仁，失仁而後義，失義而後禮。禮者，道之華而亂之首也。』故曰：『為道者日損，損之又損之以至於無為，無為而無不為也。』今已為物也，欲復歸根，不亦難乎！其易也其唯大人乎！生也死之徒，死也生之始，孰知其紀！人之生，氣之聚也；聚則為生，散則為死。若死生為徒，吾又何患！故萬物一也，是其所美者為神奇，其所惡者為臭腐；臭腐復化為神奇，神奇復化為臭腐。故曰：『通天下一氣耳。』聖人故貴一。」〔註37〕

　　莊子將禮，作為道的華，是亂的根由。禮是規範與儀式，也是法律法規。莊子將道德仁義排隊，指出當道德仁義缺失的時候，禮並不能夠真正救世。那麼道德仁義是法理的根本，而禮是法的形態，法律承載著道德仁義思想。道德仁義思想的道是無產生的有的核心，就是環中，德是美好的品質情感，仁義是長期形成的社會原則，因此莊子的法理就是自然、社會的美好價值的體現，也包含著人們長期形成的規範，所以說萬物一也。那麼這些組成法理的概念的中心就是道，德與仁義彼此協調充實，甚至轉化。違反這些原則規則，就會失敗，他認為與分工類型沒有關係。《莊子・庚桑楚》說：「學者，學其所不能學也；行者，行其所不能行也；辯者，辯其所不能辯也；知止乎其所不能知，至矣！若有不即是者，天鈞敗之……不能容人者無親，無親者盡人。兵莫慘於志，鏌鋣為下；寇莫大於陰陽，無所逃於天地之間。非陰陽賊之，心則使之也。……以天下為之籠，則雀無所逃。是故湯以胞人籠伊尹，秦穆公以五羊之皮籠百里奚。是故非以其所好籠之而可得者，無有也。」〔註38〕

　　由於法理承載著偉大的信息情感價值，因此歸一，也因此就有了無限的無為亦即天網的存在，在某種意義上天網不是無所遺漏，而是異化為對天網的敬畏，因此促進和諧，所以和諧的由來也並不是一途，法與禮與情相互支持存在。《莊子・讓王》說：

　　　　孔子窮於陳蔡之間，七日不火食，藜羹不糝，顏色甚憊，而絃歌
　　於室。顏回擇菜，子路子貢相與言曰：「夫子再逐於魯，削跡於衛，
　　伐樹於宋，窮於商周，圍於陳蔡，殺夫子者無罪，藉夫子者無禁。絃

〔註37〕〔清〕郭慶藩：《莊子集釋》，中華書局 1961 年版，第 731～733 頁。
〔註38〕〔清〕郭慶藩：《莊子集釋》，中華書局 1961 年版，第 792～814 頁。

歌鼓琴，未嘗絕音，君子之無恥也若此乎？」顏回無以應，入告孔子。

孔子推琴喟然而歎曰：『由與賜，細人也。召而來，吾語之。」〔註39〕

在《盜跖》中重複了這段話。逐往往對諸侯而言，司馬遷在《史記》中將孔子列入世家，也是當作王侯來書寫。《史記》中談到孔子去魯時有師己送孔子一節，師己曰「夫子則非罪。」孔子曰：「吾歌可夫？」很顯然，孔子是戴罪出行，師己為其辯護，因此孔子悲憤而歌明志。一位重要官員的離任，不可能是沒有原因的。要麼是行政處罰，要麼是刑罰，不可以擅自離開。顯然，史書是為孔子諱。而《莊子》的記載更符合事實。孔子去魯的真實情況，《孟子》一書中也有涉及。《孟子·告子下》說：昔者王豹處於淇，而河西善謳；綿駒處於高唐，而齊右善歌；華周、梁之妻善哭其夫而變國俗。有諸內，必形諸外。為其事而無其功者，髡未嘗睹之也。是故無賢者也；有則髡必識之。曰：孔子為魯司寇，不用，從而祭，燔肉不至，不稅冕而行。不知者以為為肉也，其知者以為為無禮也。乃孔子則欲以微罪行。意思再清楚不過了，孔子被免職後，祭祀時自己主動去，但助祭之後燔肉沒有分到，再一次失去作為大司寇的待遇，所謂微罪行，當然不是無罪行。作為被逐者即使被殺也是無罪的。並且按照《莊子》，孔子兩次被魯國放逐，之後被召回，但並不使用。所以用法律語境觀察《史記》與《孟子》，如《莊子》記載，孔子曾經獲罪放流無疑。孔子對去魯，司馬遷以為是天之將喪斯文也，將人的命運被動於天命。

《莊子·讓王》說：「湯將伐桀，因卜隨而謀，卜隨曰：『非吾事也。』湯曰：『孰可？』曰：『吾不知也。』湯又因瞀光而謀，瞀光曰：『非吾事也。』湯曰：『孰可？』曰：『吾不知也。』湯曰：『伊尹何如？』曰：『強力忍垢，吾不知其他也。』湯遂與伊尹謀伐桀，克之。以讓卜隨。卜隨辭曰：『後之伐桀也謀乎我，必以我為賊也；勝桀而讓我，必以我為貪也。吾生乎亂世，而無道之人再來漫我以其辱行，吾不忍數聞也！』乃自投椆水而死。湯又讓瞀光，曰：『知者謀之，武者遂之，仁者居之，古之道也。吾子胡不立乎？』瞀光辭曰：『廢上，非義也；殺民，非仁也；人犯其難，我享其利，非廉也。吾聞之曰，非其義者，不受其祿，無道之世，不踐其土。況尊我乎！吾不忍久見也。』乃負石而自沉於盧水」。

商湯為一代明君，莊子未必去隨意編造其史實。從中我們可以看出，當

〔註39〕〔清〕郭慶藩：《莊子集釋》，中華書局 1961 年版，第 981～982 頁。

時人的道德和法制觀念，廢立為不義之舉，殺民為不仁之行。也就是說上是不可廢的，如果要廢，只能是天的意思，所以《詩經》大雅中反覆強調，周人維新是天的意志。民不可殺，要殺只能是天殺神斷，所以當時的法制還很原始。廉政主要是不能有不正當得利，得利要以義為標準。那麼仁義廉構成的三元結構就是殷商時代的法制生態。莊子還借伯夷、叔齊對話周公，以為「昔者神農之有天下也，時祀盡敬而不祈喜；其於人也，忠信盡治而無求焉。樂與政為政，樂與治為治。不以人之壞自成也，不以人之卑自高也，不以遭時自利也。今周見殷之亂而遽為政，上謀而下行貨，阻兵而保威，割牲而盟以為信，揚行以說眾，殺伐以要利。是推亂以易暴也。吾聞古之士，遭治世不避其任，遇亂世不為苟存。今天下闇，周德衰，其並乎周以塗吾身也，不如避之，以潔吾行。二子北至於首陽之山，遂餓而死焉。若伯夷、叔齊者，其於富貴也，苟可得已，則必不賴高節戾行，獨樂其志，不事於世。此二士之節也。」〔註40〕提出了忠信盡治而無求的主張，提出司法者的道義擔當的必須以及權利。

《莊子·盜跖》講述孔子拜訪柳下跖的經歷。柳下跖認為孔子的罪行重大，理由是：

> 爾作言造語，妄稱文、武，冠枝木之冠，帶死牛之脅，多辭繆說，不耕而食，不織而衣，搖唇鼓舌，擅生是非，以迷天下之主，使天下學士不反其本，妄作孝悌，而僥倖於封侯富貴者也。子之罪大極重，疾走歸！不然，我將以子肝益晝餔之膳。〔註41〕

這是很典型的私刑。在柳下跖看來孔子作是非之言，矯言偽行，是言語犯罪，其次不事產業得到富貴，止暴禁非不是事實。而若所言順吾意則生，逆吾心則死，則又給予其申訴的機會。這雖然出自草莽之言，但應該是當時審案的基本程序。就是指出具體事實，確定罪名理由，允許申訴等。莊子還借題發揮，對六帝、六賢、二子皆不能全、不能養、不足貴：

> 子之道豈足貴邪？世之所高，莫若黃帝，黃帝尚不能全德，而戰於涿鹿之野，流血百里。堯不慈，舜不孝，禹偏枯，湯放其主，武王伐紂，文王拘羑里。此六子者，世之所高也，孰論之，皆以利惑其真而強反其情性，其行乃甚可羞也。世之所謂賢士，伯夷叔齊。

〔註40〕〔戰國〕莊周：《莊子》，上海古籍出版社 1995 年版，第 319 頁。
〔註41〕〔清〕郭慶藩：《莊子集釋》，中華書局 1961 年版，第 991～992 頁。

> 伯夷叔齊辭孤竹之君而餓死於首陽之山，骨肉不葬。鮑焦飾行非世，
> 抱木而死。申徒狄諫而不聽，負石自投於河，為魚鱉所食。介子推
> 至忠也，自割其股以食文公，文公後背之，子推怒而去，抱木而燔
> 死。尾生與女子期於梁下，女子不來，水至不去，抱樑柱而死。此
> 六子者，無異於磔犬流豕、操瓢而乞者，皆離名輕死，不念本養壽
> 命者也。世之所謂忠臣者，莫若王子比干伍子胥。子胥沉江，比干
> 剖心。此二子者，世謂忠臣也，然卒為天下笑。〔註42〕

柳下跖對世俗形成的聖賢節士的批判是對規範傳統的顛覆，認為世界上沒
有完美，應該客觀地評價聖賢；忠誠信念最終喪失生命，那麼這樣的忠誠就失
去價值；忠臣死於非命那麼只能成為笑料。這樣的討論直接指向觀念的絕對的
現實歷史的背離，郡主政治的權力制約與制度設計的失敗。事實上，這兩個問
題正是中國法制進程的積弊，至今仍在困擾著我們。如何保證法治，要靠制度
保證。如制度只針對一部分人，那麼這樣的制度隨時可以帶來社會的風險。

第五節　犯罪責任與犯罪預防

中國的文化主要有史官文化、農業文化和宗教文化組成，而三者的核心
是天人合一的政治思想。天人合一的前提是郡王與上帝的合一或者來自同一
階層，那麼權利與義務的平衡方式是，君王要承擔天災與社會動亂的責任。
在司法上，又表現為政法合一的狀態。這樣與其說我國是成文法國家，不如
說習慣法更近實際。《莊子・則陽》說：

> 柏矩學於老聃，曰：「請之天下游。」老聃曰：「已矣！天下猶是
> 也。」又請之，老聃曰：「汝將何始？」曰：「始於齊。」至齊，見辜
> 人焉，推而強之，解朝服而幕之，號天而哭之曰：「子乎子乎！天下
> 有大災，子獨先離之。曰莫為盜！莫為殺人！榮辱立，然後睹所病；
> 貨財聚，然後睹所爭。今立人之所病，聚人之所爭，窮困人之身使無
> 休時，欲無至此，得乎！古之君人者，以得為在民，以失為在己；以
> 正為在民，以枉為在己；故一形有失其形者，退而自責。今則不然。
> 匿為物而愚不識，大為難而罪不敢，重為任而罰不勝，遠其塗而誅不
> 至。民知力竭，則以偽繼之，日出多偽，士民安取不偽！夫力不足則

〔註42〕〔清〕郭慶藩：《莊子集釋》，中華書局 1961 年版，第 997～999 頁。

　　偽，知不足則欺，財不足則盜。盜竊之行，於誰責而可乎？」〔註43〕

　　以得為在民，以失為在己；以正為在民，以枉為在己是中國習慣法的核心理論，這樣的理論顯示出包容性與權利與義務對等的特徵。但是，戰國時期體統破壞，王室對諸侯失去控制，出現了莊子說的「四不」。四不由罪己轉化為罪人，到漢代又成為懲罰官僚的手段，封建帝王成為公平正義的象徵，帝王權力失去控制。漢唐修法，也以此為基礎，因此唐律並沒有像禮制那樣成為經典。《莊子・外物》說：「外物不可必，故龍逢誅，比干戮，箕子狂，惡來死，桀紂亡。人主莫不欲其臣之忠，而忠未必信，故伍員流於江，萇弘死於蜀，藏其血三年而化為碧。人親莫不欲其子之孝，而孝未必愛，故孝己憂而曾參悲。木與木相摩則然，金與火相守則流。陰陽錯行，則天地大絯，於是乎有雷有霆，水中有火，乃焚大槐。有甚憂兩陷而無所逃。」〔註44〕

　　罪人構成了政治的偽善，因此又出現通過天道的調和，而這種調和是想像的產物，法制成為宗教的附庸。法治是一個強大的複雜的形態，彼此關聯，郡王政治不能代替天下所有的司法與執法。由關聯形成的關聯，有時候可以看到曙光，但更多的是內耗，形成中國特有的疏政。《莊子・則陽》說：「『四時殊氣，天不賜，故歲成；五官殊職，君不私，故國治；文武殊材，大人不賜，故德備；萬物殊理，道不私，故無名。無名故無為，無為而無不為。時有終始，世有變化，禍福淳淳，至有所拂者而有所宜；自殉殊面，有所正者有所差。比於大澤，百材皆度；觀於大山，木石同壇。此之謂丘里之言。』少知曰：『然則謂之道，足乎？』大公調曰：『不然，今計物之數，不止於萬，而期曰萬物者，以數之多者號而讀之也。是故天地者，形之大者也；陰陽者，氣之大者也；道者為之公。因其大以號而讀之則可也，已有之矣，乃將得比哉！則若以斯辯，譬猶狗馬，其不及遠矣。』少知曰：『四方之內，六合之裏，萬物之所生惡起？』大公調曰：『陰陽相照相蓋相治，四時相代相生相殺，欲惡去就於是橋起，雌雄片合於是庸有。安危相易，禍福相生，緩急相摩，聚散以成。此名實之可紀，精之可志也。』」〔註45〕

　　治國最重要的是君不私，罪己與立德、天人合一構成的非理性的政法思維最終在宗法制度崩潰以後解體，法律的宗教附庸的結果，宿命迷信以及陰

〔註43〕〔清〕郭慶藩：《莊子集釋》，中華書局1961年版，第900～903頁。
〔註44〕〔清〕郭慶藩：《莊子集釋》，中華書局1961年版，第920頁。
〔註45〕〔清〕郭慶藩：《莊子集釋》，中華書局1961年版，第909～914頁。

陽術等成為新的理論，法治化進程舉步維艱。天下至重，在德至上的情形下，傳說出現了如堯舜禹禪讓的現象，但根據史書似乎也並不完全是那樣。道在政法語境下從來都具有虛偽性，因此道家的道德與別於西周形成的道德思想，莊子更以自然之道破解天人合一的傳統迷信，理應推動社會理性、制度建設的科學進程，但是這有背於權力的唯一，因此一直被冷落。從這一點看，所謂無私也就是社會的正義與公平了，所以莊子對法理的認識非常深刻。堯舜禹之外，亦多有為君之患實例。

《莊子·讓王》說：「大王亶父居邠，狄人攻之；事之以皮帛而不受，事之以犬馬而不受，事之以珠玉而不受，狄人之所求者土地也。大王亶父曰：『與人之兄居而殺其弟，與人之父居而殺其子，吾不忍也。子皆勉居矣！為吾臣與為狄人臣奚以異！且吾聞之，不以所用養害所養。』因杖筴而去之。民相連而從之，遂成國於岐山之下。夫大王亶父，可謂能尊生矣。能尊生者，雖貴富不以養傷身，雖貧賤不以利累形。今世之人居高官尊爵者，皆重失之。見利輕亡其身，豈不惑哉！越人三世弒其君，王子搜患之，逃乎丹穴。而越國無君。求王子搜不得，從之丹穴。王子搜不肯出，越人薰之以艾。乘以王輿。王子搜援綏登車，仰天而呼曰：『君乎！君乎！獨不可以舍我乎！』王子搜非惡為君也，惡為君之患也。若王子搜者，可謂不以國傷生矣，此固越人之所欲得為君也。」〔註46〕

像王子搜那樣拒絕為君保身和古公那樣不以所用害所養的例子實在不多，以民為本與以君為本畢竟差異太大。因此莊子認為：

> 道之真以治身，其緒余以為國家，其土苴以治天下。由此觀之，帝王之功，聖人之餘事也，非所以完身養生也。今世俗之君子，多危身棄生以殉物，豈不悲哉！凡聖人之動作也，必察其所以之與其所以為。今且有人於此，以隨侯之珠彈千仞之雀，世必笑之。是何也？則其所用者重而所要者輕也。夫生者，豈特隨侯之重哉！〔註47〕

治身的餘續為國家，即為得道，這裡的治身不是養身而是加強自身的素質與自律。因此又有列子那樣以人之言而遺我粟，擔心因人之言罪我。法律的公平性逐步喪失，同樣的事情處理起來差異很大，這不同於重典、輕典之用。莊子提出的治身，也就是精神的我不殘害身體的我，要通過思想精神來

〔註46〕〔清〕郭慶藩：《莊子集釋》，中華書局1961年版，第967～968頁。
〔註47〕〔清〕郭慶藩：《莊子集釋》，中華書局1961年版，第971～972頁。

防止犯罪。又《莊子・則陽》說：

> 則陽遊於楚，夷節言之於王，王未之見。夷節歸。夫楚王之為
> 人也，形尊而嚴。其於罪也，無赦如虎。非夫佞人正德，其孰能撓
> 焉。故聖人其窮也，使家人忘其貧；其達也，使王公忘爵祿而化卑；
> 其於物也，與之為娛矣；其於人也，樂物之通而保己焉。故或不言
> 而飲人以和，與人並立而使人化，父子之宜。彼其乎歸居，而一閒
> 其所施。其於人心者，若是其遠也。故曰「待公閱休」。

按照西周以來的法律制度規範，刑亂國用重典，重典包含從重從嚴的意
思。由於權力失衡，君權缺乏制約，像楚國就出現了待公閱休的狀況，促成
國家自危。社會失範，是戰國時期變法的根本原因。《莊子・讓王》說：

> 楚昭王失國，屠羊說走而從於昭王。昭王反國，將賞從者，及
> 屠羊說。屠羊說曰：「大王失國，說失屠羊；大王反國，說亦反屠羊。
> 臣之爵祿已復矣，又何賞之有！」王曰：「強之！」屠羊說曰：「大
> 王失國，非臣之罪，故不敢伏其誅；大王反國，非臣之功，故不敢
> 當其賞。」王曰：「見之！」屠羊說曰：「楚國之法，必有重賞大功
> 而後得見，今臣之知不足以存國而勇不足以死寇。吳軍入郢，說畏
> 難而避寇，非故隨大王也。今大王欲廢法毀約而見說，此非臣之所
> 以聞於天下也。」王謂司馬子綦曰：「屠羊說居處卑賤而陳義甚高，
> 子綦為我延之以三旌之位。」屠羊說曰：「夫三旌之位，吾知其貴於
> 屠羊之肆也；萬鍾之祿，吾知其富於屠羊之利也；然豈可以貪爵祿
> 而使吾君有妄施之名乎！說不敢當，願復反吾屠羊之肆。」遂不受
> 也。」〔註48〕

根據屠羊說的論辯我們看出，法與道德倫理存在著對應關係，廢法毀約
是不義的表現。

與天人關係比較就是聖人安其所安，不安其所不安；眾人安其所不安，
不安其所安。這就是古者謂之遁天之刑，因此人們要避免知在毫毛而不知大
寧。那麼，對於犯罪，如《莊子・養生主》說：「為善無近名，為惡無近刑。
緣督以為經，可以保身，可以全生，可以養親，可以盡年。」〔註49〕犯罪不一
定會立即受到懲罰或者報應，但是要預防犯罪，根本的就是對事物有深刻的

〔註48〕〔清〕郭慶藩：《莊子集釋》，中華書局1961年版，第974～975頁。
〔註49〕〔清〕郭慶藩：《莊子集釋》，中華書局1961年版，第115頁。

科學的掌控。預防犯罪，堯舜禹以來都是一致的，就是養性。《莊子‧天地》說：「百年之木，破為犧尊，青黃而文之，其斷在溝中。比犧尊於溝中之斷，則美惡有間矣，其於失性一也。跖與曾史，行義有間矣，然其失性均也。且夫失性有五：一曰五色亂目，使目不明；二曰五聲亂耳，使耳不聰；三曰五臭薰鼻，困惾中顙；四曰五味濁口，使口厲爽；五曰趣舍滑心，使性飛揚此五者，皆生之害也。而楊墨乃始離跂自以為得，非吾所謂得也。夫得者困，可以為得乎？則鳩鴞之在於籠也，亦可以為得矣。且夫趣舍聲色以柴其內，皮弁鷸冠搢笏紳修以約其外，內支盈於柴柵，外重纆繳，睆然在纆繳之中而自以為得，則是罪人交臂歷指而虎豹在於囊檻，亦可以為得矣。」〔註50〕他們認為，揚善去惡，防止犯罪，最根本的是在於自身的生活狀態與心境。

〔註50〕〔清〕郭慶藩：《莊子集釋》，中華書局 1961 年版，第 453 頁。

第十二章　莊子的文藝美學思想

第一節　詩以道志和莊子的詩學思想

　　莊子對《詩經》關注著墨不多，明白提到《詩》的，就那麼 5 條。

　　莊子《雜篇·徐无鬼》說：「徐无鬼出。女商曰：『先生獨何以說吾君乎？吾所以說吾君者，橫說之則以《詩》、《書》、《禮》、《樂》，從說之則以《金板》、《六韜》；奉事而大有功者，不可為數，而吾君未嘗啟齒。今先生何以說吾君，使吾君說若此乎？』徐无鬼曰：『吾直告之吾相狗馬耳。』」〔註1〕女商看到徐无鬼讓君王高興，為自己只會從遠處說經典，眼下論韜略，未得君王歡心而自責。為什麼談談相狗馬卻讓君王那麼高興呢？徐无鬼究竟是講相術本身，還是藉以明道，不得而知，但確定了一個道理就是語言很重要，語言生動活潑，更容易讓受眾接受；其次，對話蘊含了對君王不傾心治國之道，而喜歡狗馬之言的狀況；同時，也似乎告訴我們，傳為姜太公作的《六韜》這樣的軍事著作，也沒有什麼意思。這是對儒家引為師範的太師呂尚形象的顛覆，或許這是莊子不肯多言經典，而論怪談鬼的原因之一。

　　傳為莊子門生後學或莊子學派的《外篇·天運篇》說：「孔子謂老聃曰：『丘治《詩》、《書》、《禮》、《樂》、《易》、《春秋》六經，自以為久矣，孰知其故矣；以奸者七十二君，論先王之道而明周召之跡，一君無所鉤用。甚矣乎！人之難說也！道之難明邪？』老子曰：『幸矣！子之不遇治世之君也！夫《六

―――――――――――――
〔註1〕〔清〕郭慶藩：《莊子集釋》，中華書局1961年版，第821頁。

經》，先王之陳跡也，豈其所以跡哉！今子之所言，猶跡也。夫跡，履之所出，而跡豈履哉！』」〔註2〕

根據《史記》和《莊子》的記載，孔子從年輕時代就拜老子為師，學習做人為學，即所謂觀周，因此孔子對老子一直很尊重。莊子《天運篇》記載孔子問學老子，老子稱其得道的經歷，也可以說這是儒道思想相融合的一次重要的交流。與《史記》記載不同，《史記》說孔子整理《詩經》是為了成王道和興六藝作準備，而這裡明確指出孔子周遊列國是為了推銷先王之道、周召之跡。老子並不區分道跡，認為有痕跡的都是小道，大道無形，要靠體悟，無法傳授。至於七十二君皆非賢人，非治世之君，不足論。通過對話可以看出，莊子贊同老子的觀點，無道不可，道要適時，道要發展，不是教條。也正因為如此，莊子談詩的時候稱「《詩》以道志」，道即道古，而不是詩以言志、明志，構成了彼此詩學思想的差異。

又《莊子·天下篇》說：「天下之治方術者多矣，皆以其有為不可加矣！古之所謂道術者，果惡乎在？曰：『無乎不在。』曰：『神何由降？明何由出？』『聖有所生，王有所成，皆原於一』……其明而在數度者，舊法、世傳之史尚多有之；其在於《詩》、《書》、《禮》、《樂》者，鄒魯之士、縉紳先生，多能明之。《詩》以道志，《書》以道事，《禮》以道行，《樂》以道和，《易》以道陰陽，《春秋》以道名分。其數散於天下而設於中國者，百家之學時或稱而道之。」〔註3〕

《莊子》的天下一篇主要論述的是關於天下及其治理的道理，特別討論了古代的道的存在及其作用，提出六道說。關於「詩以道志」，朱自清曾經在《詩言志辨》說，「道志」就是「言志」，是表達說詩者的情志。朱自清的判斷大致不錯，但顯然他沒有搞清楚莊子為什麼要用道字。關於詩是什麼的說法不少，如《尚書·堯典》說「詩言志，歌永言」。《左傳·襄公二十七年》說「詩以言志」。《荀子·儒效篇》云：「聖人也者，道之管也，天下之道管是矣，百王之道一是矣。故《詩》、《書》、《禮》、《樂》之歸是矣。《詩》言是，其志也。」〔註4〕《漢書·司馬遷傳》引董仲舒的話說「詩以達意」。看上去都差不多，但實際上有一定的區別。

〔註2〕〔清〕郭慶藩：《莊子集釋》，中華書局1961年版，第531～532頁。
〔註3〕〔清〕郭慶藩：《莊子集釋》，中華書局1961年版，第1065頁。
〔註4〕〔清〕王先謙：《荀子集解》，中華書局1988年版，第133頁。

　　道是一個具有廣泛意義的概念，在先秦是各個層面的人都關注的話題與嚮往，但看法差異很大。作為儒家的道，主要是西周盛世之道。道又作為《周禮》記載的詩學傳播上的興道諷誦言語的樂語之一，有著特定的含義。

　　《管子・形勢第二》說：「鴻鵠鏘鏘，唯民歌之；濟濟多士，殷民化之。紂之失也，飛蓬之問，不在所賓；燕雀之集，道行不顧。犧牷圭璧，不足以饗鬼神。主功有素，寶幣奚為？羿之道，非射也；造父之術，非馭也；奚仲之巧，非斫削也。召遠者使無為焉，親近者言無事焉，唯夜行者獨有也。道之所言者一也，而用之者異。有聞道而好為家者，一家之人也；有聞道而好為鄉者，一鄉之人也；有聞道而好為國者，一國之人也；有聞道而好為天下者，天下之人也；有聞道而好定萬物者，天下之配也。道往者其人莫來，道來者其人莫往。」「道之所設，身之化也。持滿者與天，安危者與人。失大之度，雖滿必涸；上下不和，雖安必危。欲王天下而失天之道，天下不可得而王也。得天之道，其事若自然；失天之道，雖立不安。其道既得，莫知其為之，其功既成；莫知其釋之，藏之無形。大之道也，疑今者察之古，不知來者視之往。萬事之生也，異趣而同歸，古今一也」。

　　這裡說的道是大道，也是哲學道理，分為不同的層面與狀態。宗教方面也會使用道這個詞。《全上古三代漢魏六朝文》引《報弗迦沙王書》說：卿以寶華見遺，今以法事相上，詳思其義，果報深美，到便誦習，以同道味。道味通過誦來獲得，那麼道顯然也具有樂語性質，儘管我們不能夠明確樂語的道味方式，但從佛教的誦讀經典的方式中還能夠感受與誦類似的道的樂語方式。

　　　　作為言說方式的道確認為道古的方式由來已久。《禮記・樂記》
　　云：魏文侯問於子夏曰：「吾端冕而聽古樂，則唯恐臥。聽鄭衛之音，
　　則不知倦，敢問古樂之如彼，何也？新樂之如此，何也？」子夏對
　　曰：「今夫古樂，進旅退旅，和正以廣，弦匏笙簧，會守拊鼓，始奏
　　以文，復亂以武，治亂以相，訊疾以雅。君子於是語，於是道古。
　　修身及家，平均天下。此古樂之發也。今夫新樂，進俯退俯，奸聲
　　以濫，溺而不止，及優侏儒，猶雜子女，不知父子。樂終不可以語，
　　不可以道古。此新樂之發也。今君之所問者樂也，所好者音也。夫
　　樂者，與音相近而不同。」文侯曰：「敢問何如？」子夏對曰：「夫
　　古者天地順而四時當，民有德而五穀昌，疾災不作而無妖祥，此之

謂大當，然後聖人作，為父子君臣，以為紀綱。紀綱既正，天下大定。天下大定，然後正六律，和五聲，選歌詩頌，此之謂德音，德音之謂樂。《詩》云：『莫其德音，其德克明。克明克類，克長克君。王此大邦，克順克俾。俾於文王，其德靡悔。即受帝祉，施與孫子。』此之謂也。」〔註5〕

道古其實就是《尚書》說的曰若稽古。《漢書》稱學門就叫古學。又《周禮·大司樂》鄭玄注說：「興者，以善物喻善事；道讀曰導，導者，言古以削今也；倍文曰諷，以聲節之曰誦，發端曰言，答述曰語。」〔註6〕就此言之，《論語》之意不過是思想的對話之意。就《論語》存在的文本看，答述符合實際。

又《禮記·射義》說：「古者於旅也語。」賈公彥注說：「禮成樂備，乃可以言語，先王禮樂之道也。疾今人慢於禮樂之盛，言語無節，故追道古也。」〔註7〕

道是追憶引述，有時候還有從前引導之意。屈原在《離騷》中說：「來吾道夫先路！」「初既與余成言兮，後悔遁而有他。」「理弱而媒拙兮，恐導言之不固。」〔註8〕等等。來吾道夫先路就是道的方式。所謂先路，就是三皇五帝的功德道路，導言就是道言。

明白了道作為樂語的方式，那麼我們就會發現道反應了莊子對待經典的態度，道志、道事、道行、道和、道陰陽、道名分就是說關於反應體現當時的或者古代的志行、名分等。那麼，當代有當代的道，所以天運和大道都要適應時代，應對社會自然的發展，又是無處不在的。古人得道，現代人也可以體悟到當代的道。所以，莊子論及《詩經》，主要是說明有關的道理，而不是討論其本身。但他對百家論道、明道也並不排斥。

莊子的《雜篇·外物篇》說：「儒以《詩》、《禮》發冢。大儒臚傳曰：『東方作矣，事之何若？』小儒曰：『未解裙襦，口中含珠』。《詩》固有之曰：『青青之麥，生於陵陂。生不布施，死何含珠為？』接其鬢，壓其顪，儒以金椎控其頤，徐別其頰，無傷口中珠！」〔註9〕一般對這段的解釋是記錄儒生盜墓的

〔註5〕（漢）鄭玄注，（唐）孔穎達等正義：《禮記正義》卷三十八、卷三十九，上海古籍出版社1997年版，第1538頁、1540頁。

〔註6〕（漢）鄭玄注，（唐）賈公彥疏：《周禮注疏》卷二十二，上海古籍出版社1997年版，第787頁。

〔註7〕（唐）杜預注，（唐）孔穎達等正義：《春秋左傳正義》卷六十二，上海古籍出版社1997年版，第1688頁。

〔註8〕〔清〕王夫之《楚辭通釋》，上海人民出版社1975年版，第3頁。

〔註9〕〔清〕郭慶藩：《莊子集釋》，中華書局1961年版，第927～928頁。

醜態，是不是如此實可再議。儒以《詩》、《禮》發冢，發冢就是挖墓意思是肯定的，但是挖墓需要按照《詩》、《禮》來挖嗎？《詩》、《禮》特別是《詩》何嘗說到墓地的結構和陪葬以及如何挖開！所以盜墓的前提不能成立。這裡發冢的目的應該是印證理解《詩》、《禮》。如果是盜墓，何必要解群襦？解是解剖、打開。顯然發冢不是為了偷竊，而是認識，正因為是認識，所以化了一夜時間。為了印證《詩》、《禮》，竟然去挖墓，這本身也夠迂腐下作的了。盜墓的帶著金錐，而不是普通的利器，又是徐別其頰，當然目的不是為了盜竊了。文中提到《青青之麥》這首詩，因為沒有收到《詩經》中，所以人們認為是逸詩。《詩經》最後由孔子編定，那麼沒有能夠收入，說明這首詩孔子時不是禮樂作品，至多也是無箏作品。這種情況很多，不足奇怪，因為詩樂本存在著互禪現象。但文章中稱為詩，那麼肯定有所本，這個本子只能是在孔子編定之前。既然如此，這個故事就不可能出現在莊子時代，而是一個傳言。莊子引用這一傳言作為外物的例子，主要是為了說明，物無定所，物不可必；珠子作為財富，常常非其所用，《詩》、《禮》不過是迂腐之論。屬於用《詩》範疇，而其性質是以《詩》為經典，體現了賦詩必類的原則。《大宗師第六》說：「子輿與子桑友，而霖雨十日。子輿曰：『子桑殆病矣！』裏飯而往食之。至子桑之門，則若歌若哭，鼓琴曰：『父邪！母邪！天乎！人乎！』有不任其聲而趨舉其詩焉。子輿入，曰：『子之歌詩，何故若是？』曰：『吾思夫使我至此極者而弗得也。父母豈欲吾貧哉？天無私覆，地無私載，天地豈私貧我哉？求其為之者而不得也！然而至此極者，命也夫！』」〔註10〕

　　子桑在生病、飢餓的情形下，責問天地、父母，為什麼自己特別貧困？但是，沒有找到原因，這種自然情感的抒發本是一種病態，哭聲與琴聲無法協調，有時候聲音急促完全是念白。這段對話，說明要懂得天地的道理就要做真人，就要修道。但稱歌為歌詩，則明顯將詩與歌撮合議論，向詩歌概念的出現進了一步。《寓言》篇中說：「卮言日出，和以天倪，因以曼衍，所以窮年。不言則齊，齊與言不齊，言與齊不齊也。非卮言日出，和以天倪，孰得其久！」〔註11〕關於卮言的解釋多種多樣，《韓非子》說：「千金之玉卮，至貴，而無當，漏，不可盛水。」〔註12〕《禮記·鄉飲酒義》說：「鄉飲酒之義，立賓

〔註10〕〔清〕郭慶藩：《莊子集釋》，中華書局1961年版，第285～286頁。
〔註11〕〔清〕郭慶藩：《莊子集釋》，中華書局1961年版，第947頁。
〔註12〕梁啟雄：《韓子淺釋》，中華書局1960年版，321頁。

以象天，立主以象地，設介僎以象日月，立三賓以象三光。」〔註13〕可見飲酒的意義實在非比尋常，可與天地相通。鞋子留下的印跡當然不是鞋子，但根據鞋子留下的印跡總能推知鞋子的一些真實情況；即使語言不足以彰顯存在的全貌，甚至可能遮蔽了存在，但存在的意義只能靠語言來彰顯。莊子對存在的保護意識過於強烈，因此更多地看到了語言的破壞力，甚至對語言採取徹底否定的態度。《天道》描述了這樣一段故事：「桓公讀書於堂上，輪扁斫輪於堂下，釋椎鑿而上，問桓公曰：『敢問，公之所讀者何言邪？』公曰：『聖人之言也。』曰：『聖人在乎？』公曰：『已死矣。』曰：『然則君之所讀者，古人之糟粕已夫！』桓公曰：『寡人讀書，輪人安得議乎！有說則可，無說則死。』輪扁曰：『臣也以臣之事觀之。斫輪，徐則甘而不固，疾則苦而不入。不徐不疾，得之於手而應之於心，口不能言，有數存焉於其間。臣不能以喻臣之子，臣之子亦不能受之於臣，是以行年七十而老斫輪。古之人與其不可傳也死矣，然則君之所讀者，古人之糟粕已夫！』」〔註14〕

輪扁的敘述包含這樣一個邏輯：語言所說的自然都是可說的，而不可說的才是最重要的，因此語言只是一堆糟粕。按照這個邏輯，語言與真理簡直無法相通，通過鞋子的印跡根本找不到鞋子。這個看法未免太極端了，相比之下，莊子在《外物》篇的一段話則比較適當：「筌者所以在魚，得魚而忘筌；蹄者所以在兔，得兔而忘蹄；言者所以在意，得意而忘言。」〔註15〕

正如通過筌、蹄可以得到魚、兔，通過語言也可以得到意義（儘管這個「意」究竟是什麼並不明確）。在輪扁與桓公的上述對話中，「聖人在乎？」的提問是很值得注意的，也許在輪扁或莊子看來，如果聖人沒有過世，如果他就在現場直接表達自己的意思，或許情況還不至於這麼糟，那就是說，在語言中，文字不如言語，如果言語是「跡」，文字則是「陳跡」，在《天運》中莊子說過「夫六經，先王之陳跡也」。事實上，在講述輪扁斫輪的故事之前，莊子已經提到「書不過語」，書—語—意是一個從低到高的等級序列：

　　世之所貴道者書也，書不過語，語有所貴也。語之所貴者意也，
　　意有所隨。意之所隨者，不可以言傳也，而世因貴言傳書。世雖貴

〔註13〕〔清〕陳澔：《禮記集說》，上海古籍出版社1987年版，第329頁。
〔註14〕〔清〕郭慶藩：《莊子集釋》，中華書局1961年版，第490～491頁。
〔註15〕〔清〕郭慶藩：《莊子集釋》，中華書局1961年版，第944頁。

之，我猶不足貴也。〔註16〕

　　儘管在文字與言語之間莊子更喜歡貶低文字，但莊子並沒有強化這個等級秩序，也沒有因此而抬高言語的地位，對言語的否定是毫無疑義的。但莊子對言語和文字的區分以及他對「意之所隨者」的重視透露出了他對話語情境的隱約意識：言語不僅僅意味著聲音的在場，它還意味著具體的說者、聽者、雙方共享的生活環境（就像水中的兩條遊魚）等等的在場，總之，言語牽動了一個完整的話語情境。當然，莊子對話語情境的意識是非常模糊的，對語言的懷疑與否定使他不可能積極探討如何在一個完整的話語情境中實現交流，如何通過可說來表達「不可說」等等。莊子對語言的警覺使他常常只注意語言的負面價值。此處也是如此，莊子的結論是：當語言離開它的原初的話語情境，被帶到另外一個與它無關的時空，它最寶貴的東西就有可能隨之喪失了。不細心體會的讀者如若不體其情，得到的不過是空洞的形式，卻不自知。既然如此，聰明人為什麼要說話、作文，留下一些空洞的形式給後人呢？讀者為什麼要珍視這些空洞的糟粕一般的形式呢？

　　只有把語言放入完整的交流之中，才有可能提出「得意忘言」的命題，既然語言的意義不僅僅是說者的表達問題，也是聽者的理解問題，即便說者不能表達「不可說」，但「得意忘言」的理想聽者有可能借助有限的言說捕捉到「不可說」的深意，就像用筌和蹄捕捉魚、兔一樣。然而莊子的表述並不像我們這麼樂觀，「得意忘言」似乎只是他的一個渴望，而現實之中根本找不到這樣的知音：「吾安得夫忘言之人而與之言哉」！《天下》這樣描述莊子的孤傲：「獨與天地精神往來……以天下為沈濁，不可與莊語。」〔註17〕

　　莊子對語言那麼不信任，卻留下了大量「謬悠之說，荒唐之言，無端崖之辭」，自稱「以卮言為曼衍，以重言為真，以寓言為廣」，這是為什麼呢？

　　莊子認為內在的體驗只屬於心靈而不屬於語言，用一句話概括就是「無言而心說（悅）」。（《天運》）《知北遊》講述了「知」向「無為謂」、「狂屈」和「皇帝」問道的故事，其結論是：什麼也沒說（「不知答」）的無為謂是真正的得道之人，他就在道中，但他甚至不知言說為何物，因為「道不可言，言而非也……有問道而應之者，不知道也」。對道的內在體驗之所以不可言說，根本原因在於體道就是與道合為一體，把自我消融在萬物之中，「與物化」。《齊物

〔註16〕〔清〕郭慶藩：《莊子集釋》，中華書局 1961 年版，第 488 頁。
〔註17〕〔清〕郭慶藩：《莊子集釋》，中華書局 1961 年版，第 1098～1099 頁。

論》曰「既已為一矣，且得有言乎？」一切形而上學的或宗教的神秘主義體驗（包括詩人的創作靈感）都因神秘體驗恰好在凝神忘我的時刻突如其來、變幻莫測而顯得難以言傳。莊子在輪扁斫輪、梓木為等例子中多少觸及了這個問題。然而，對莊子而言，得道是心靈的一種自由的超越的狀態，與其說對道的神秘體驗是不可言傳的，還不如說它是不需要言傳的，即所謂「無言而心說」。莊子用大鵬在天上翱翔、魚在水中暢遊來形容得道的境界。「遊」是莊子最喜歡的詞彙，例如：「夫乘天地之正，而御六氣之辯，以遊無窮」、「而遊乎四海之外」（《逍遙遊》）、「乘雲氣，騎日月，而遊乎四海之外」、「遊乎塵垢之外」（《齊物論》）、「遊乎天地之一氣」（《德充符》）、「出入六合，遊乎九州，獨往獨來」、「入無窮之門，以遊無極之野」（《在宥》）、「獨與道遊於大莫之國」（《山木》）、「得至美而遊乎至樂」、「遊心於物之初」（《田子方》）、「遊乎無有之宮，同合而論，無所終窮」（《知北遊》）、「上與造物者遊，而下與外死生、無終始者為友」（《天下》）……當然，莊子所說的「遊」並非指人的形骸真能像神人一樣遊到無窮的空間，神人、真人和所有的「遊」都是對心靈狀態的比喻性描述，也是後天生命價值的極限挑戰。

在莊子看來，如此自由暢快、充滿至樂的美妙的心靈境界完全不關是非彼此，還何需言辯呢？真人總是「然忘其言」（《大宗師》），對本真的神秘體驗是一種美感享受，生命不過是忽然，經過勃然到油然的過程。宇宙間的天地萬物默默地運化不息，不就是與此相類的一種「大美」嗎？得道之人對這種大美取無功利的純藝術的觀賞態度：「天地有大美而不言，四時有明法而不議，萬物有成理而不說。聖人者，原天地之美而達萬物之理。是故至人無為，大聖不作，觀於天地之謂也。」[註18]（《知北遊》）然而，我們對生命可以具有一種直接的領悟或直覺，這也許是可以想像的，但生命的意義除了通過語言之外，既不能理解也不能表達。一切神秘主義對「不可說」的言說都潛藏著一個明顯的悖論：說「不可說」。既然內在的體驗作為一種理解已經是某種意義上的語言，它也必然需要外發為更明晰的語言形式。事實上，越是強烈的體驗（如莊子所體驗到的至樂與大美）越需要得到表達，而且，越是難以表達的就越需要作出更多的表達或創造出更獨特的表達。總之，神秘主義的言說激情正在於對「無言」之境的體驗。欲無言的老子卻論道五千言，「無言而心說（悅）」，莊子卻對遊作了一次又一次的描述，無言使老子「正言若反，」

〔註18〕〔清〕郭慶藩：《莊子集釋》，中華書局 1961 年版，第 735 頁。

無言使莊子發「謬悠之說，荒唐之言，無端崖之辭」，這些都是明證。但是，莊子對「說不可說」的悖論似乎沒有實現理論的自覺。莊子確實提到了「不言之辯」、「不道之道」、「至言」等更高意義上的語言，但莊子未能讓我們看清它的面目，因此他沒有做到言意一體。《則陽》中的一段話似乎要把我們引向至言：「言而足，則終日言而盡道；言而不足，則終日言而盡物。道物之極，言默不足以載；非言非默，議有所極」。但語言怎樣才「足」，言與默怎樣互為轉化，仍然模糊不清。言意本來就是不同步的，所以作為《詩經》更是過去之言，只能道出，不是言出。莊子內心運作的言是大音希聲式的，只有神聽才能夠參悟明白，神聽與意正是一，所以莊子的忘言只要指忘記世俗之言。

第二節　莊子得意忘言的創作論思想

認識到言的重要性由來已久，《周禮》要求大司樂教育胄子時，將言的教育僅隨德之後，言語並舉。儒家學派代表人物孔子亦稱不學詩無以言，無法從政。正因為如此，言亦成為人生準求的重要目標之一。《左傳・襄公二十四年》說：

> 二十四年春，穆叔如晉。范宣子逆之，問焉，曰：「古人有言曰：『死而不朽』，何謂也？」穆叔未對。宣子曰：「昔匄之祖，自虞以上為唐陶氏，在夏為御龍氏，在商為豕韋氏，在周為唐杜氏，晉主夏盟為范氏，其是之謂乎？」穆叔曰：「以豹所聞，此之謂世祿，非不朽也。魯有先大夫曰臧文仲，既沒，其言立，其是之謂乎！豹聞之，太上有立德，其次有立功，其次有立言，雖久不廢，此之謂不朽。若夫保姓受氏，以守宗匄，世不絕祀，無國無之。祿之大者，不可謂不朽。」〔註19〕

言是與德、功同為人生不朽的三大成就之一，而相對言之，大夫以下不能為國家民族造福不可言立德，故立言更具有社會性和普世價值，或者說只有社會性才具有價值。《周易・繫辭上》在討論言意關係時明確指出：「子曰：『書不盡言，言不盡意。』然則，聖人之意，其不可見乎？子曰：『聖人立象以盡意。』」〔註20〕這裡提出了「書不盡言，言不盡意」的客觀存在，因為思

〔註19〕《漢魏古注十三經》之《左傳》，中華書局 1998 年版，第 259 頁。
〔註20〕《漢魏古注十三經》之《周易》，中華書局 1998 年版，第 53 頁。

想是自由的,當思想成為概念的言時,思想仍在活躍的前行與舒展,因此言在服從成言的基礎上,永遠是尾隨著意。在某種特定的場景下,言對意會產生影響,形成互動。因此,言不盡意、書不盡言。就《莊子》看,立言是基本特徵,只是把言的由來、狀態、關係進行梳理,以發其意,後人又稱之為道。言在古代很受重視,所謂左史記言,右史記事,所以周代很重視言語是很自然的事情。這方面的資料還有很多。《論語》說:「君子一言以為知,一言以為不知。言不可不慎也。」〔註21〕「君子欲訥言而敏於行。」〔註22〕君子慎言是因為言辭政令具有重要性,容易產生社會效果。《論語·子路》亦云有:「幾乎一言而興邦」、「一言而喪邦」〔註23〕。君子慎於言,對別人話語當析之而後受之。《論語·子罕》說:「法語之言,能無從乎?改之為貴,巽與之言,能無說乎?繹之為貴。」〔註24〕《論語》中還說「巧言令色,鮮矣仁。」〔註25〕「天何言哉?」〔註26〕又《荀子》中說:

> 夫詩、書、禮、樂之分,固非庸人之所知也。故曰:一之而可
> 再也,有之而可久也,廣之而可通也,慮之而可安也。〔註27〕

荀子認為,詩書禮樂之分是常人不可知的事,也不是沒有道理,畢竟從大司樂到太師的職務功能確實未必為百姓所關注。就是孔子也只是到齊國才聽到《韶》這樣的音樂,所以周代的禮樂連荀子也難以明白究竟就是正常的事了。怨樂能通過言體現,那麼,孔子說的怨就應該是樂語的言了。他把誦理解為歌頌,也正證明當時的樂語的誦的方式還存在。學田詩而興後世的興主要是啟發後世,與後來的所謂起興的《詩經》文本表達是一個性質。

《莊子》一書出現了六十多處「意」。「意」經常與「吾」、「心」等連用,

〔註21〕〔魏〕何晏等注,(宋)邢昺疏:《論語注疏》卷十九,上海古籍出版社1997年版,第2533頁。
〔註22〕〔魏〕何晏等注,(宋)邢昺疏:《論語注疏》卷四,上海古籍出版社1997年版,第2472頁。
〔註23〕〔魏〕何晏等注,(宋)邢昺疏:《論語注疏》卷十三,上海古籍出版社1997年版,第2507頁。
〔註24〕〔魏〕何晏等注,(宋)邢昺疏:《論語注疏》卷九,上海古籍出版社1997年版,第2491頁。
〔註25〕〔魏〕何晏等注,(宋)邢昺疏:《論語注疏》卷一,上海古籍出版社1997年版,第2457頁。
〔註26〕〔魏〕何晏等注,(宋)邢昺疏:《論語注疏》卷十七,上海古籍出版社1997年版,第2526頁。
〔註27〕梁啟雄著:《荀子簡釋》卷四,中華書局1983年版,第44頁。

「吾意善治天下者不然」(《馬蹄》)，「逍遙於天地之間，而心意自得」(《讓王》)，「心如泉湧，意如飄風」(《盜跖》)，「若所言順吾意則生，逆吾心則死」(《盜跖》) 等等。意出自心，也就是心意。《莊子・外物》篇說：「荃者所以在魚，得魚而忘荃，蹄者所以在兔，得兔而忘蹄。言者所以在意，得意而忘言。吾安得夫忘言之人而與之言哉！」〔註28〕心是豐富的，因此意也就有豐富的表現。意當然不僅僅是言，還有語，還有象等等。莊子《天道》說：「世之所貴道者書也。書不過語，語有貴也。語之所貴者意也，意有所隨。意之所隨者，不可以言傳也，而世因貴言傳書。世雖貴之，我猶不足貴也，為其貴非其貴也。故視而可見者，形與色也；聽而可聞者，名與聲也。悲夫！世人以形色名聲為足以得彼之情！夫形色名聲果不足以得彼之情，則知者不言，言者不知，而世豈識之哉！」〔註29〕

莊子認為語書不貴，所以重言，但又將言放在智者的感受上。這與孔門弟子將孔子言語概括為《論語》的價值取向截然不同。《左傳》說：

周書數文王之德，曰：「大國畏其力，小國懷其德」，言畏而愛之也。《詩》云：「不識不知，順帝之則」，言則而象之也。紂囚文王七年，諸侯皆從之囚，紂於是乎懼而歸之，可謂愛之。文王伐崇，再駕而降為臣，蠻夷帥服，可謂畏之。文王之功，天下誦而歌舞之，可謂則之。文王之行，至今為法，可謂象之。有威儀也。故君子在位可畏，施捨可愛，進退可度，周旋可則，容止可觀，作事可法，德行可象，聲氣可樂。動作有文，言語有章，以臨其下，謂之有威儀也。

君子是西周塑造的理性形象，亦即可範之象。君子言語要求有章，也就是法度，但言語有辯。《左傳》襄公十四年說：「自王以下各有父兄子弟以補察其政。史為書，瞽為詩，工誦，箴諫，大夫規誨，士傳言，庶人謗，商旅於市，百工獻藝。」〔註30〕《白虎通・爵》說：

公卿大夫者何謂也？內爵稱也。稱公卿大夫何？爵者，盡也。各量其職，盡其才也。公之為言公正無私也。卿之為言章也，章善明理也。大夫之為言大扶，扶進人者也。故《傳》曰：「進賢達能，謂之大卿大夫。《王制》曰：「上大夫卿」。士者，事也，任事之稱也。

〔註28〕〔清〕郭慶藩：《莊子集釋》，中華書局 1961 年版，第 944 頁。

〔註29〕〔清〕郭慶藩：《莊子集釋》，中華書局 1961 年版，第 488～489 頁。

〔註30〕《漢魏古注十三經》之《左傳》，中華書局 1998 年版，第 240 頁。

故《傳》曰：「通古今，辯然否，謂之士。」何以知士非爵？《禮》曰：「四十強而仕」，不言「爵為仕」。「天子置左輔、右弼、前疑、後承，以順。左輔主修政，刺不法。右弼主糾，糾周言失傾。前疑主糾度定德經。後承主匡正常，考變天。四弼興道，率主行仁。夫陽變於七，以三成，故建三公，序四諍，列七人，雖無道不失天下，杖群賢也。」士不得諫者，士賤，不得豫政事，故不得諫也。謀及之，得固盡其忠耳。《禮·保傅》曰：「大夫進諫，士傳民語」。

《白虎通》秉承文王之行為法的傳統，指出爵位是公言的象徵，並將不同的層面的爵位賦予不同的言的要求和規範。又莊子《天道》說：「桓公讀書於堂上。輪扁斲輪於堂下，釋椎鑿而上，問桓公曰：『敢問，公之所讀者何言邪？』公曰：『聖人之言也。』曰：『聖人在乎？』公曰：『已死矣。』曰：『然則君之所讀者，古人之糟魄已夫！』桓公曰：『寡人讀書，輪人安得議乎！有則可，無說則死。』輪扁曰：『臣也以臣之事觀之。斲輪，則甘而不固，疾則苦而不入。不徐不疾，得於手而應於心，口不能言，有數存焉。於其臣不能以喻臣之子，臣之子亦不能受之於是以行年七十而老斲輪。古之人與其不可也死矣，然則君之所讀者，古人之糟魄已夫！』」〔註31〕

莊子通過木匠之口說明，心手相印是為數，有數勝過有言，而陳言，也就是書不能解決現實問題，因此如同糟粕。這是木匠游說齊桓公的話。言不是完全沒有價值。《莊子·秋水》說：「可以言論者，物之粗也；可以意致者，物之精也；言之所不能論，意之所不能致者，不期精粗焉。」〔註32〕名物的時候，言只是物的粗，而意表達的物的精，對言意之間存在的狀態進行了分辨。又《莊子·則陽》說：「大公調曰：『雞鳴狗吠，是人之所知；雖有大知，不能以言讀其所自化，又不能以意其所將為。斯而析之，精至於無倫，大至於不可圍，或之使，莫之為，未免於物而終以為過。或使則實，莫為則虛。有名有實，是物之居；無名無實，在物之虛。可言可意，言而愈疏。為生不可忌，已死不可徂。死生非遠也，理不可睹。或之使，莫之為，疑之所假。吾觀之本，其往無窮；吾求之末，其來無止。無窮無止，言之無也，與物同理。或使莫為，言之本也，與物終始。道不可有，有不可無。道之為名，所假而行。或使莫為，在物一曲，夫胡為於大方？言而足，則終日言而盡道；

〔註31〕〔清〕郭慶藩：《莊子集釋》，中華書局1961年版，第490～491頁。
〔註32〕〔清〕郭慶藩：《莊子集釋》，中華書局1961年版，第572頁。

言而不足，則終日言而盡物。道，物之極，言默不足以載。非言非默，議有所極。」〔註33〕

莊子認為，言意都可以表述的，愈加粗疏。人們通過觀可以看到其本，往來無窮，因此應該是無言，無言就是物理。無生出事物，道借助這些事物存在。如果足言，可以盡道，如果不足言，只能是盡物，因此言的運用就十分重要，也是溝通理、物、意、道的方式之一。言「不言則齊，齊與言不齊，言與齊不齊也，故日言無言。言無言，終身言，未嘗言；終身不言，未嘗不言。有自也而可，有自也而不可；有自也而然，有自也而不然。惡乎然？然於然。惡乎不然？不然於不然。惡乎可？可於可。惡乎不可？不可於不可。物固有所然，物固有所可，無物不然，無物不可。非危言日出，和以天倪，孰得其久！萬物皆種也，以不同形相禪，始卒若環，莫得其倫，是謂天均。天均者，天倪也。」〔註34〕言固然需要常新，面對現實的變化，但萬物相禪，所以要和以天倪。對於理，《莊子·天道》云：「夫至樂者先應之以人事，順之以天理」；《養生主》云：「依乎天理」；《秋水》云：「聖人者，原天地之美而達萬物之理」；《刻意》云：「去知與故，循之天理」等等。「意」和「理」則是完全不同的，理在意之上，理來自天地，意則出自人的心。老子指出，「道不可聞，聞而非也；道不可見，見而非也；道不可言，言而非也」。也強調言的基礎性、表層特徵，顯然，老莊對言與道的關係完全一致。那麼老莊作為道家，只是用言和意、理去尋求道的存在，發揮其價值功能。

墨子對言的表述與孔子相似，很現實。他在《非命上》中提出：「言必有三表。何謂三表？子墨子言曰：有本之者，有原之者，有用之者。於何本之？上本之於古者聖王之事。於何原之？下原察百姓耳目之實。於何用之？發以為刑政，觀其中國家百姓人民之利。此所謂言有三表也」。這樣看來，墨子的言語觀更接近儒家，而老莊則構成了道家的言說方式。雖然都來自周代的言語，但經過春秋戰國，概念得到重新闡發，子學因此構成。

〔註33〕〔清〕郭慶藩：《莊子集釋》，中華書局 1961 年版，第 916～917 頁。
〔註34〕〔清〕郭慶藩：《莊子集釋》，中華書局 1961 年版，第 949～950 頁。

第十三章　《莊子》論孔子與儒家思想

　　《莊子》中大量記錄了孔子及其弟子的言行。這些言行，司馬遷在寫《史記》時還作了評論。《史記‧莊子傳》說：「其學無所不窺，然其要本歸於老子之言。故其著書十餘萬言，大抵率寓言也。作《漁父》、《盜跖》、《胠篋》，以詆訿孔子之徒，以明老子之術。畏累虛、亢桑子之屬，皆空語無事實。然善屬書離辭，指事類情，用剽剝儒、墨，雖當世宿學，不能自解免也。其言洸洋自恣以適己，故自王公大人不能器。」〔註1〕認為畏累虛、亢桑子之類人物都是虛擬，《漁父》、《盜跖》、《胠篋》三篇是為了詆毀孔子之徒，明老子之術。為什麼《莊子》不直接引用老子言論明老子之術，而要通過詆毀孔子來表達詆毀的是孔子之徒，顯然已對莊子有貶斥之意。莊子有沒有那麼做，有又是如何通過詆毀來明老子之術？這確實是一個問題，但這只是司馬遷的看法。我們通過《漁父》與畏累虛的議論比較看，畏累虛是無事實，但不能說《漁父》無事實。我們認為，司馬遷對《莊子》的評價是大抵寓言，不是說全部，《莊子》是立言性質，以學主張自己的思想，用世目的明顯，根本不是為了明老子之術而作。

　　蘇軾《莊子祠堂記》說：「莊子之言，皆實予而文不予，陽擠而陰助之，其正言蓋無幾」〔註2〕。就是說皆是寫實，即墨家取名予實，認為莊子缺少正言，也就是雅言，多少有些不屑。但清人劉鴻典在《莊子約解》稱世皆謂莊子詆訾孔子，獨蘇子瞻以為尊孔子。吾始見其說而疑之，及讀《莊子》日久，然後歎莊子之尊孔子，其功不在孟子之下。其實莊子談到孔子的內容並沒有多

〔註1〕〔漢〕司馬遷：《史記》，中華書局1982年版，第2143頁。
〔註2〕安徽省蒙城縣北郊的莊子祠，碑已殘缺，可讀有186字。

少,或貶或褒應該不是太難弄清楚。莊子究竟如何記錄看待孔子的言行,對於這一樁兩千多年爭議很大的公案,有必要重新梳理審視。

第一節　孔子適楚與楚狂接輿

《論語》卷九微子第十八說:「齊人歸女樂,季桓子受之。三日不朝,孔子行。楚狂接輿歌而過孔子曰:『鳳兮!鳳兮!何德之衰?往不可諫,來者猶可追。已而,已而!今之從政者殆而!』孔子下,欲與之言。趨而辟之,不得與之言。」〔註3〕孔子與楚的關係在《論語》中表述不是很清楚,孔子是什麼時候見到接輿,史書中也沒有明文記載,接輿從名字上看或是負責車輿的大夫,未必是人名。按照歌而過的文字體味,好像只是經過,碰巧遇上,那麼接輿似乎像一個瘋癲的過客,可是瘋癲的人能說出那麼深刻中肯的道理嗎?《莊子》中對《論語》中的這段話有所涉及,可以與其互相印證。《莊子·人間世》說:

> 孔子適楚,楚狂接輿遊其門曰:「鳳兮鳳兮,何如德之衰也。來世不可待,往世不可追也。天下有道,聖人成焉;天下無道,聖人生焉。方今之時,僅免刑焉!福輕乎羽,莫之知載;禍重乎地,莫之知避。已乎已乎!臨人以德。殆乎殆乎,畫地而趨!迷陽迷陽,無傷吾行!吾行郤曲,無傷吾足!」〔註4〕

鳳凰是殷周政權的象徵,接輿稱其如道德衰敗,這是亡國的徵兆,以此勸說孔子要全身於世,退出行政。方今之時,僅免刑焉指孔子再逐於魯,也就是疏放的現實,希望孔子能夠識時務,趨利避害。接輿這樣說的根據,已見於史書。《史記·孔子世家》曰:

> 孔子遷於蔡三歲,吳伐陳。楚救陳,軍於城父。聞孔子在陳蔡之閒,楚使人聘孔子。孔子將往拜禮,陳蔡大夫謀曰:「孔子賢者,所刺譏皆中諸侯之疾。今者久留陳蔡之閒,諸大夫所設行皆非仲尼之意。今楚,大國也,來聘孔子。孔子用於楚,則陳蔡用事大夫危矣。」於是乃相與發徒役圍孔子於野。不得行,絕糧。從者病,莫能興。孔子講誦絃歌不衰。子路慍見曰:「君子亦有窮乎?」孔子曰:

〔註3〕〔春秋〕孔子:《論語》(何晏注),中華書局 1998 年版,第 81 頁。
〔註4〕〔清〕郭慶藩:《莊子集釋》,中華書局 1961 年版,第 183 頁。

「君子固窮，小人窮斯濫矣。」子貢色作。孔子曰：「賜，爾以予為多學而識之者與？」曰：「然？非與？」孔子曰：「非也。予一以貫之。」孔子知弟子有慍心，乃召子路而問曰：「詩云：匪兕匪虎，率彼曠野。吾道非邪？吾何為於此？」……顏回曰：「夫子之道至大，故天下莫能容。雖然，夫子推而行之，不容何病，不容然後見君子！夫道之不修也，是吾醜也。夫道既已大修而不用，是有國者之醜也。不容何病，不容然後見君子！」孔子欣然而笑曰：「有是哉顏氏之子！使爾多財，吾為爾宰。」於是使子貢至楚。楚昭王興師迎孔子，然後得免。〔註5〕

　　據《史記》的記載，孔子譏刺諸侯，社會上的評價並不很好，也威脅到一些大夫的任職。由於接受楚國的聘任受封，因此免於災難。但楚昭王最後並沒有重用他。秋天楚昭王去世，因此孔子在楚國不過是半年時間，處境十分不好。接輿當然知道孔子的處境，知道他很危險，因此勸他離開楚國。這樣，我們把《莊子》、《論語》和《史記》三者結合起來看，整個孔子與接輿相見的行歷脈絡就很清楚了，接輿在楚國拜訪過孔子，而不是巧遇。從接輿語言取象看，當與孔子的思想接近，應該具有儒者身份。《論語》中歌而過語焉不詳，沒有《莊子》記載明白清楚。

　　孔子在陳蔡受到圍困的事情在《莊子·讓王》也有記載說：

　　　孔子窮於陳蔡之間，七日不火食，藜羹不糝，顏色甚憊，而絃歌於室。顏回擇菜，子路子貢相與言曰：「夫子再逐於魯，削跡於衛，伐樹於宋，窮於商周，圍於陳蔡，殺夫子者無罪，藉夫子者無禁。絃歌鼓琴，未嘗絕音，君子之無恥也若此乎？」顏回無以應，入告孔子。孔子推琴，喟然而歎曰：「由與賜，細人也。召而來，吾語之。」〔註6〕

　　《莊子·盜跖》中重複了這段話。逐往往對諸侯而言，司馬遷在《史記》中將孔子列入世家，也是當作王侯來書寫。春秋以來，一般稱放流到別的諸侯國的叫放，而趕走諸侯王一般叫逐。如《左傳》宣公元年晉放其大夫胥甲父於衛。《左傳》昭公三年九月，子雅放盧蒲嫳於北燕。昭公八年，楚師滅陳，執陳公子招，放之於越。《左傳》哀公三年，蔡人放其大夫公孫獵於吳。《左

〔註5〕〔漢〕司馬遷：《史記》中華書局 2010 年版，第 1930 頁。
〔註6〕〔清〕郭慶藩：《莊子集釋》，中華書局 1961 年版，第 981～982 頁。

傳》莊公六年衛侯入，放公子黔牟於周，放寧跪於秦，殺左公子泄、右公子職，乃即位。這樣的例子很多，無論是大夫還是公子，流放到別的國家叫放。又《呂氏春秋·似順》說：

> 衛獻公戒孫林父、甯殖食。鴻集於圃，虞人以告，公如圃射鴻。二子待君，日晏，公不來至。來，不釋皮冠而見二子。二子不說，逐獻公，立公子黜。衛莊公立，欲逐石圃。〔註7〕

流放又稱為遷，又稱為返。《孟子》卷十三盡心章句上說：

> 公孫丑曰：「伊尹曰：『予不狎於不順。』放太甲於桐，民大悦。太甲賢。又反之，民大悦。賢者之為人臣也，其君不賢，則固可放與？」〔註8〕

《史記》中談到孔子去魯時有師己送孔子一節，齊國的女樂文馬於魯城南高門外，季桓子微服往觀再三，將受，乃語魯君為周道遊，往觀終日，怠於政事：子路曰：「夫子可以行矣。」孔子曰：「魯今且郊，如致膰乎大夫，則吾猶可以止。」桓子卒受齊女樂，三日不聽政；郊，又不致膰俎於大夫。孔子遂行，宿乎屯。師己曰「夫子則非罪。」孔子曰：「吾歌可夫？」〔註9〕

根據《史記》的記載，孔子去魯是受到行政處罰，師己為其辯護，因此孔子悲憤而歌明志。一位重要官員的離任，不可能是沒有原因的。要麼是行政處罰，要麼是刑罰，不可以擅自離開。顯然，史書是為孔子諱，而《莊子》的記載則更符合事實。孔子去魯的真實情況，《孟子》一書中也有涉及。《孟子·告子下》說：「昔者王豹處於淇，而河西善謳；綿駒處於高唐，而齊右善歌；華周、杞梁之妻善哭其夫而變國俗。有諸內，必形諸外。為其事而無其功者，髡未嘗睹之也。是故無賢者也；有則髡必識之。曰：孔子為魯司寇，不用，從而祭，燔肉不至，不稅冕而行。不知者以為為肉也，其知者以為為無禮也。乃孔子則欲以微罪行。」〔註10〕意思再清楚不過了，孔子被免職後，祭祀時自己主動去，但助祭之後燔肉沒有分到，再一次證明他已經失去作為大司寇的待遇，所謂微罪行，當然不是無罪行。孔子擔任大司寇攝相事曾經面有喜色，因此他是喜歡這個職務的。但被免職後作為被逐者即使被殺也是無罪

〔註7〕〔秦〕呂不韋：《呂氏春秋》，上海古籍出版社1996年版，第454頁。
〔註8〕〔戰國〕孟子：《孟子》（趙岐注），中華書局1998年版，第116頁。
〔註9〕〔漢〕司馬遷：《史記》中華書局2010年版，第1918頁。
〔註10〕〔戰國〕孟子：《孟子》（趙岐注），中華書局1998年版，第106頁。

的，並且按照《莊子》，孔子兩次被魯國放逐，之後被召回，但並不使用。所以用法律語境觀察《史記》與《孟子》，如《莊子》記載，孔子曾經獲罪放流無疑。孔子去魯不是優游，司馬遷以為是天之將喪斯文也，不過是悲憫。按照《莊子》再逐的意思，孔子曾經兩次被放逐。

關於郊不致膰俎。按照《禮記》，郊祀後要分享助祭的官員，而孔子沒有得到分享，顯然就是大夫的職位已經除名，所以孔子的去魯為免職處置，即行政處罰，與分肉不均沒有關係。《白虎通》卷五說：

> 諸侯之臣諍不得去者何？以屈尊申卑，孤惡君也。去曰：「某質性頑鈍，言愚不任用，請退避賢」。如是君待之以禮。臣待放，如不以禮相待，遂去。君待之以禮奈何？曰：「余熟思夫子言，未得其道，今子且不留，聖王之制，無塞賢之路，夫子欲何之？則遣大夫送之郊。」必三諫者何？以得君臣之意。必待放於郊者，忠厚之至也。冀君覺悟能用之，所以必三年者？古者臣下有大喪，君三年不呼其門，所以復君恩；今已所言，不合於禮義，君欲罪之可得也！《援神契》曰：「三諫待放，復三年，盡倦倦也；所以言放者，臣為君諱。若言有罪放之也。所諫事已行者，遂去不留。」凡待放者，冀君用其言耳。事已行，災咎將至，無為留之。《易》曰：「介如石，不終日，貞吉。」《論語》曰：「三日不朝，孔子行。」臣待放於郊，君不絕其祿者，示不合也。以其祿參分之二與之，一留與其妻長子，使得終祭其宗廟。賜之環則反，賜之玦則去。明君子重恥也。王度記曰：「反之以玦。其待放者，亦與之物，明有分工無分民也。」《詩》曰：「逝將去汝，適彼樂土。」或曰：「天子之臣，不得言放，天子以天下為家也。親屬諫不得放者，骨肉無相去離之義也。」《春秋傳》曰：「司馬子反曰『君請處乎此，臣，請歸。』子反者，楚公子也，時不得放。」〔註11〕

《白虎通》將屈原與孔子並列解釋去的性質是行政處罰及其具體的儀式，孔子勸諫不成，從理論上按照君臣關係慣例就得自動離職，但是孔子還在等待，希望得到一個更為明朗的結果，也就是說他根本無心去魯，去魯完全是處罰措施，而不是所謂不朝。適逢郊祀，結果郊祀分享時已經沒有孔子的份，

〔註11〕〔漢〕班固，〔清〕陳立疏證：《白虎通疏證》，中華書局 1994 年版，第 228 頁。

證實孔子確實被開除了職務。在這種背景下孔子去魯。莊子稱之為逐，逐本指諸侯去位，而孔子不是諸侯，這當是漢代人的口吻，也就是說，漢代人這麼說。

《論語》是孔子弟子們的記錄，所以簡略，感情上有傾向性，留下的文字從褒貶上二者沒有什麼區別，因此莊子記錄的應該是事實。《莊子・德充符》孔子答哀公問說：「仲尼曰：『丘也嘗使於楚矣，適見㹠子食於其死母者，少焉眴若皆棄之而走。不見己焉爾，不得其類焉爾。所愛其母者，非愛其形也，愛使其形者也。戰而死者，其人之葬也不以翣資；刖者之屨，無為愛之。皆無其本矣。為天子之諸御，不爪翦，不穿耳；取妻者止於外，不得復使。形全猶足以為爾，而況全德之人乎！今哀駘它未言而信，無功而親，使人授己國，唯恐其不受也，是必才全而德不形者也。』〔註12〕按照本篇，孔子去楚國是作為使，不是流亡，實際上應該是聘。孔子從母豬死、小豬散作為象，討論形與本，讚美哀駘它才全而德不形。從文字來看，沒有褒貶，其思想與孔子的名實觀念也一致，因此不存在或道或儒的選擇。所謂使、適等實際都是指聘。

關於孔子三日不朝，一般認為指的是魯君不朝，或季桓子不朝，合理的解釋應該是不讓孔子上朝，亦即參與朝政。春秋亂世，弒君三十六，滅國七十二，魯國同樣存在政治危機，魯定公對孔子很尊重，不願意當面處罰，也沒有舉行必要的儀式，因此孔子並不能確認自己三日沒有上朝就被免職，通過當天祭祀分肉沒有份才確認自己被免職了，因此禮服都沒有來得及脫就出走。出走，根據《白虎通》的記載，是禮制的要求。所以孔子去魯，實際上是行政處罰。按照《史記》的記載，季桓子之子季康子接孔子回來，魯定公為沒有禮遇孔子而十分後悔。《莊子・讓王》中子路說：「夫子再逐於魯，削跡於衛，伐樹於宋，窮於商周，圍於陳蔡，殺夫子者無罪，藉夫子者無禁。絃歌鼓琴，未嘗絕音，君子之無恥也若此乎」？表示孔子被處罰後處境十分險惡，即使被殺，也不受法律制裁。但逐是對犯罪的懲罰措施，在春秋處罰大夫不能叫逐，只能叫放或流，所以這裡的措辭不可能出自莊子，當是其後學作於漢代。因為漢代，逐和放連稱叫放逐。這是因為漢代是中央集權制，不同於春秋時代的封建制。因此，這些話是否出自子路的口是一個疑問。這一點符合司馬遷說的詆毀污蔑孔子的話，但不能一概而論或以偏概全。

《莊子》中還記載了孔子在楚國的生活與思想的變化。《莊子・則陽》說：

〔註12〕〔清〕郭慶藩：《莊子集釋》，中華書局 1961 年版，第 209～210 頁。

「孔子之楚，舍於蟻丘之漿。其鄰有夫妻臣妾登極者，子路曰：『是稷稷何為者邪？』仲尼曰：『是聖人僕也。是自埋於民，自藏於畔。其聲銷，其志無窮，其口雖言，其心未嘗言，方且與世違而心不屑與之俱。是陸沉者也，是其市南宜僚邪？』子路請往召之。孔子曰：『已矣！彼知丘之著於己也，知丘之適楚也，以丘為必使楚王之召己也，彼且以丘為佞人也。夫若然者，其於佞人也羞聞其言，而況親見其身乎！而何以為存？』子路往視之，其室虛矣。」〔註13〕就此觀之，孔子使楚在當時是影響很大的一件事情，不僅震動官場，餘響深及民間。

《莊子・達生》說：「仲尼適楚，出於林中，見佝僂者承蜩，猶掇之也。仲尼曰：『子巧乎！有道邪？』曰：『我有道也。五六月累丸二而不墜，則失者錙銖；累三而不墜，則失者十一；累五而不墜，猶掇之也。吾處身也，若蹶株拘；吾執臂也，若槁木之枝；雖天地之大，萬物之多，而唯蜩翼之知。吾不反不側，不以萬物易蜩之翼，何為而不得！』孔子顧謂弟子曰：『用志不分，乃凝於神，其佝僂丈人之謂乎！』」〔註14〕孔子對佝僂丈人的評價與思考以志為標準，而不是以春秋以來的義為標準，符合孔子思想實際，而觀物以思，好問以學則是孔子的一貫風格。由此看來，莊子對孔子的言行記錄主要是客觀記載，並無過多褒貶。

有爭議的還有《漁父》。《莊子・漁父》記載孔子使楚之後與漁父的對話，這也是司馬遷詬病《莊子》的重要篇目，但從中間提到的道理看，主要是關於修身、求真與得道。其基本思想與孔子沒有根本的區別，區別的地方是漁父指出了孔子的不足，因此孔子尊重漁父不無道理。真，為道家比較看重的理念，儒家也講真，但更主要講美善。道，則是儒道共同的理想思維，只是儒家對道的表述不多，但重要性的認識完全不差，所以孔子說朝聞道夕死可矣。《莊子・漁父》篇最後提到孔子的議論：「孔子伏軾而歎，曰：『甚矣由之難化也！湛於禮義有間矣，而樸鄙之心至今未去。進，吾語汝！夫遇長不敬，失禮也；見賢不尊，不仁也。彼非至人，不能下人，下人不精，不得其真，故長傷身。惜哉！不仁之於人也，禍莫大焉，而由獨擅之。且道者，萬物之所由也，庶物失之者死，得之者生，為事逆之則敗，順之則成。故道之所在，聖人尊之。今漁父之於道，可謂有矣，吾敢不敬乎！』」〔註15〕孔子認為禮義是文

〔註13〕〔清〕郭慶藩：《莊子集釋》，中華書局 1961 年版，第 894～896 頁。

〔註14〕〔清〕郭慶藩：《莊子集釋》，中華書局 1961 年版，第 639～641 頁。

〔註15〕〔清〕郭慶藩：《莊子集釋》，中華書局 1961 年版，第 1035 頁。

明的象徵，仁義是良好的品質修養，道德為人所敬重，這些思想與《論語》中孔子的思想沒有什麼區別，所以莊子對待孔子或者對儒家除了一貫的取笑風格外，基本上是寫實。同樣，《論語》中涉及孔子在楚的很多事情，《論語》中有記錄，但《莊子》中沒有，如長沮耕地一節。這表明《莊子》和《論語》關於孔子的言行記錄只是各取所需。

第二節　關於孔子遊陳蔡匡衛

關於孔子遊陳蔡匡衛之事，《史記》、《莊子》、《論語》中都有記錄，表列如下。

《史記‧孔子世家》	孔子居陳三歲，會晉楚爭彊，更伐陳，及吳侵陳，陳常被寇。孔子曰：「歸與歸與！吾黨之小子狂簡，進取不忘其初。」於是孔子去陳。
	過蒲，會公叔氏以蒲畔，蒲人止孔子。弟子有公良孺者，以私車五乘從孔子。其為人長賢，有勇力，謂曰：「吾昔從夫子遇難於匡，今又遇難於此，命也已。吾與夫子再罹難，寧鬥而死。」鬥甚疾。蒲人懼，謂孔子曰：「苟毋適衛，吾出子。」與之盟，出孔子東門。孔子遂適衛。子貢曰：「盟可負邪？」孔子曰：「要盟也，神不聽。」
	孔子既不得用於衛，將西見趙簡子。至於河而聞竇鳴犢、舜華之死也，臨河而歎曰：「美哉水，洋洋乎！丘之不濟此，命也夫！」子貢趨而進曰：「敢問何謂也？」孔子曰：「竇鳴犢，舜華，晉國之賢大夫也。趙簡子未得志之時，須此兩人而後從政；及其已得志，殺之乃從政。丘聞之也，刳胎殺夭則麒麟不至郊，竭澤涸漁則蛟龍不合陰陽，覆巢毀卵則鳳皇不翔。何則？君子諱傷其類也。夫鳥獸之於不義也尚知辟之，而況乎丘哉！」乃還息乎陬鄉，作為陬操以哀之。而反乎衛，入主蘧伯玉家。
	夏，衛靈公卒，立孫輒，是為衛出公。六月，趙鞅內太子蒯聵於戚。陽虎使太子絻，八人衰絰，偽自衛迎者，哭而入，遂居焉。冬，蔡遷於州來。是歲魯哀公三年，而孔子年六十矣。齊助衛圍戚，以衛太子蒯聵在故也。
	冉求既去，明年，孔子自陳遷於蔡。蔡昭公將如吳，吳召之也。前昭公欺其臣遷州來，後將往，大夫懼復遷，公孫翩射殺昭公。楚侵蔡。秋，齊景公卒。
	明年，孔子自蔡如葉。葉公問政，孔子曰：「政在來遠附邇。」他日，葉公問孔子於子路，子路不對。孔子聞之，曰：「由，爾何不對曰『其為人也，學道不倦，誨人不厭，發憤忘食，樂以忘憂，不知老之將至』云爾
	孔子遷於蔡三歲，吳伐陳。楚救陳，軍於城父。聞孔子在陳蔡之間，楚使人聘孔子。孔子將往拜禮，陳蔡大夫謀曰：「孔子賢者，所刺譏皆中諸侯之疾。今者久留陳蔡之間，諸大夫所設行皆非仲尼之意。今楚，大國也，來聘孔子。孔子用於楚，則陳蔡用事大夫危矣。」於是乃相與發徒役圍孔子於野。不得行，絕糧。從者病，莫能興。孔子講誦絃歌不衰。子路慍見曰：「君子亦有窮乎？」孔子曰：「君子固窮，小人窮斯濫矣。」

《莊子外篇·山木第二十》	孔子圍於陳蔡之間，七日不火食。大公任往弔之，曰：「子幾死乎？」曰：「然。」「子惡死乎？」曰：「然。」任曰：「予嘗言不死之道。東海有鳥焉，其名曰意怠。其為鳥也……孔子曰：「善哉！」辭其交遊，去其弟子，逃於大澤，衣裘褐，食杼栗，入獸不亂群，入鳥不亂行。鳥獸不惡，而況人乎！孔子窮於陳蔡之間，七日不火食。左據槁木，右擊槁枝，而歌猋氏之風，有其具而無其數，有其聲而無宮角。木聲與人聲，犁然有當於人之心。顏回端拱還目而窺之。仲尼恐其廣己而造大也，愛己而造哀也，曰：「回，無受天損易，無受人益難。無始而非卒也，人與天一也。夫今之歌者其誰乎！」回曰：「敢問無受天損易。」仲尼曰：「饑渴寒暑，窮桎不行，天地之行也，運物之泄也，言與之偕逝之謂也。為人臣者，不敢去也。執臣之道猶若是，而況乎所以待天乎？」「何謂無受人益難？」仲尼曰：「始用四達，爵祿並至而不窮。物之所利，乃非己也，吾命有在外者也。君子不為盜，賢人不為竊，吾若取之何哉？故曰：鳥莫知於意怠鷯，目之所不宜處不給視，雖落其實，棄之而走。其畏人也而襲諸人間。社稷存焉爾！」「何謂無始而非卒？」仲尼曰：「化其萬物而不知其禪之者，焉知其所終？焉知其所始？正而待之而已耳。」「何謂人與天一邪？」仲尼曰：「有人，天也；有天，亦天也。人之不能有天，性也。聖人晏然體逝而終矣！」
	《莊子·雜篇·讓王第二十八》 孔子窮於陳蔡之間，七日不火食，藜羹不糝，顏色甚憊，而絃歌於室。顏回擇菜，子路、子貢相與言曰：「夫子再逐於魯，削跡於衛，伐樹於宋，窮於商周，圍於陳蔡。殺夫子者無罪，藉夫子者無禁。絃歌鼓琴，未嘗絕音，君子之無恥也若此乎？」顏回無以應，入告孔子。孔子推琴，喟然而歎曰：「由與賜，細人也。召而來，吾語之。」
	《莊子·外篇·天運第十四》 孔子西遊於衛，顏淵問師金曰：「以夫子之行為奚如？」師金曰：「惜乎！而夫子其窮哉！」……故禮義法度者，應時而變者也。今取猨狙而衣以周公之服，彼必齕齧挽裂，盡去而後慊。觀古今之異，猶猨狙之異乎周公也。故西施病心而矉其里，其里之醜人見之而美之，歸亦捧心而矉其里。其里之富人見之，堅閉門而不出；貧人見之，挈妻子而去之走。彼知矉美而不知矉之所以美。惜乎，而夫子其窮哉！」
《論語》	《論語》卷六·先進第十一 子曰：「先進於禮樂，野人也；後進於禮樂，君子也。如用之，則吾從先進。」 子曰：「從我於陳、蔡者，皆不及門也。」德行：顏淵，閔子騫，冉伯牛，仲弓。言語：宰我，子貢。政事：冉有，季路。文學：子游，子夏。
	《論語》卷八·衛靈公第十五 衛靈公問陳於孔子。孔子對曰：「俎豆之事，則嘗聞之矣；軍旅之事，未之學也。」明日遂行。在陳絕糧，從者病，莫能興。子路慍見曰：「君子亦有窮乎？」子曰：「君子固窮，小人窮斯濫矣。」
	《論語》卷七·憲問第十四 子言衛靈公之無道也，康子曰：「夫如是，奚而不喪？」孔子曰：「仲叔圉治賓客，祝鮀治宗廟，王孫賈治軍旅。夫如是，奚其喪？」子曰：「其言之不怍，則為之也難。」子擊磬於衛。有荷蕢而過孔氏之門者，曰：「有心哉！擊磬乎！」既而曰：「鄙哉！硜硜乎！莫己知也，斯己而已矣。深則厲，淺則揭。」子曰：「果哉！末之難矣。」

　　由上述我們看出，《史記》、《莊子》、《論語》對孔子圍困在陳蔡之間的記載基本一致。所不同者，《史記》記載孔子的行歷清楚系統，《莊子》則主要是記錄孔子陳蔡之行的一些片段，但困陳蔡七日，形容枯槁各書記載完全一致。《論語》雖然涉及陳蔡事實為真，但只是記錄孔子的部分言行。從《莊子》記錄的言行看，不存在褒貶色彩，只以孔子為例來立言。《莊子・達生第十九》說：

　　　　孔子觀於呂梁，縣水三十仞，流沫四十里，黿鼉魚鱉之所不能遊也。見一丈夫遊之，以為有苦而欲死也。使弟子並流而拯之。數百步而出，被髮行歌而遊於塘下。孔子從而問焉，曰：「吾以子為鬼，察子則人也。請問：蹈水有道乎？」曰：「亡，吾無道。吾始乎故，長乎性，成乎命。與齊俱入，與汨偕出，從水之道而不為私焉。此吾所以蹈之也。」孔子曰：「何謂始乎故，長乎性，成乎命？」曰：「吾生於陵而安於陵，故也；長於水而安於水，性也；不知吾所以然而然，命也。」〔註16〕

　　這段話不見《史記》，但見於《孔子家語》。《孔子家語・致思第八》說：孔子自衛反魯，息駕於河梁而觀焉・河水無梁，莊周書說孔子於闓梁言事者通渭水為河也有懸水三十仞，八尺曰仞懸二十四丈者也圜流九十里，圜流回流也水深急則然魚鱉不能導，黿鼉不能居・道行有一丈夫方將厲之，厲渡孔子使人並涯止之曰：「此懸水三十仞，圜流九十里，魚鱉黿鼉不能居也，意者難可濟也・」丈夫不以措意，遂渡而出・孔子問之，曰：「子乎有道術乎，所以能入而出者，何也？」丈夫對曰：「始吾之入也，先以忠信，及吾之出也，又從以忠信，忠信措吾軀於波流，而吾不敢以用私，所以能入而復出也。」孔子謂弟子曰：「二三子識之，水且猶可以忠信成身親之，而況於人乎！」〔註17〕

　　將《孔子家語》與《莊子》對照我們看出，文字間區別較大，一是孔子觀，一是孔子止，而《莊子》關於長於水而安於水之說更近事實，丈夫忠信之說則完全出自《孔子家語》的捏造，一個普通的過河人，何談什麼忠信。故《莊子》之孔子事實不僅不假，更可證諸書關於孔子事蹟作偽。

〔註16〕〔清〕郭慶藩《莊子集釋》，中華書局，第 656 頁。
〔註17〕《孔子家語》，上海新文化書店 1936 年版，第 56 頁。

第三節 關於孔子遊匡蒲

《史記》	孔子遂適衛，主於子路妻兄顏濁鄒家。衛靈公問孔子：「居魯得祿幾何？」對曰：「奉粟六萬。」衛人亦致粟六萬。居頃之，或譖孔子於衛靈公。靈公使公孫余假一出一入。孔子恐獲罪焉，居十月，去衛。將適陳，過匡，顏刻為僕，以其策指之曰：「昔吾入此，由彼缺也。」匡人聞之，以為魯之陽虎。陽虎嘗暴匡人，匡人於是遂止孔子。孔子狀類陽虎，拘焉五日，顏淵後，子曰：「吾以汝為死矣。」顏淵曰：「子在，回何敢死！」匡人拘孔子益急，弟子懼。孔子曰：「文王既沒，文不在茲乎？天之將喪斯文也，後死者不得與於斯文也。天之未喪斯文也，匡人其如予何！」孔子使從者為甯武子臣於衛，然後得去。 去即過蒲。月餘，反乎衛，主蘧伯玉家。靈公夫人有南子者，使人謂孔子曰：「四方之君子不辱欲與寡君為兄弟者，必見寡小君。寡小君願見。」孔子辭謝，不得已而見之。夫人在絺帷中。孔子入門，北面稽首。夫人自帷中再拜，環佩玉聲璆然。孔子曰：「吾鄉為弗見，見之禮答焉。」子路不說。孔子矢之曰：「予所不者，天厭之！天厭之！」居衛月餘，靈公與夫人同車，宦者雍渠參乘，出，使孔子為次乘，招搖市過之。孔子曰：「吾未見好德如好色者也。」於是醜之，去衛，過曹。是歲，魯定公卒。 去即過蒲。月餘，反乎衛，主蘧伯玉家。靈公夫人有南子者，使人謂孔子曰：「四方之君子不辱欲與寡君為兄弟者，必見寡小君。寡小君願見。」孔子辭謝，不得已而見之。夫人在絺帷中。孔子入門，北面稽首。夫人自帷中再拜，環佩玉聲璆然。孔子曰：「吾鄉為弗見，見之禮答焉。」子路不說。孔子矢之曰：「予所不者，天厭之！天厭之！」居衛月餘，靈公與夫人同車，宦者雍渠參乘，出，使孔子為次乘，招搖市過之。孔子曰：「吾未見好德如好色者也。」於是醜之，去衛，過曹。是歲，魯定公卒。〔註18〕
《莊子》	外篇·秋水第十七 孔子遊於匡，宋人圍之數匝，而絃歌不輟。子路入見，曰：「何夫子之娛也？」孔子曰：「來，吾語女。我諱窮久矣，而不免，命也；求通久矣，而不得，時也。當堯、舜而天下無窮人，非知得也；當桀、紂而天下無通人，非知失也；時勢適然。夫水行不避蛟龍者，漁父之勇也；陸行不避兕虎者，獵夫之勇也；白刃交於前，視死若生者，烈士之勇也；知窮之有命，知通之有時，臨大難而不懼者，聖人之勇也。由，處矣！吾命有所制矣！」無幾何，將甲者進，辭曰：「以為陽虎也，故圍之；今非也，請辭而退。」〔註19〕
《論語》	卷五·子罕第九 子絕四：毋意，毋必，毋固，毋我。 子畏於匡。曰：「文王既沒，文不在茲乎？天之將喪斯文也，後死者不得與於斯文也；天之未喪斯文也，匡人其如予何？」〔註20〕

　　孔子遊匡蒲，諸書記載的事實完全一致，最詳細的還是《史記》。其關鍵

〔註18〕〔漢〕司馬遷《史記》，中華書局1982年版，第1919頁。

〔註19〕〔清〕郭慶藩《莊子集釋》，中華書局1961年版，第595～596頁。

〔註20〕《論語》，中華書局1982年版，第39頁。

事實，《史記》與《莊子》記載相同，看不出什麼褒貶色彩。因此可以看成是寫實，而《論語》雖然記載了孔子再匡蒲的事實，但並不涉及孔子的窘困，譬如被誤作陽虎圍困，因此比較起來，《莊子》更為詳細客觀，倒是《論語》為尊者諱，只記好，不說難。根據《莊子》對孔子言行的記載我們看出，莊子不是編造孔子言行說事，而是借助孔子的言行表達自己的看法，而關於孔子的言行部分是真實客觀的，可補史書之不足。

第四節　關於孔子與老子

　　孔子與老子的交往《史記》只記載有一次，也就是觀周。《孔子家語》對孔子觀周記載最為詳細，並有《觀周第十一》專門記錄，主要包括以下幾件事：

　　1. 孔子觀周的原因和目的。《孔子家語》說：

　　　　孔子謂南宮敬叔曰：「吾聞老聃博古知今，敬叔孟僖子子也老聃
　　老子博古知今而好道通禮樂之原，明道德之歸，則吾師也，今將行
　　矣．」「今孔子將適周，觀先王之遺制，考禮樂之所極，斯大業也，
　　君盍以乘資之，臣請與？．」公曰：「諾．」與孔子車一乘，馬二疋，
　　堅其侍御。」「及去周，老子送之曰：「吾聞富貴者送人以財，仁者
　　送人以言，吾雖不能富貴，而竊仁者之號，請送子以言乎．凡當今
　　之士，聰明深察而近於死者，好譏議人者也；博辯閎達而危其身，
　　好發人之惡者也；無以有己為人子者，身父母有之也，無以惡己為
　　人臣者。」言聽則仕不用則退保身全行臣之節也孔子曰：「敬奉教．」
　　自周反魯，道彌尊矣．遠方弟子之進，蓋三千焉。」〔註21〕

　　《荀子》在《正名》中提出儒者的兩個標誌：法先王、隆禮義。孔子作為儒家學派的創始人，當然更為典型和複雜。根據《孔子家語》，孔子去東周向老子學習是最初動因，博古知今、通禮樂之原、明道德之歸是根本目的。具體言行包括考察、閱讀、請教等等。這些成為後來孔子創建儒家學派的基礎和指導思想，現本的《論語》也因此產生。

　　2. 孔子觀乎明堂，發現周盛衰的原因，體會到明鏡所以察形，古者所以知今的道理。

〔註21〕《孔子家語》，上海新文化書店 1936 年版，第 50～51 頁。

3. 孔子入太祖、后稷之廟，廟堂右階之前，有金人銘其背，明白道於今難行也，請教老子曰：「夫說者流於辯，流猶過也，失也，聽者亂於辭，如此二者，則道不可以忘也。」〔註22〕老子回答孔子明君臣父子之分，不要譏議發惡，十分中肯，至今仍有啟迪教化意義。

這三件事情，第一件第二件均見於《史記》，第三件也見《史記》，但文字有些出入，彼此皆言孔子曾經拜見老子，只有一次，即觀周之時，老子為吏，當時孔子年輕。《論語》則諱言孔子見過老子，雖然提到南宮、觀太廟，但語焉不詳，不涉及東周之行。孔子究竟見過老子多少次？根據《莊子》，孔子見過老子至少五次，老子對孔子影響很大。其內容主要有以下幾個方面：

1. 聞道。《莊子·天運》說：「孔子行年五十有一而不聞道，乃南之沛見老聃。老聃曰：『子來乎？吾聞子，北方之賢者也，子亦得道乎？』孔子曰：『未得也。』老子曰：『子惡乎求之哉？』曰：『吾求之於度數，五年而未得也。』老子曰：『子又惡乎求之哉？』曰：『吾求之於陰陽，十有二年而未得。』老子曰：『然。使道而可獻，則人莫不獻之於其君；使道而可進，則人莫不進之於其親；使道而可以告人，則人莫不告其兄弟；使道而可以與人，則人莫不與其子孫。然而不可者，無佗也，中無主而不止，外無正而不行。由中出者，不受於外，聖人不出；由外入者，無主於中，聖人不隱。名，公器也，不可多取。仁義，先王之蘧廬也，止可以一宿而不可久處，覯而多責。古之至人，假道於仁，託宿於義，以遊逍遙之虛，食於苟簡之田，立於不貸之圃。逍遙，無為也；苟簡，易養也；不貸，無出也。古者謂是采真之遊。以富為是者，不能讓祿；以顯為是者，不能讓名；親權者，不能與人柄。操之則栗，舍之則悲，而一無所鑒，以窺其所不休者，是天之戮民也。怨恩取與諫教生殺，八者，正之器也，唯循大變無所湮者為能用之。故曰，正者，正也。其心以為不然者，天門弗開矣。』」〔註23〕

根據《莊子》的記載，孔子聞道老聃的時候為五十一歲。按照《史記》的記載，公山不狃以費畔季氏，召，孔子欲往，而卒不行。定公以孔子為中都宰。孔子求道由來已久，所謂朝聞道夕死可矣，確實十分渴望得道。求道的途徑分別是求之度數、求之於陰陽，皆未得。沛地離曲阜只隔一個微山湖，來往非常方便。老子提出以心求道，出入逍遙以遊，也就是進入無為，借助

〔註22〕《孔子家語》，上海新文化書店 1936 年版，第 53 頁。
〔註23〕〔清〕郭慶藩《莊子集釋》，中華書局 1961 年版，第 516～521 頁。

仁義，慎用名器，以器正之，就可以得到。這段對話並無修辭色調，只是一般的陳述，也沒有排斥仁義，符合老子的道德觀，也與儒家思想比較接近。理論界過於強調道教的觀點，把老子看成是道教，而不是道德之家，因此陷入作繭自縛的境界，其實大可不必。

2. 語仁義與治理天下。《莊子・天運》說：「孔子見老聃而語仁義。老聃曰：『夫播糠眯目，則天地四方易位矣；蚊虻口膚，則通昔不寐矣。夫仁義慘然，乃憤吾心，亂莫大焉。吾子使天下無失其樸，吾子亦放風而動，總德而立矣！又奚傑傑然若負建鼓而求亡子者邪！夫鵠不日浴而白，烏不日黔而黑。黑白之樸，不足以為辯；名譽之觀，不足以為廣。泉涸，魚相與處於陸，相呴以濕，相濡以沫，不若相忘於江湖。』孔子見老聃歸，三日不談。弟子問曰：『夫子見老聃，亦將何規哉？』孔子曰：『吾乃今於是乎見龍！龍，合而成體，散而成章，乘乎雲氣而養乎陰陽。予口張而不能嗋予又何規老聃哉！』子貢曰：『然則人固有尸居而龍見，雷聲而淵默，發動如天地者乎？賜亦可得而觀乎？』遂以孔子聲見老聃。老聃方將倨堂而應，微曰：『予年運而往矣，子將何以戒我乎？』……老聃曰：『小子少進！余語汝三皇五帝之治天下。黃帝之治天下，使民心一，民有其親死不哭而民不非也。堯之治天下，使民心親，民有為其親殺其殺而民不非也。舜之治天下，使民心競，民孕婦十月生子，子生五月而能言，不至乎孩而始誰，則人始有夭矣。禹之治天下，使民心變，人有心而兵有順，殺盜非殺人。自為種而天下耳，是以天下大駭，儒墨皆起。其作始有倫，而今乎婦女，何言哉！余語汝，三皇五帝之治天下，名曰治之，而亂莫甚焉。三皇之知，上悖日月之明，下睽山川之精，中墮四時之施。其知慘於蠣蠆之尾，鮮規之獸，莫得安其性命之情者，而猶自以為聖人，不可恥乎？其無恥也！』子貢蹴蹴然立不安。」〔註24〕

老子對仁義的處境感到悲傷，內心十分憤怒，認為世界的眼睛被迷，因此看不清社會發展的本質力量。對於孔子周遊天下，尋求治世的行為表示肯定，但同時指出治世不是幾個動作的簡單表現，需要從根本上解決問題，相濡以沫，不若相忘於江湖。老子教育子宮三皇五帝治理天下的道理要以民為本，以民心為齊，以親民為務，反之社會就會動亂，舜和禹忽視了天地、四時的規律，放任自己的行為，當然不配作為聖人，國家治理也不成功。這是與孔子的思想嚴重對立的地方，但是老子並沒有貶毀孔子。

〔註24〕〔清〕郭慶藩《莊子集釋》，中華書局 1961 年版，第 523～527 頁。

《莊子‧天道》言老子罷官後孔子去看望他，也討論了仁義問題：

> 孔子西藏書於周室。子路謀曰：「由聞周之徵藏史有老聃者，免
> 而歸居，夫子欲藏書，則試往因焉。」孔子曰：「善。」往見老聃，
> 而老聃不許，於是繙十二經以說。老聃中其說，曰：「大謾，願聞其
> 要。」孔子曰：「要在仁義。」老聃曰：「請問，仁義，人之性邪？」
> 孔子曰：「然。君子不仁則不成，不義則不生。仁義，真人之性也，
> 又將奚為矣？」老聃曰：「請問，何謂仁義？」孔子曰：「中心物愷，
> 兼愛無私，此仁義之情也。」老聃曰：「意，幾乎後言！夫兼愛，不
> 亦迂夫！無私焉，乃私也。夫子若欲使天下無失其牧乎？則天地固
> 有常矣，日月固有明矣，星辰固有列矣，禽獸固有群矣，樹木固有
> 立矣。夫子亦放德而行，遁遁而趨，已至矣；又何偈偈乎揭仁義，
> 若擊鼓而求亡子焉！意，夫子亂人之性也！」〔註25〕

孔子是否要藏書周室，於史無徵，但以仁義為本確是孔子的要義。老子
認為，天地固有常，是人生之本源。如果以仁義作為社會生存發展的核心思
想，就像敲著鼓去找走失的小孩，不過是叨擾形式，而不是本質。對孔子的
作為採取的是否定態度，強調人生要服從天道。

3. 論六經。《莊子‧天運》說：

> 孔子謂老聃曰：「丘治詩書禮樂易春秋六經，自以為久矣，孰知
> 其故矣；以奸者七十二君，論先王之道而明周、召之跡，一君無所
> 鉤用。甚矣夫！人之難說也，道之難明邪？」老子曰：「幸矣子之不
> 遇治世之君！夫六經，先王之陳跡也，豈其所以跡哉！今子之所言，
> 猶跡也。夫跡，履之所出，而跡豈履哉！夫白鶂之相視，眸子不運
> 而風化；蟲，雄鳴於上風，雌應於下風而風化；類自為雌雄，故風
> 化。性不可易，命不可變，時不可止，道不可壅。苟得於道，無自
> 而不可；失焉者，無自而可。」孔子不出三月，復見，曰：「丘得之
> 矣。烏鵲孺，魚傅沫，細要者化，有弟而兄啼。久矣夫丘不與化為
> 人！不與化為人，安能化人！」老子曰：「可，丘得之矣！」〔註26〕

六經之說，主要見於《荀子》與《莊子》，而關於孔子臣服老子的事情，
從文字本身看對應符合孔子的經歷。儒道雖然有孔子說的方內與方外之別，

〔註25〕〔清〕郭慶藩《莊子集釋》，中華書局1961年版，第477～479頁。
〔註26〕〔清〕郭慶藩《莊子集釋》，中華書局1961年版，第531～533頁。

但不是識別二者的根本標誌。老子作為天下著名的仁人，對道的追求自然會對孔子發生影響。既然孔子對道的追求與道家無異，那麼求證道家也就必然，化為人與化人，這樣的道理在《論語》中觸手可及，受到老子的啟發也完全有這種可能。

4. 關於至人。《莊子·田子方》說：

> 孔子見老聃，老聃新沐，方將被髮而乾，蟄然似非人。孔子便而待之，少焉見，曰：「丘也眩與，其信然與？向者先生形體掘若槁木，似遺物離人而立於獨也。」老聃曰：「吾遊心於物之初。」孔子曰：「何謂邪？」曰：「心困焉而不能知，口辟焉而不能言，嘗為汝議乎其將。至陰肅肅，至陽赫赫；肅肅出乎天，赫赫發乎地；兩者交通成和而物生焉，或為之紀而莫見其形。消息滿虛，一晦一明，日改月化，日有所為而莫見其功。生有所乎萌，死有所乎歸，始終相反乎無端，而莫知乎其所窮。非是也，且孰為之宗！」孔子曰：「請問遊是。」老聃曰：「夫得是，至美至樂也，得至美而遊乎至樂，謂之至人。」孔子曰：「願聞其方。」曰：「草食之獸不疾易藪，水生之蟲不疾易水，行小變而不失其大常也，喜怒哀樂不入於胸次。夫天下也者，萬物之所一也。得其所一而同焉，則四支百體將為塵垢，而死生終始將為晝夜，而莫之能滑，而況得喪禍福之所介乎！棄隸者若棄泥塗，知身貴於隸也，貴在於我而不失於變。且萬化而未始有極也，夫孰足以患心！已為道者解乎此。」孔子曰：「夫子德配天地，而猶假至言以修心，古之君子，孰能脫焉！」老聃曰：「不然。夫水之於汋也，無為而才自然矣。至人之於德也，不修而物不能離焉，若天之自高，地之自厚，日月之自明，夫何修焉！」孔子出，以告顏回曰：「丘之於道也，其猶醯雞與！微夫子之發吾覆也，吾不知天地之大全也。」〔註27〕

老子提出以心遊物之初，探討社會宇宙的形成以及生存之道，告訴孔子以至美遊於至樂就能成為至人，就是得道，而至人又來至於具體飛瑣碎的言行的變化集合，這一過程是自然之修。

5. 關於至道。《莊子·知北遊》

> 孔子問於老聃曰：「今日晏閒，敢問至道。」老聃曰：「汝齊戒，

〔註27〕〔清〕郭慶藩《莊子集釋》，中華書局 1961 年版，第 711～717 頁。

疏淪而心，澡雪而精神，掊擊而知！夫道，窅然難言哉！將為汝言
其崖略。夫昭昭生於冥冥，有倫生於無形，精神生於道，形本生於
精，而萬物以形相生，故九竅者胎生，八竅者卵生。其來無跡，其
往無崖，無門無房，四達之皇皇也。邀於此者，四肢強，思慮恂達，
耳目聰明，其用心不勞，其應物無方。天不得不高，地不得不廣，
日月不得不行，萬物不得不昌，此其道與！」〔註28〕

《論語》中多次提到至德，但是沒有提到至道，只是說至於道。就文字
本身看，老子本身對道存在著困惑，所以《老子》說強名之謂之道，字之曰
大。本節文字語氣親切，無驕橫之色，因此這裡的表現符合老子思想的實際，
也比較對應於孔子與老子的關係，談不上誰替誰代言。

根據《史記》、《論語》、《莊子》關於老子和孔子的關係來看，莊子在孔
老之間不存在尊誰貶誰之說，更可能的是記錄兩人交往的實際情況。莊子對
老子既沒有全面繼承之實，亦無崇拜之意，老子事蹟不過是莊子辯說的材料，
彼此彼此。

復檢《文子》卷一說：「孔子問道，老子曰：「正汝形，一汝視，天和將
至。攝汝知，正汝度，神將來舍，德將為汝容，道將為汝居。瞳兮，若新生之
犢，而無求其故。形若枯木，心若死灰。真其實知，而不以曲故自持，恢恢無
心可謀。明白四達，能無知乎」？由此可見，孔子見老子絕對不是一次。

第五節 關於孔子其他的言行及其評論

《莊子》一書中涉及孔子的言行與思想的文字還有一些，主要有以下幾
個方面。

1. 孔子與柳下跖。《莊子‧盜跖》專門講孔子與柳下跖的關係。孔子拜訪
柳下跖的原因不詳，但《論語》中多次提到柳下跖的哥哥柳下惠，是孔子的
朋友，說明孔子與柳下家族有密切的關係。孔子遊說柳下跖的主要是德，即
三德：生而長大，美好無雙，少長貴賤見而皆說之，此上德也；知維天地，能
辯諸物，此中德也；勇悍果敢，聚眾率兵，此下德也。凡人有此一德者，足以
南面稱孤矣。今將軍兼此三者，身長八尺二寸，面目有光，唇如激丹，齒如齊
貝，音中黃鐘，而名曰盜跖，丘竊為將軍恥不取焉。孔子希望通過游說讓柳

〔註28〕〔清〕郭慶藩《莊子集釋》，中華書局1961年版，第741頁。

下跖罷兵成為諸侯，完成天下人所願。

柳下跖批判孔子修文、武之道，掌天下之辯，以教後世。縫衣淺帶，矯言偽行，以迷惑天下之主，而欲求富貴焉。盜莫大於子，天下何故不謂子為盜丘，而乃謂我為盜跖？黃帝尚不能全德，而戰於涿鹿之野，流血百里。堯不慈，舜不孝，禹偏枯，湯放其主，武王伐紂，文王拘羑里。此六子者，世之所高，皆以利行，違背人性。世之所謂賢士伯夷、叔齊等六子者，皆離名輕死，不念本養壽命者也。世之所謂忠臣者，莫若王子比干、伍子胥，但與六子一樣愚蠢死去。丘之所言，皆吾之所棄也。主要批評孔子的道德思想的虛偽，不切實際。從孔子困於陳蔡來看，孔子的言行並不為時所重。

2. 關於孔子論心齋與坐忘。《莊子》內篇有《人間世》以辯說人生在世的道理，有比較長的篇幅講述顏回打算去衛國為政遭到孔子制止的事情。孔子認為，在權力至上的環境下，如果爭，強以仁義繩墨之言術暴人之前者，是以人惡有其美也，命之曰災人。災人者，人必反災之。若殆為人災夫，且苟為人悅賢而惡不肖，惡用而求有以異？若唯無詔，王公必將乘人而鬥其捷。而目將熒之，而色將平之，口將營之，容將形之，心且成之。是以火救火，以水救水，名之曰益多。順始無窮，若殆以不信厚言，必死於暴人之前矣！名實之間，生存及其艱難。孔子認為，若一志，無聽之以耳而聽之以心；無聽之以心而聽之以氣。聽止於耳，心止於符。氣也者，虛而待物者也。唯道集虛。虛者，心齋也」孔子吸取了子路之死的教訓，因此勸說顏回不必強行入世，要隨機而動，以道德強化身心的修為。這裡莊子對孔子亦並無什麼褒貶。對葉公子高將使於齊，孔子表達了近似的看法，面對亂世要謹言慎行，保全才是上策。

3. 關於六經與政治。《莊子‧徐无鬼》說：

徐无鬼因女商見魏武侯，談如何相狗，武侯大悅而笑。徐无鬼出，女商曰：「先生獨何以說吾君乎？吾所以說吾君者，橫說之則以詩書禮樂，從說則以金板六韜，奉事而大有功者不可為數，而吾君未嘗啟齒。今先生何以說吾君，使吾君說若此乎？」徐无鬼曰：「吾直告之吾相狗馬耳。」女商曰：「若是乎？」曰：「子不聞夫越之流人乎？去國數日，見其所知而喜；去國旬月，見所嘗見於國中者喜；及期年也，見似人者而喜矣；不亦去人滋久，思人滋深乎？夫逃虛空者，藜柱乎鼪鼬之逕，踉位其空，聞人足音跫然而喜矣，又況乎昆

弟親戚之謦欬其側者乎！久矣夫，莫以真人之言謦欬吾君之側
乎！」〔註29〕

從徐无鬼的告知語看，是在試圖說明無論多麼好的理論都要與實踐相結合，都不能喋喋不休。魏武侯聽慣了真人之言，也就是六經，因此談到相狗格外高興，亦無什麼出格之處。

4. 關於鬼神與萬物。《莊子》中關於鬼神的數量不算多，是作為辯說之材料，而不是作為信仰。《莊子‧外物》說：

> 宋元君夜半而夢人被髮窺阿門，曰：「予自宰路之淵，予為清江
> 使河伯之所，漁者余且得予。」元君覺，使人占之，曰：「此神龜也。」
> 君曰：「漁者有餘且乎？」左右曰：「有。」君曰：「令余且會朝。」
> 明日，余且朝。君曰：「漁何得？」對曰：「且之網得白龜焉，其圓
> 五尺。」君曰：「獻若之龜。」龜至，君再欲殺之，再欲活之，心疑，
> 卜之，曰：「殺龜以卜吉。」乃刳龜，七十二鑽而無遺筴。仲尼曰：
> 「神龜能見夢於元君，而不能避余且之網；知能七十二鑽而無遺筴，
> 不能避刳腸之患。如是，則知有所困，神有所不及也。雖有至知，
> 萬人謀之。魚不畏網而畏鵜鶘。去小知而大知明，去善而自善矣。
> 嬰兒生無石師而能言，與能言者處也。」〔註30〕

神龜之死，警示的道理就是不必迷信鬼神龜筴，要去小知明大知，大知就是道。「萬物皆種也，以不同形相禪，始卒若環，莫得其倫，是謂天均。天均者，天倪也。」〔註31〕莊子的理想是「乘天地之正，而御六氣之辯，以遊無窮者，彼且惡乎待哉！故曰：至人無己，神人無功，聖人無名。」〔註32〕以成就人生。萬事萬物歸一，生生為易，要在發展中體現人生的價值，而不是墨守陳規：「聖人夫道未始有封，言未始有常，為是而有畛也。請言其畛：有左有右，有倫有義，有分有辯，有競有爭，此之謂八德。六合之外，聖人存而不論；六合之內，聖人論而不議；春秋經世先王之志，聖人議而不辯。」〔註33〕生命之化，本身事物常態，通過要言妙道實現自身的完善就能成為至人，就是無為，即得道。

〔註29〕〔清〕郭慶藩《莊子集釋》，中華書局1961年版，第816～823頁。
〔註30〕〔清〕郭慶藩《莊子集釋》，中華書局1961年版，第933～934頁。
〔註31〕〔清〕郭慶藩《莊子集釋》，中華書局1961年版，第950頁。
〔註32〕〔清〕郭慶藩《莊子集釋》，中華書局1961年版，第16頁。
〔註33〕〔清〕郭慶藩《莊子集釋》，中華書局1961年版，第74頁。

　　由上述我們看出，《莊子》一書記載了較多的孔子事蹟，比起《論語》和《孔子家語》來相對比較全面公允；《莊子》記載的老子也是相對客觀、平實，沒有崇敬或者執弟子之禮的虔誠，老莊之間並無特別關係。《論語》為孔子裝飾忌諱，是為經典蒙羞。

附錄 《莊子注考逸》評說

　　清瀋陽孫馮翼輯《莊子注逸考》[註1]對司馬彪《莊子注》、《莊子逸語》與補遺，楊慎《莊子闕誤》進行了匯錄整理，很多見解更符合莊子原意，具有一定的資料價值。現從教學和研究需要考慮，對原文作抄錄、標點，並就廣為流傳的大學、中學教材都選用的《逍遙遊》與《養生主》等篇解讀注釋，略予評說。

【內篇·逍遙遊第一】

1. 《逍遙遊篇》，言逍遙無為者，能遊大道也。(《文選》，潘岳《秋興賦》注)

2. 其翼若垂天之云：若雲垂天傍。(陸德明《經典《釋文》》卷上)

3. 海運則將徙於南冥：運轉也。(《釋文》，同上。又《文選·景福殿賦》注、謝朓《拜中書記室辭隋王牋》注)

4. 齊諧者，志怪者也：齊諧，人姓名也。(《釋文》同上。又《文選·江淹〈親體詩〉注》)

5. 摶扶搖而上者九萬里：摶，團也。(《文選》注，同上) 摶飛而上也，一音博 (《釋文》，同上。又《文選·范雲〈贈王中書詩〉注》云：摶，圓也；圓飛而上，若扶搖也。) 扶搖：上行風也，團飛而上者若扶搖也。(《文選·江淹〈親體詩〉注》，又《初學記》卷一天部、《太平御覽》卷九天部，並引扶搖上行風也一句，《經典釋文》所引，則云上行風謂之扶搖)

〔註 1〕中華書局 1991 年據問經堂叢書本排印，初編各叢書僅有此本。

6. 野馬也，塵埃也：野馬，春月澤中游氣也。(《釋文》，同上)

7. 覆杯水於坳堂之上：坳堂，塗地令平。(《釋文》，同上)

8. 背負青天而莫之夭閼者：夭，折也；閼，止也；言無有折止使不通者也
  (《文選·劉孝標〈辨命論〉注》，《釋文》引夭折閼止二句)

9. 蜩與學鳩笑之：蜩，蟬；學鳩如字；學鳩，小鳩也。(《釋文》，同上。又
  《文選·江淹〈雜體詩〉》：「鷿斯高下飛」。善注云：「蜩，蟬也；鷿鳩，
  小鳥。據陸氏《釋文》言，學：於角反，一本或作鷿，音頂)

10. 我決起而飛槍榆枋：槍，猶集也。(《釋文》同上)

11. 時則不至而控於地：控，投也，又引也。(《釋文》同上)

12. 適莽蒼者：莽蒼，近郊之色也。(《釋文》同上)

13. 朝菌不知晦朔：朝菌，大芝也，天陰生糞上，見日則死，一名日及，故
  不知月之終結也。(《釋文》，同上。又《太平御覽》卷九百九十八百卉部：
  見日則死句，作見陽則萎。)

14. 蟪蛄不知春秋：蟪蛄，寒蟬也，一名蜓蛦，春生夏死，夏生秋死。(《釋
  文》同上，又《預覽》卷九百四十九蟲豸部) 故不知歲之春秋也。(《預
  覽》多此一句)

15. 上古有大椿者：椿木一名櫄，櫄，木槿也。(《釋文》，同上)

16. 窮髮之北：北極之下，無毛之地也。(《釋文》，同上)

17. 摶扶搖羊角而上者：風曲上行若羊角。(《釋文》，同上)

18. 斥鷃笑之：斥，小澤也；鷃，鷃雀也。(《釋文》，同上)

19. 德合一君而徵一國：徵，信也。(《釋文》，同上)

20. 宋榮子猶然笑之：宋榮子，宋國人也。(《釋文》，同上)

21. 彼其於世未數數然也：數數，猶汲汲也。(《釋文》，同上)

22. 泠然善也：泠然，涼貌也。(《文選·江淹〈親體詩〉注》)

23. 御六氣之辯：六氣，陰陽風雨晦明也。(《釋文》，同上)

24. 神人無功，聖人無名：神人無功，言修自然，不立功也；聖人無名，不
  立命也。(《文選·任彥昇〈到大司馬記室〉牋注》)

25. 堯讓天下於許由：許由，潁川陽城人。(《釋文》，同上)

26. 爝火不息：爝，然也。(《釋文》，同上)

27. 肩吾問於連叔：肩吾，神名。(《釋文》，同上)

28. 吾聞言於接輿大而無當：言語宏大，無隱當也。（《釋文》，同上）

29. 猶河漢而無極也：極，崖也，言廣若河漢，無有崖也。（《文選·劉孝標
〈辨命論〉注》）

30. 大有徑庭：徑作莖（《釋文》，同上）徑庭，激過之辭也。（《文選·劉孝
標〈辨命論〉注》：庭作廷）

31. 約若處子：約，好也。（《釋文》同上）

32. 聾者無以與乎鍾鼓之聲：此下更有眇者無以與乎眉目之好，刵者不自為
假文屢。（《釋文》，同上）

33. 猶時女也：時女，猶處女也。（《釋文》，同上）

34. 傍礴萬物：磅礴，猶混同也；礴與魄同。（《文選·左思〈蜀都賦〉注》、
《釋文》，同上）

35. 弊弊焉以天下為事：弊弊作蔽蔽。（《釋文》，同上）

36. 大浸稽天而不溺：稽，至也。（《釋文》，同上）

37. 宋人資章甫而適諸越，越人斷髮文身無所用之：斷作敦，敦，斷也。（《釋
文》，同上）資，取也；章甫，冠名也；諸，於也。（《文選·張景陽〈親
詩〉注、嵇康〈與山巨源絕交書〉注》）

38. 往見四子：四子，王倪、齧缺、被衣、許由。（《釋文》，同上）

39. 汾水之陽：汾水作盆水。（《釋文》，同上）

40. 惠子：姓惠，名施，為梁相。（《釋文》，同上）

41. 魏王：梁惠王也。（《釋文》，同上）

42. 而實五石：實中容五石。（《釋文》同上）

43. 瓠落無所容，非不呺然大也。吾為其無用而掊之：瓠，布濩也；落，零
落也；言其形平而淺，受水則零落而容也。（《釋文》，同上）呺然，大貌；
掊，謂擊破之也，喻莊子之言，大若巨瓠之無施也。（《文選·謝靈運〈初
發都詩〉注》、《釋文》引掊，擊破也。世德堂本作擊，要也）

44. 不龜手之藥：龜手，文坼如龜文也，又如龜攣縮也。（《釋文》，同上）

45. 一朝而鬻技百金：鬻，賣也。（《釋文》，同上）

46. 何不慮以為大樽：樽如酒器，縛之於身，浮於江湖，可以自渡，慮猶結
綴也。（《釋文》，同上）

47. 以候敖者：敖作遨，謂伺翱翔之物而食之，雞鼠之屬也。（《釋文》，同上）

48. 犛牛：犛旄牛。(《釋文》，同上)

【評說】

本文是《莊子》的首篇，因此歷來受到人們的重視。目前流傳最廣，也最為持久的理解是朱東潤《中國古代文學作品選》[註2]認為：「從思想或藝術上講都是《莊子》中的代表作品。它主要說明莊子追求絕對自由的人生觀，指出大至高飛九萬里的鵬，小至蜩與學鳩，都是有所待而不自由的；只有消滅了物我界限，無所待而遊於無窮，達到無己、無功、無名的境界，才是絕對的自由，這就是逍遙遊。這是沒落階級不滿現實的一種自我超脫的空想，實際上這種境界是不存在的。」最後的評論姑且不論，當下相信作者自己也不相信莊子是沒落階級的代表。但是，把《逍遙遊》解釋為絕對自由的人生觀難以讓人接受。莊子在本文中追求的是至大的道，遊是本文的核心，遊的目的就是求道。所以，本文注釋鵬（鳳）能遊大道符合莊子的原意。先秦時代我國經過了黃帝以雲名官，以獸命師的政治體制的建設，也經歷了少昊氏以鳥名官和堯舜以獸名官的時代。西周時期，周文王自稱鳳鳴岐山而得天下。那麼，莊子的借助鵬（鳳）求道，顯然具有繼承傳統和革新的精神，也就是說重建思想政治秩序的意思。

關於接輿，名見《論語》等書中，一般稱為楚狂人，按《莊子》記載應該是楚國大夫，應該更可靠。齊諧，一作書名，按齊諧志怪，更切合人名，史籍中無作為書名記錄。

【內篇·齊物論第二】

1. 南郭子綦：居南郭，因為號。(《釋文》，卷上)

2. 嗒焉似喪其耦：耦，身也；身與神為耦。(《釋文》，同上)

3. 何居乎：居，猶故也。(《釋文》，同上)

4. 大塊噫氣：大塊，自然也。(《文選·何平叔〈景福殿賦〉注》) 大樸之貌。(《釋文》，同上)

5. 似鼻似口：言風吹竅穴動，或似人鼻，或似人口。(《釋文》，同上)

6. 似窪者似污者：窪，若窪曲；污若污下。(《釋文》，同上)

7. 激者謞者叱者吸者叫者號者宎者咬者：流急曰激。(《文選 1 盧子諒〈時

〔註 2〕上海古籍出版社 1979 年，185～194 頁。

興詩〉注》）激聲若激湀也，譙若歡譙聲，叱若叱咄聲聲，叫若叫呼聲，號若號哭聲，宋若湀宋宋然，咬聲哀切咬咬然。（《釋文》，同上。又《一切經音義》卷十四引「流急曰激」一句）

8. 飄風則大和：飄風，急風也。（《釋文》，同上）

9. 厲風濟：厲風，大風。（《釋文》，同上）

10. 吹萬不同使其自己：言天氣吹噓，生養萬物，形氣不同；已，止也；使各得其性而止。（《文選·謝宣城〈戲馬臺詩〉注、江文通〈雜詩〉注\謝靈運〈道路憶山中詩〉注》）

11. 其寐也魂交，其覺也形開：魂交，精神交錯也；形開，目開意悟也。（《釋文》，卷上）

12. 與接為拘：人道交接拘結，歡愛也。（《釋文》卷上）

13. 窖者密者：窖深也。（《釋文》卷上）

14. 其發若機括則司是非之謂也：言生以是非臧否交校，則禍敗之來，若機括之發（《文選·陸士衡〈苦熱行詩〉注》）

15. 晐而存焉：晐，備也。（《釋文》卷上）

16. 爾然疲疫而不知所歸：爾，極貌也。（《文選·謝靈運《過始寧墅詩》注》）

17. 慮歎變熱：熱，不動貌。（《釋文》卷上、又《廣韻》卷五叶韻、《玉篇》卷八心部「熱字從心。」）

18. 以為異於鷇音：鷇，鳥子欲出者也。（《釋文》，同上）

19. 舉莛與楹：莛，屋樑也；楹，屋柱也。（《釋文》，同上）

20. 厲與西施：厲，病癩；西施，夏姬也。（《釋文》，同上）

21. 狙公賦茅：狙公，典狙官也；賦茅，橡子也。（《釋文》，同上）

22. 朝三而莫四：朝三升也，莫四升也。（《釋文》，同上）

23. 昭文之鼓琴，師曠之枝策，惠子之據梧：昭文，古善琴者；枝，柱也；策，杖也；梧，琴也。（《釋文》，同上）

24. 以堅白之昧終：謂堅石白馬之辯也，又公孫龍有淬劍之法，謂之堅白。（《釋文》，同上）

25. 滑疑之耀：滑，亂也。（《釋文》同上）

26. 莫大於秋毫之末：秋豪，兔豪，在秋而成。（《釋文》同上）

27. 圜而幾向方矣：圜，圓也。（《釋文》同上）

28. 宗膾胥敖：二國名也。(《釋文》同上)

29. 十日並出，萬物皆照：言陽光麗天，則無不鑒。(《文選‧謝靈運〈遊京口北固詩〉注》)

30. 庸詎知吾所謂知之非不知邪：庸，猶何用也。(《文選‧潘安仁〈秋興賦〉注》)

31. 鰍然乎哉：鰍，魚名。(《釋文》卷上)

32. 民食芻豢：牛羊曰芻，犬豕曰豢，以所食得名也 (《釋文》，同上)

33. 麋鹿食薦蝍蛆食甘帶：薦，美草也；帶，小蛇也；蝍蛆好食其眼。(《釋文》，同上、又《太平御覽》卷九百四十六蟲豸部)

34. 猨猵狙以為雌：狙，一名獦牂，似猨而狗頭，喜與雄猨交也。(《釋文》，同上、又《太平御覽》卷九百十獸部云：「猵狙似猨而狗頭，食獼猴，好與雄狙接。」)

35. 毛嬙麗姬：毛嬙，古美人；一云越王美姬也。(《釋文》，同上)

36. 孟浪之言：孟浪，鄙野之語。(《文選‧左太沖〈吳都賦〉注》)

37. 是黃帝之所聽熒也：聽熒，疑惑也。(《釋文》，同上)

38. 傍日月：傍，依也。(《釋文》，同上)

39. 聖人愚芚：芚，渾屯不分察也。(《釋文》，同上)

40. 與王同筐床：筐床，安床也。(《釋文》同上)

41. 竊竊然知之：竊竊，猶察察也。(《釋文》，同上)

42. 因之以曼衍：曼衍，無極也。(《釋文》，同上)

43. 蛇蚹蜩翼：蛇蚹，謂蛇腹下齟齬可以行者也。(《釋文》，同上)

44. 莊周夢為蝴蝶：蝶，蛺蝶也。(《文選‧張景陽〈雜詩〉注》、《釋文》同上)

【內篇‧養生主第三】

1. 為善無近名，為惡無近刑 (無字選注作莫)：勿修名也，被褐懷玉，穢惡其身，以無陋於形也。(《文選‧稽叔夜〈幽憤詩〉注》)

2. 緣督以為經：緣，順也；督，中也；順守中道以為常也。(《文選‧左太沖〈魏都賦〉注》)

3. 文惠君：梁惠王也。(《釋文》，卷上)

4. 砉然向然：砉，皮骨相離聲。（《釋文》，卷上）

5. 合於桑林之舞：桑林，湯樂名。（《釋文》，卷上）

6. 乃中經首之音：經首，《咸池》樂章也。（《釋文》，卷上）

7. 技經肯綮：綮，猶結處也。（《釋文》，同上）

8. 良庖歲更刀也，族庖月更刀折也：良，善也；割，以刀割肉，故歲歲更作；族，離也。（《釋文》卷上）

9. 公交軒見右師而驚：公交軒，姓公文氏，名軒，宋人也；右師，宋人也。（《釋文》卷上）

10. 惡乎介也：介，刖也。（《釋文》卷上）

11. 天與其人與：為天命，為人事也。（《釋文》卷上）

12. 天之生是使獨也：一足曰獨。（《釋文》卷上）

13. 老聃：老子也。（《釋文》卷上）

【評說】

朱東潤等《中國古代文學作品選》[註3]認為，「養生主，即養生的主要關鍵，一說生主是指人的精神。這裡節錄庖丁解牛部分。它說明世上事物雖然錯綜複雜，只要適應自然之理，就不會蒙受損傷。」在注釋中又指出「養生指養生之道。」我認為，養生指養生之道更合適一些。實際上莊子是將緣督以為經和養生之道合起來說明道的產生和道無所不在的道理。庖丁已經解釋得很清楚，他解牛已經從實踐中發現天理，由技藝進乎道了。而本文解題之所以離題，是因為具體的注釋孤立，沒有整篇全書概念。

【內篇‧人間世第四】

1. 《人間世篇》，言處人間之宜，居亂世之理，與人群者不得離人，然人間之事故，世世異宜，為無心而不自用者，為能唯變所適，而何足累！（《文選‧潘安仁〈秋興賦〉注》）

2. 衛君年壯：衛莊公蒯瞶也。（《釋文》卷上）

3. 因其修以擠之：擠，毒也，一云陷也。（《釋文》同上）

4. 禹攻有扈：有扈，國名，在始平郡。（《釋文》卷上）

5. 瞻彼闋者虛室生白：闋，空也；室比喻心，心能空虛，則純白獨生也。

〔註 3〕上海古籍出版社 1979 年，194 頁。

（《釋文》卷上）

6. 苟為不知其然也孰知其所終：誰知禍之所終者也。（《文選・鮑明遠〈疑古詩〉注》）

7. 衛靈公太子：太子蒯聵也。（《釋文》卷上）

8. 螳螂怒其臂以當車轍，不知其不勝任也，是其才之美者也：非不有美才，但不勝任耳。（《太平御覽》卷九百四十六蟲豸部）

9. 匠石之齊至乎曲轅：匠石，字伯夔。（《文選・何平叔〈景福殿賦〉注、王子淵〈洞簫賦〉注、稽叔夜〈琴賦〉注、司馬紹統〈贈山濤詩〉注、張景陽〈七命〉注》）曲轅，曲道也。（《釋文》卷上）

10. 以為門戶則液：液，津液也。（《釋文》卷上）

11. 匠石覺而診其夢：診，占夢也。（《釋文》卷上）

12. 為不知己者詬厲：詬，辱也；厲，病也。（《釋文》卷上）

13. 遊乎商之丘：商之丘，今梁國睢陽縣是也。（《釋文》卷上）

14. 宋有荊氏者：荊氏，地名也。（《釋文》卷上）

15. 其拱把而上者：兩手曰拱，一手曰把。（《釋文》卷上）

16. 狙猴之：杙作朳，音八。（《釋文》卷上）

17. 高名之麗：麗，小船也，又星橋也。（《釋文》卷上）

18. 襌榜：棺之全一邊者，謂之襌傍。（《釋文》卷上）

19. 牛之白顙豚之亢鼻：顙，額也；亢，高也；額折故鼻高。（《釋文》卷上）

20. 人有痔病者不可以適河：痔，隱創也；適河，謂沈人於河祭也。（《釋文》卷上）

21. 支離疏：形體支離不全貌，疏其名也。（《釋文》卷上）

22. 肩高於頂：言脊曲頸縮也。（《釋文》卷上）

23. 會撮指天：會撮，髻也；古者髻在頂中，脊曲頭低，故髻指天也。（《釋文》卷上）

24. 兩髀為脅挫針治繲：脊曲髀豎，故與脅並也；挫針縫衣也，治繲浣衣也。（《釋文》卷上）

25. 鼓筴播精：鼓，簸也，小箕曰筴，簡米曰精。（《釋文》卷上）

26. 攘臂於其間：間，裏也。（《釋文》卷上）

27. 粟受三鍾：斛四斗曰鍾。（《釋文》卷上）

28. 迷陽迷陽：迷陽，伏陽也，言詐狂。（《釋文》卷上）

29. 山木自寇膏火自煎：木生斧柄，還自伐；膏起火，還自消。（《釋文》卷上）

【內篇・德充符第五】

1. 立不教坐不議：立不教授，坐不議論。（《釋文》卷上）

2. 物何為最之哉：最，聚也。（《釋文》卷上）

3. 少焉眴若：眴，驚貌。（《釋文》卷上）

4. 是接而生時於心者也：接至道而和氣在心也。（《釋文》卷上）

5. 闉跂支離無脤：闉，曲跂企也；闉，跂支離；言腳常曲，形體不正，捲縮也；無脤，名也。（《釋文》卷上）

6. 知為孼約為膠德為接工為商：智慧生妖孼，約誓所以為膠固，散德以接物，工巧而商賈起。（《釋文》卷上）

【內篇・大宗師第六】

1. 翛然而往：翛作俶，疾貌。（《釋文》卷上）

2. 箕子胥餘：胥餘，箕子名也，見《尸子。（《釋文》卷上。又《左傳》卷十四《隱公正義》、《史記索隱》卷十一榮世家、卷二十《魯鄒列傳》、《論語》卷十八《微子篇正義》、《孟子》卷二十正義）

3. 滀乎進我色：滀，色憤起貌。（《釋文》卷上）

4. 警乎其未可制也：警，志遠貌（。《釋文》卷上）

5. 夫藏舟於壑，藏山於澤謂之固矣。然而夜半有力者負之而走：舟，水物；山，陸居者；藏之壑澤，非人意所求，謂之固，有力者或能取之。（《文選・江文通〈雜體詩〉注》）

6. 狶韋氏：上古帝王名。（《釋文》卷上）

7. 以挈天地以襲氣母：挈，要也，得天地要也；襲，入也；氣母，元氣之母。（《釋文》卷上、又「襲入也」句見《文選・宋玉〈風賦〉注、江文通〈詣建平王上書〉注》）

8. 堪壞：神名，人面獸形。（《釋文》卷上）

9. 馮夷：清泠傳曰，馮夷，華陰潼鄉堤首人也，服八石，得水仙，是焉河伯。（《釋文》卷上）

10. 肩吾：山神，不死，至孔子時。（《釋文》卷上）

11. 坐乎少廣：少廣，穴名。(《釋文》卷上)

12. 禺強：山海經曰，北海之渚有神，人面鳥身，珥兩青蛇，踐兩青蛇，名禺強。(《釋文》卷上)

13. 傅說得之以相武丁：傅說，殷相也；武定，殷王高宗也。(《釋文》卷上)

14. 乘東維騎箕尾：東維，斗箕之間，天漢津之東維也。(《釋文》卷上)

15. 朝徹而後能見獨：朝，旦也；徹達妙之道(《釋文》卷上。按坊本《莊子》所附《釋文》脫此二句注)

16. 將以予為拘拘也：拘拘，體拘攣也。(《釋文》卷上)

17. 跰𨇤：病不能行，故跰𨇤也。(《釋文》卷上)

18. 彼遊方之外者也：方，常也；言彼遊心於常教之外也。(《文選·謝靈運〈永初之郡初發都詩〉注、夏侯孝若〈東方朔畫像贊〉注》)

19. 敢問畸人：畸人，不耦也，不耦於人，謂闕於禮教也。(《釋文》卷上)

20. 而侔於天：侔，等也，亦從也。(《釋文》卷上)

21. 回坐忘矣：坐忘，坐而自忘其身也。(文選顏延年赭白馬賦注·潘安仁馬汧督誄注)

【內篇·應帝王第七】

1. 泰式：上古帝王也。(《釋文》卷上。按此句坊本《莊子》所附《釋文》脫漏)

2. 其臥徐徐其覺於於：徐徐，安隱貌；於於，無所知貌。(《釋文》卷上)

3. 君人者以己出經：出，行也；經，常也。(《釋文》卷上)

4. 遊遊殷陽：殷，眾也；言向南遊也。(《釋文》卷上)

5. 何問之不預也：不預，嫌不兼預，太倉卒也。(《釋文》卷上)

6. 予方將與造物者為人：造物，為道也。(《文選·〈宣德皇后令〉注》。又《到大司馬記室》牋注、顏延年《曲水詩序》注、陸佐公《石闕銘》注、沈休文《安陸王碑》注)

7. 汝又何帛以治天下：帛，法也。(《釋文》卷上)

8. 物徹疏明：物，事也；徹，通也；事能通而開明也。(《釋文》卷上)

9. 胥易技係：胥，疏也。(《釋文》卷上)

10. 來藉：藉，繩也，由捷見結縛也。(《釋文》卷上)

11. 壺子：名林，鄭人。(《釋文》卷上、又殷敬順《列子釋文》卷上)

12. 眾雌無雄而又奚卵：言汝受訓未熟，故未成，若眾雌而無雄，則無卵也。
(《釋文》卷上、又《列子釋文》卷上)

13. 天壤：壤，地也。(《選》注)

14. 鯢恒之審為淵：鯢恒，二魚名；審當為蟠；蟠，聚也。(《釋文》卷上)

【外篇·駢拇第八】

1. 駢拇枝指：駢拇，謂足拇指連第二拇指也。(陸德明《釋文》卷中)

2. 而侈於德：侈，溢也。(《釋文》卷中)

3. 而侈於性：性，人之本體也；駢拇枝指，附贅縣疣，此四者各出於形性，
而非形性之正，於眾人為侈耳，於形為侈，於性為多，故在手為莫用之
肉，於足為無施之指也。(《釋文》卷中)

4. 離朱：黃帝時人，百步見秋毫之末。(《釋文》卷中)

5. 師曠：晉賢大夫也，善音律，能致鬼神。(《釋文》卷中)

6. 擢德塞性：擢，拔也。(《釋文》卷中)

7. 結繩竄句：竄句，謂邪說微隱，穿鑿文句也。(《釋文》卷中)

8. 敝跬：敝，罷也；跬，近也。(《釋文》卷中)

9. 蒿目憂世之患：蒿，亂也。(《釋文》卷中)

10. 仁義又奚連連：連連，連續仁義，游道德間也。(《釋文》卷中)

11. 以身殉利：殉，營也。(《釋文》卷中、又《文選·謝宣遠〈於安城答靈
運詩〉注》)

12. 東陵之士：東陵，陵名。(《文選·任彥昇〈王文憲集序〉注》)

13. 俞兒：古之善識味人也。(《釋文》卷中)

【外篇·馬蹄第九】

1. 翹足而陸：陸，跳也。(《釋文》卷中、又《文選·郭景純〈江賦〉注引
此句：「翹足作翹尾。」陸作踛)

2. 編之以皁棧：皁，櫪也。(《文選·顏延年〈赭白馬賦〉注、潘安仁〈馬
汧督誄〉注》)

3. 雖有義臺路寢：義臺，臺名。(《史記索隱》卷十三《魏世家》)

4. 燒之剔之刻之烙之：燒，謂燒鐵以爍之；剔，謂剪其毛；刻，謂削其甲；

烙，謂羈烙其頭。(《釋文》卷中)

5. 前有橛飾之患：橛，銜也；飾，排銜也；謂加飾於馬鑣也。(《釋文》卷中)

6. 陶者曰我善治埴：埴，土可以為陶器。(《釋文》卷中)

7. 孰為犧尊：畫犧牛象，以飾尊也。(《釋文》卷中)

8. 齊之以月題：月題，馬額上當顱如月形者也。(《釋文》卷中)

9. 闉扼鷙曼：言曲頸於扼，以抵突也。(《釋文》卷中)

10. 赫胥氏：上古帝王也。(《釋文》卷中)

【外篇·胠篋第十】

1. 胠篋：從傍開為胠。(《釋文》卷中)

2. 田成子盜國：謂割安邑以東至琅琊，自為封邑也。(《釋文》卷中)

3. 萇宏胣：胣：剔也；萇宏，周靈王賢臣也。(《釋文》卷中)

4. 子胥靡：靡如字，縻也。(《釋文》卷中)

5. 天下不鑠：鑠，散也。(《釋文》卷中)

6. 榮成氏、大庭氏、伯皇氏、中央氏、栗陸氏、驪畜氏、軒轅氏、赫胥氏、尊盧氏、祝融氏、伏羲氏、神農氏：此十二氏皆古帝王。(《釋文》卷中)

7. 解垢同異：解垢，隔角也。(《釋文》卷中)

8. 上悖日月之明，下爍山川之精：悖，薄食也；爍，崩竭也。(《釋文》卷中)

9. 啍啍之意：啍啍，少智貌。(《釋文》卷中)

【外篇·在宥第十一】

1. 聞在宥天下：在，察也；宥，寬也。(《文選·謝宣遠〈戲馬臺詩〉注》)

2. 毗於陰陽：毗，助也。(《釋文》卷中)

3. 臠卷傖囊：臠卷，不伸舒之狀也。(《釋文》卷中)

4. 萬物炊累焉：炊累，猶動升也。(《釋文》卷中)

5. 汝慎無攖人心：攖，引也。

6. 廉劌雕琢：廉劌，傷也。(《釋文》卷中)

7. 今世殊死者：殊，決也。(《釋文》卷中)

8. 桁楊者相推也：桁，腳長械也。(《釋文》卷中)

9. 桁楊椄槢：椄槢，械楔，音息節反。(《釋文》卷中、又《文選·何平叔〈景福殿賦〉注》：「槢，械楔也。」)

10. 在空同之上：空同，當北斗下山也。(《釋文》卷中)

11. 雲氣不待族而雨：族，聚也，未族而雨，言澤少。(《釋文》卷中)

12. 草木不待黃而落：言殺氣多也。(《釋文》卷中)

13. 佞人之心剪剪者：剪剪，善辯也。(《釋文》卷中)

14. 廣成子蹶然而起：蹶，疾起貌。(《文選·張景陽〈七命〉注》)

15. 百昌皆生於土：百昌，猶百物也。(《釋文》卷中)

16. 緡乎昏乎：緡昏，並無心之謂也。(《釋文》卷中)

17. 雲將東遊：雲將，雲之主將。(《初學記》卷一天部)

18. 適遭鴻蒙：鴻蒙，自然元氣也。(《釋文》卷中)

19. 扶搖雀躍：雀躍，若雀浴也。(《釋文》卷中)

20. 叟何人邪：叟，長者稱。(《釋文》卷中)

21. 大同乎涬溟：涬溟，自然氣也。(《釋文》卷中)

【外篇·天地第十二】

1. 夫子：莊子也。(《釋文》卷中)

2. 遺其元珠：元珠，道真也。(《釋文》卷中) 赤水而假名元珠，喻道也。(《文選·劉孝標〈廣絕交論〉注》)

3. 使吃詬索之：吃詬，多力也。(《釋文》卷中)

4. 華封人：華，地名也；封，守封疆人也。(《釋文》卷中)

5. 離堅白若縣宇：辯明白，若縣室在人前也。(《釋文》卷中)

6. 執留之狗：留一本作狸，竹鼠也。(《釋文》卷中)

7. 一日浸百畦：浸，灌也。(《釋文》卷中)

8. 挈水若抽數如泆湯：抽作流，泆湯作佚蕩，言其往來數疾如佚蕩；佚蕩，唐佚也。(《釋文》卷中)

9. 其名為橰：橰，桔橰也。(《釋文》卷中)

10. 子貢瞞然慚：瞞作憮，音武。(《釋文》卷中)

11. 孔某之徒：徒，弟子也。(《一切經音義》卷二十五)

12. 於於以蓋眾：於於，誇誕貌；蓋作善。(《釋文》卷中)

13. 傲然不顧倘然不受：傲作警，倘作憷。(《釋文》卷中)

14. 願聞聖治：聞作問。(《釋文》卷中)

15. 官施而不失其宜：施政布教，各得其宜。(《釋文》卷中)

16. 手撓顧指：撓，動也。(《釋文》卷中)

17. 門無鬼：無鬼作無畏；門，姓；無畏，字也。(《釋文》卷中)

18. 有虞氏之藥瘍也：瘍，疕瘍也。(《釋文》卷中)

19. 秃而施髢：髢，髮也。(《釋文》卷中)

20. 謂己諛人：諛人作眾人，凡人也。(《釋文》卷中)

21. 終生不靈：靈，曉也。(《釋文》卷中)

22. 雖有祈向：祈，求也。(《釋文》卷中)

23. 大聲不入於里耳：大聲，謂咸池六英之樂也。(《釋文》卷中)

24. 折揚皇荂則嗑然而笑：皇荂作里華，嗑作檻。(《釋文》卷中)

25. 以二缶鍾惑而所適不得矣：二缶鍾作二垂鍾；鍾，注意也；適，至也。(《釋文》卷中)

26. 不推誰其比憂：比作鼻，始也。(《釋文》卷中)

27. 交臂歷指：交臂，反縛也；歷指，猶歷捜貌。(《釋文》卷中)

【外篇天道第三十】

1. 迁道而說者：迁，橫也。(《釋文》卷中)

2. 膠膠擾擾乎：膠膠，和也；擾擾，柔也。(《釋文》卷中)

3. 孔子西藏書於周室：藏書，藏其所著書也。(《釋文》卷中)

4. 周之徵藏史：徵藏，藏名也(。《釋文》卷中)

5. 翻十二經：翻音煩，煩，寬也。(《釋文》卷中)

6. 中心物愷：愷，樂也。(《釋文》卷中)

7. 老聃曰意幾乎：意，不平聲也；幾作顗，顗長也。(《釋文》卷中)

8. 無失其牧：牧，養也。(《釋文》卷中)

9. 百舍重趼：百舍，百日止宿也；趼，胝也(。《釋文》卷中)

10. 鼠壤有餘蔬：蔬讀曰糈；糈，粒也；鼠壤內有遺餘之粒，穢惡過甚也。(《釋文》卷中)

11. 生熟而不盡於前：生熟，生膾也。（《釋文》卷中）

12. 而頮頮然：頮作魁。（《釋文》卷中）

13. 邊竟有人焉其名為竊：言遠方嘗有是人。（《釋文》卷中）

14. 天下奮柄：柄，威權也。（《釋文》卷中）

15. 古人之糟魄已夫：爛食曰魄。（《釋文》卷中、又《文選·陸士衡〈文賦〉注》：「魄作粕。」）

【外篇天運第十四】

1. 天雲作天員。（《釋文》卷中）

2. 推而行是：推作誰。（《釋文》卷中）

3. 其有機緘：緘引也。（《釋文》卷中）

4. 孰居無事淫樂而動是：動作倦，讀曰隨，言誰無所做主，隨天往來，運轉無已也。（《釋文》卷中）

5. 有上彷徨：彷徨作傍皇，飄風也。（《釋文》卷中）

6. 孰居無事而披拂是：拂作翇。（《釋文》卷中）

7. 天有六極五常：六極四方上下也。（《釋文》卷中）

8. 商太宰蕩：商，宋也；太宰，官也；蕩，字也。（《釋文》卷中）

9. 不見冥山：冥山在朔州北（《史記索隱》卷十八《蘇秦列傳》），北海山名。（《釋文》卷中）

10. 不償一起：償，僕也。（《釋文》卷中）

11. 盛以篋衍：衍，合也。（《釋文》卷中）

12. 必且數眯焉：眯，厭也。（《釋文》卷中）

13. 無方之傳：方，常也。（《釋文》卷中）

14. 老子：陳國相人；相，今蜀苦縣，與沛相近。（《釋文》卷中）

後　記

　　莊子是一位充滿智慧的偉大的人，身份應該是有生活保障的一位獨立學者，運用自己的方法把想法說出來，因此深入認識莊子是一件很困難的事情，當然價值往往也會通過難度體現出來。我們一直將莊子看成是道家，所以道家的由來及其在《莊子》中的表現，成為本書研究的一個重點。由於個人從事的工作與文藝有關，在哲學系還兼任美學的研究生導師，所以在關注莊子對於社會政治體製表達以外，文藝美學方面的成就成為我關注的重要內容。

　　過去我們往往在意孔、老二家，其餘的諸學似乎低一些，其實也不能完全這樣看。那麼，為什麼歷史存在和我們現在的眼光很多地方正好相反呢？我想也許是特定的時代差異吧。另外，就是儒家的學說對統治者有些幫助。想想我考大學的時候，題目似乎很簡單，現在人會說那都考些什麼呀，那麼簡單。可是，我上的那所中學，高中畢業老師才補講了三視圖。那學校辦了六年，每年兩個班，一個班六七十人，考上大學本科的就是我一個。誰能理解我們當時的高考呢？去考完全沒有聽說過的東西，是不是可笑！但實際情形就是這樣。從歷史的角度說，應該是歷史的評價，不能為了貴其上而忘記真實的東西。

　　本書寫好以後，覺得花費心力給自己又增加了一個包袱，真是有苦說不出。約三十五年前，《溫庭筠研究》寫出以後，就是沒有及時出版，交不起出版社編輯提出的補貼，至今還在塵封。其實，費用在今天看來真的很少，但當時相當於一年多的工資，但是當時真拿不出來。對於編輯整體完全沒有多少印象了，只記得編輯很矮很胖，他的愛人好像很漂亮。那種居高臨下的眼神至今記憶猶新，十分滑稽。

　　沈文凡教授是多年的老朋友，我們經常有一些深度的交流。我們感歎，文人相輕是中國習慣，所以，要做朋友，得首先敬重對方，簡單的方式就是彼此先稱大師。所以我們見面，我都稱他為沈大師，彼此一笑，也有側目不滿的，可是他們知道什麼呢？方銘教授曾經動員我們去甘肅，於是又認識了文凡先生的夫人武振玉教授，文凡說大家都說武教授學問很好。看上去是一位淡如止水的人，淡到看不見顏色，但你走近她的時候，那種炫，足夠讓你回味。

　　最近文凡有關於唐宋文學的著作出版，要我給他的書題簽，同時推薦我這個《莊子思想研究》出版，真是感謝。編輯來信說給了河北大學出版社了，錢也交了，估計很快就出來。幾年後說河北大學出版社被查了，所以需要重新想辦法，但是錢要不回來了。他們說的是實話，當時我從網上還可以搜到書出版的消息。然後他們又找了一家出版社，還簽了合同，但是幾年以後說不行了，他們書社的人弄不到書號，太貴了，所以也走人了。這些都能夠理解，對王文德先生關於此書的付出，十分感謝。我在很多重要的場合提出，政策關乎民生，我們在政策上還需要更合理、更公平、規範些。

　　本書因為出版社說要出，折騰無用功很多，結果不出了。所以後來一些編輯部約稿也給他們一部分，像《遼東學院學報》、《漢籍與漢學》、《諸子學刊》、《名作欣賞》等，都非常感謝。本來出書已經幾乎沒什麼希望了，《溫庭筠研究》放了幾十年，不也是嗎！花木蘭文化事業有限公司的陳若荼老師是臺灣《國文天地》的負責人，在這個刊物上用了我幾十篇稿件，一直都非常感謝。陳老師一直支持和關心我的學術寫作，主編林慶彰先生更是研究《詩經》的老友，總編輯杜潔祥先生等非常支持高水平的學術著作出版。在陳老師的支持下，我將稿件投給花木蘭文化事業有限公司。楊嘉樂老師回信非常厚道負責，在疫情當中及時回信、工作。從心裏十分敬佩這些敬業的人，堪稱楷模。《歷代繪畫考古研究》是花木蘭文化事業有限公司出的，還重版，所以更不好意思再張嘴，怕影響人家。這次圖書能夠出版需要感謝的人很多，但是首先第一的應該是陳老師、楊老師，謝謝。

黃震雲於北京海淀

2022 年 2 月 11 日